我们一起解决问题

仓库管理实操从入门到精通

滕宝红◎主编

人 民 邮 电 出 版 社

北 京

图书在版编目（CIP）数据

仓库管理实操从入门到精通 / 滕宝红主编. -- 北京：
人民邮电出版社，2019.1
ISBN 978-7-115-49504-4

Ⅰ．①仓… Ⅱ．①滕… Ⅲ．①仓库管理 Ⅳ.
①F253

中国版本图书馆CIP数据核字(2018)第220714号

内 容 提 要

仓库管理是企业管理的重要组成部分，提高仓库管理人员的工作能力是提升仓库管理水平的重要手段之一。

《仓库管理实操从入门到精通》以图文结合的形式，把仓库管理人员需要掌握的各项知识和技能分解到365天当中，形成了365个知识点。仓库管理人员可以每天学习一个知识点，并将其应用到实际工作中。本书内容涉及仓储规划设计、物品入库管理、日常储存管理、物品搬运管理、仓库盘点管理、物品出库管理、企业库存控制、仓库安全管理等多个方面，可以有效地帮助仓库管理人员提高工作能力和工作效率，增强仓管团队战斗力。同时，书中提供了大量的图表和实用范例，读者可以拿来即用或稍改即用。

本书适合各级仓库管理人员和希望从事或即将走向仓库管理工作岗位的人员阅读，也可作为高等院校相关专业师生的参考读物。

◆ 主　编　滕宝红

责任编辑　陈　宏

责任印制　焦志炜

◆ 人民邮电出版社出版发行　　北京市丰台区成寿寺路11号
邮编　100164　　电子邮件　315@ptpress.com.cn
网址　https://www.ptpress.com.cn
涿州市般润文化传播有限公司印刷

◆ 开本：800×1000 1/16
印张：18.5　　　　　　　　2019年1月第1版
字数：350千字　　　　　　2025年10月河北第38次印刷

定　价：69.00元

读者服务热线：(010)81055656　印装质量热线：(010)81055316
反盗版热线：(010)81055315

前　言

　　仓库管理在企业管理体系中的地位非常重要，因为它涉及企业的物料和产品管理业务。仓库管理人员只有充分掌握仓库管理的各项技能，才能带领仓储部人员做好仓库管理工作。

　　本书内容分为以下三个部分。

　　（1）第一部分"岗位职责"主要介绍了仓库管理人员的岗位职责，具体包括仓储部的职责权限及仓库管理人员的职责和工作内容。

　　（2）第二部分"管理技能"详细介绍了仓库管理人员需要掌握的各项管理技能，如制订工作计划、汇报与下达指示、进行有效授权等。这部分内容特别强调了仓库管理人员应积极进行形象自检，保持良好的个人形象，同时要经常自我反思，以便不断取得进步。

　　（3）第三部分"专业技能"重点介绍了仓库管理人员在日常工作中需要掌握的各项实操技能。这部分内容是本书的重点，涵盖了仓储管理基础（仓储规划设计、仓储管理策划）、物品入库管理、物品储存管理、物品搬运管理、仓库盘点管理、物品出库管理、企业库存控制、仓库安全管理、仓库5S与目视化管理、自动化智能仓储管理和仓库人员管理等方面。

　　通过对本书的认真学习，仓库管理人员可以全面地掌握仓库管理的各项技能，更好地开展仓库管理工作。

　　本书具有以下五个特点。

　　（1）模块清晰。全书分为三个部分，即岗位职责、管理技能和专业技能。通过学习岗位职责部分，仓库管理人员可以了解仓储部的职责权限和工作内容；通过学习管理技能部分，仓库管理人员可以掌握工作中需要用到的各项管理技能；通过学习专业技能部分，仓库管理人员可以掌握本岗位的各项专业技能。

　　（2）365天，每天学习一个知识点。本书的最大亮点就是把仓库管理人员需要掌握的知识和技能分解到365天当中，形成了365个知识点。仓库管理人员可以每天学习一个知识点，并将其应用到实际工作中，直至彻底掌握所有知识点。

（3）精心设计了生动、活泼的对话。本书每一章的前面都设计了一段A经理与Q先生的对话，这些对话十分生动、活泼，简要归纳了每一章的知识要点。

（4）提供了大量图表。本书提供了大量的图表，以最直观的形式展示相关知识点，便于读者阅读和学习。此外，书中还设置了"经典范本""实用案例"等栏目，对相关知识点进行了丰富和拓展，为读者提供了有价值的信息。

（5）实操性强。由于现代人工作节奏快、学习时间有限，本书尽量做到去理论化、注重实操性，以精确、简洁的方式描述所有知识点，最大化地满足读者希望快速掌握仓库管理技能的需求。

本书不仅可以作为仓库管理人员自我充电、自我提升的学习手册和日常管理工作的"小百科"，还可以作为相关培训机构开展岗位培训、团队学习的参考资料。

本书由浙江智盛文化传媒有限公司、深圳市中经智库文化传播有限公司策划，由知名管理实战专家滕宝红主持编写。

由于编者水平有限，加之时间仓促，书中难免会出现疏漏与缺憾之处，敬请读者批评指正。

⬤⬤⬤ 目　录

第四章 自我管理技能.................31

仓库主管不仅要掌握基本管理技能，还要掌握自我管理技能。自我管理技能主要包括个人形象自检和自我反思。形象自检可以帮助仓库主管保持良好的个人形象，而自我反思可以让仓库主管获知个人失误，及早做出改进，取得更大的进步。

第三部分 专业技能

第五章 夯实仓储管理基础.................38

要想管理好仓储部的各项工作，仓库主管首先要做好仓储规划设计。良好的仓储规划设计对保管好企业各类物品非常重要，如果仓储规划设计得不合理，就很容易给企业造成损失。

第六章 物料入库管理..................72

为了保证入库物料的质量，仓库主管必须把好物料入库关，并带领仓储部员工做好物料入库前的各项准备工作，完善接收流程，避免出现差错。物料入库包括物料入库及半成品和成品入库。

第七章　物品储存管理.................88

物品储存管理是仓库主管的核心工作之一。如果物品储存不当，就很容易霉变、出现病虫害等。因此，仓库主管必须采取应对措施，做好物品的日常储存工作，确保所有物品保持良好状态。

第八章 物品搬运管理 118

物品搬运既包括物品在仓库内部的移动，也包括物品在仓库与生产设施之间、仓库与运输车辆之间的转移。物品搬运工作是仓库日常管理工作的重要组成部分。

第九章 仓库盘点管理 126

在企业的生产活动中，物料的出入库都要以相关单据、账册记录为依据。但是，实际调查现物时往往会发现实际物料和账册有所出入，这就导致存在账面库存和实际库存两种库存，所以仓库主管要定期组织仓储部员工做好盘点工作。

第十章 物品出库管理 142

物品出库是指物料发放、成品出库、物料调拨等。仓库主管要积极督促相关人员做好这些工作，避免出现差错。

第十一章　企业库存控制..........169

库存控制对企业的运营非常重要，若库存
过少，则会影响生产和销售；若库存过多，则会
导致资金周转速度慢，有可能影响企业的整体运
营。所以，仓库主管必须想办法控制库存，确保
库存保持在合理的水平。

第十二章　仓库安全管理.............208

一旦仓库发生安全事故，就会影响仓管人员的人身安全，造成企业财产的损失，因此，仓库主管必须做好仓库安全方面的预防及维护工作：一是日常安全管理；二是消防安全、设备安全管理。

第十三章　仓库5S与目视化管理...228

5S和目视化管理有助于提高仓库的工作效率，
仓库主管应当带领仓储部员工做好这两项工作。

自动化智能仓储可以提高物料周转速度和流通效率，加速仓库储备资金的周转，有效利用货物资源，并且最大限度地降低货物的破损率。自动化智能仓储能满足各种特殊要求，如低温、黑暗、防毒、防污染、防爆、防燃等，并可实现无人化。作为仓库主管，一定要跟上时势，了解最新的仓库管理技术。

人员是执行工作的主体，仓库主管应配合人力资源部做好仓管人员的招聘、培训与考核等工作。

第一部分

岗位职责

第一章　仓储部职责

导读 >>>

　　仓储部主要负责企业的仓库管理工作。为了有效地开展仓库管理工作，仓库主管必须了解仓储部在企业中所处的位置及职责权限、日常工作流程，同时也要明确一年的工作安排。

　　Q先生：请问一名合格的仓库主管应该如何开展仓储部的管理工作呢？

　　A经理：要想顺利地开展仓储部的管理工作，你首先要了解仓储部在整个企业中发挥的作用及职责权限、日常工作流程，以及仓储部与其他部门的关系。

　　Q先生：那么，我该怎样安排仓储部的日常工作呢？

　　A经理：根据我的经验，你可以将仓储部的日常工作按日、周、月、季度和年度来进行安排，因为时间不同，要做的事情也有所不同。只有做出恰当的安排，才能有条不紊、循序渐进地开展日常工作。

　　说明：A经理拥有多年仓库管理经验，Q先生是一名新上任的仓库主管。

第一节　仓储部的职责权限

001　仓储部在企业中所处的位置

在生产型企业中，仓储部主要负责仓储规划设计和各类物品的入库、储存、盘点、出库等工作。

仓储部要为企业的高层管理人员（如总经理、副总经理）提供各类库存数据，如物品的实际在库数量、呆废料的数量、贵重物料的耗用情况等，以便其充分了解企业的实际库存情况。同时，仓储部应按照企业的相关规定开展储存工作，确保储存物品的安全，并控制好库存成本。

仓储部应做好与其他部门的沟通协调工作。例如，与采购部进行沟通，以便仓库及时验收采购回来的物料，同时也要按照品质部的意见处理采购回来的物料，如果品质部判定该批物料不合格且不可特采，仓库就不得验收入库。

仓储部尤其要做好与生产部的协调工作，坚持按单领料、按单发料，并对生产部的超额领料进行严格控制，避免产生物料浪费。仓储部在企业中所处的位置如图1-1所示。

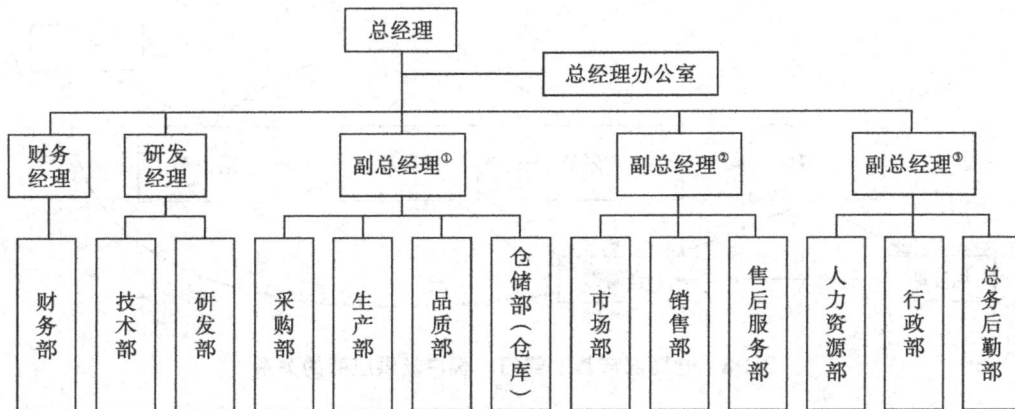

图1-1　仓储部在企业中所处的位置

说明：①这位副总经理在生产型企业中分管采购部、生产部、品质部和仓储部（仓库）；
　　　②这位副总经理在生产型企业中分管市场部、销售部和售后服务部；
　　　③这位副总经理在生产型企业中分管人力资源部、行政部和总务后勤部。

002　仓储管理与跨部门合作

要想搞好一个部门的工作，仅凭自身力量是不够的。采购部、生产部、销售部、技术（品质）部等部门之间的良好协作是提高企业运行效率和快速满足客户需求的关键，具体如图1-2所示。

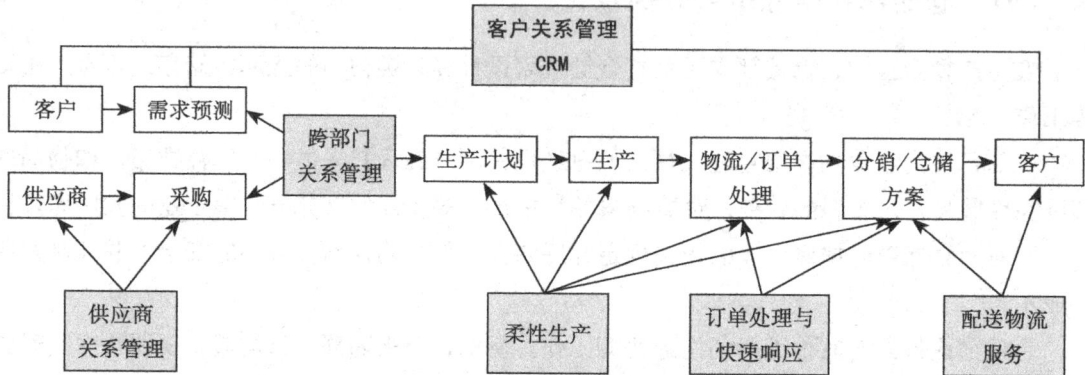

图1-2　各部门之间的良好协作是快速满足客户需求的关键

在处理仓储业务、加强内外部生产物料的管理和控制时，仓储部将不可避免地与其他部门进行沟通与联系。图1-3为仓储部与其他部门、客户及供应商的关系。

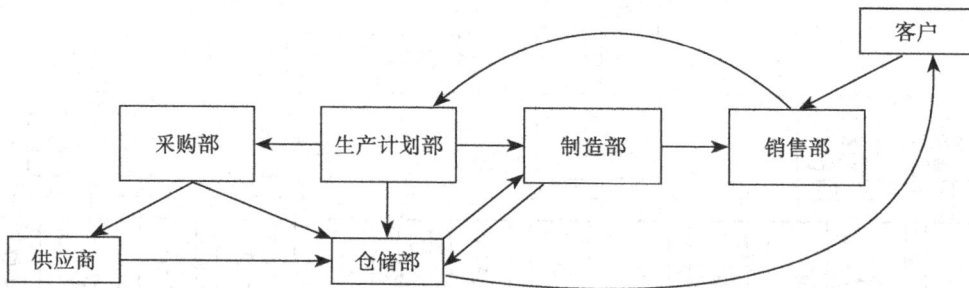

图1-3　仓储部与其他部门、客户及供应商的关系

003　仓储部的职能与权限

仓储部主要为企业的生产经营活动提供物资保障，其职能与权限如表1-1所示。

表1-1　仓储部的职能与权限

类别	具体内容
职能	1．物资检验 （1）对企业采购的各类物资、产成品进行入库前的数量清点、单据核对。 （2）检查企业所购物资的包装情况，并做好记录。 （3）入库前将物资检验结果及时反馈给采购部。 2．物资出入库管理 （1）清点出入库前的各类物资。 （2）检查各类物资的出入库手续是否齐全，若单据不齐全，禁止物资出入库。 （3）严把出入库物资的质量关,有质量检验合格报告书的物资方可入库。对出库物资进行品质检验，杜绝不合格品投入使用或流入市场。 （4）优化物资出入库流程，保证物资出入库管理工作的顺利开展。 3．物资储存保管 （1）做好仓库规划，包括规划物资的存放区域，设计各类物资的摆放规则与位置，合理利用仓容及各类资源。 （2）对各类物资进行分类存放、整理和保管。 （3）对各类库内物资，尤其是设备、零部件等进行定期或不定期保养。 （4）管理库区的公共卫生，防止各类物资受潮、变质等。 （5）做好仓库的安全、消防管理工作，并做好防火、防盗等工作。 4．物资定期盘点 （1）每日进行出入库物资数量的统计工作，并编制日报表，为采购部、生产部等部门提供准确的库存数据。 （2）定期盘点库存物资，记录在库物资的各项数据，定期向财务部提供库存盘点数据。 （3）处理盘盈、盘亏、损失等情况。 5．库存控制 （1）核定和掌握每个仓库各种物资的储备定额，并进行严格控制。 （2）动态管理各类物资，及时提出采购需求。 （3）及时处理滞料和废料。 6．物资装卸、搬运及运送管理 （1）对各类物资进行装卸、搬运、出库、入库及库内搬移。 （2）对各类物资进行分拣、拆包，对产成品进行包装、打包。 （3）对库内物资进行理货、配货，并将其及时运送至生产现场或指定配送地点。 （4）对叉车、运输车辆进行调度、养护，对驾驶员进行管理和培训等
权限	（1）有权参与企业相关制度、政策的制定，并提出合理化建议。 （2）有权对企业的库存管理、采购工作提出意见和建议。 （3）有权拒绝手续不齐全、不合格物资的出入库。 （4）有权对不合格品、变质品、废品进行处理或提出合理化建议。 （5）有权建立内部组织机构，并对员工进行考核。 （6）有权参与对各分公司、分部仓库管理人员的考核。

（续表）

类别	具体内容
权限	（7）有权对内部员工的聘任、解聘提出意见和建议。 （8）有权处罚做出违规行为的内部员工。 （9）有权要求相关部门配合其工作。 （10）有权自主开展内部工作。 （11）有权处罚影响仓库管理工作的员工。 （12）有权提出改进仓库管理制度、工作流程的意见与建议。 （13）其他相关权利

004　仓储部的日常工作流程

仓储部的作业主要包括卸车、检验、整理入库、保管保养、检出与集中、出库与发运、装车等。图1-4是某企业的仓储部日常工作流程，表1-2是对图1-4的具体说明。

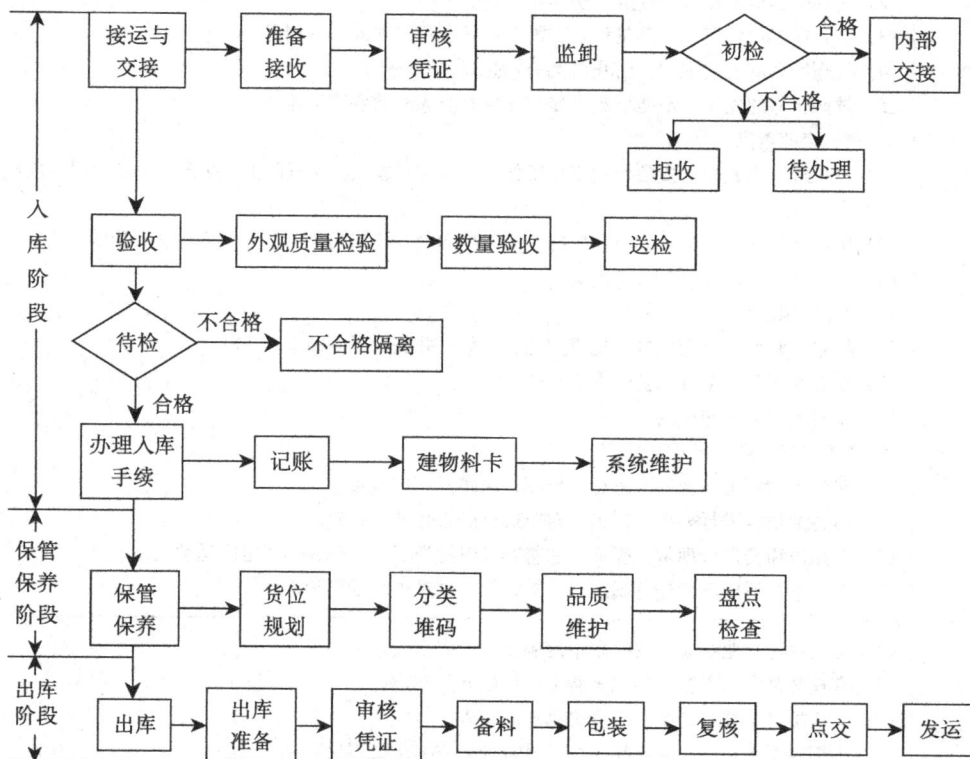

图1-4　仓储部日常工作流程示例

表1-2 仓储部作业流程说明

流程	具体内容
入库阶段	仓管人员根据入库凭证或供货合同的规定，接收承运单位或供货商运送到仓库的货物，对货物进行验收、记账，建立货物档案。做好货物入库阶段的作业、把好货物入库验收关是做好仓储全过程管理的基础
保管保养阶段	仓管人员应对经验收合格的货物进行科学储存规划、堆码苫垫、清仓盘点、维护保养等作业。货物保管保养阶段的关键作业是设计货物分类储存规划和对不同性质的货物采取有效的保管保养措施。要想合理储存货物，提高仓库利用率和作业效率，确保货物数量准确、质量完好，就必须做好货物保管保养工作
出库阶段	仓管人员根据业务部门发出的出库指令，对货物进行备料、包装、复核和发运等作业。随着客户对物流服务的要求不断提高，货物配送业务必然迅速发展，如何将传统的出库作业向物流配送作业转化是有待仓储部解决的问题。做好货物出库配送工作，为客户提供增值服务，对提升企业形象、满足客户需求起着关键的作用

第二节 365天工作安排

005 了解法定节假日

仓库主管要想合理分配工作时间，就必须了解一年中的法定节假日。仓库主管可以将一年中的法定节假日列出来，具体如表1-3所示。

表1-3 法定节假日

节假日名称	休假天数	日期
元旦	1天	1月1日
春节	3天	农历正月初一、初二、初三
清明节	1天	农历清明当日
劳动节	1天	5月1日
端午节	1天	农历端午当日
中秋节	1天	农历中秋当日
国庆节	3天	10月1日至3日

006 计算好工作时间

工作时间也称法定工作时间，是指员工在法定范围内，在用人单位从事相关工作或生产的时间。

1．工作时间的计算

年工作日：365天－104天（休息日）－11天（法定节假日）＝250（天）。

季工作日：250天÷4（季）＝62.5（天）。

月工作日：250天÷12（月）＝20.8（天）。

2．有效工作时间

有效工作时间是指员工完成一项工作所花费的时间。假设上班时间为8小时，扣除必要的个人事务所花费的时间之后，绝大部分员工的有效工作时间往往达不到8小时。

007 采用阶段工作法

仓库主管可以采用阶段工作法，对一年的工作进行具体安排。这里说的阶段是指日、周、月、季度和年度这五个阶段。

仓库主管应按照日、周、月、季度和年度这五个阶段安排工作事项，具体如表1-4所示。

表1-4 仓库主管各个阶段工作事项安排

阶段	工作事项	备注
日	（1）制订日工作计划。 （2）每日进行形象自检。 （3）参加或主持部门早会。 （4）做好物料入库准备工作。 （5）做好物料入库接收工作。 （6）做好成品、半成品入库接收工作。 （7）做好物料退仓入库接收工作。 （8）做好入库资料整理工作。 （9）做好物料发放工作。 （10）做好补料发放工作。 （11）做好物料调拨工作。 （12）做好物料的宽放与代用工作。 （13）做好物料出库工作。	

（续表）

阶段	工作事项	备注
日	(14) 监督下属工作进度。 (15) 整理文件	
周	(1) 制订周工作计划。 (2) 主持与参加部门会议。 (3) 开展仓库 5S 活动。 (4) 做好仓库安全防范工作。 (5) 控制物料搬运过程。 (6) 处理呆料与废料	
月	(1) 制订月工作计划。 (2) 制订物料接收计划。 (3) 给物料编号。 (4) 做好物料标示工作。 (5) 制作物料清单。 (6) 控制仓库库存	
季度	(1) 制订季度工作计划。 (2) 招聘仓库人员。 (3) 培训仓库员工。 (4) 评估仓库员工绩效。 (5) 明确物料的储存与保管要求。 (6) 合理堆放物品。 (7) 开展盘点工作。 (8) 制定物料保管制度	
年度	(1) 编写年度工作总结与下一年工作计划。 (2) 布置货仓。 (3) 规划仓位。 (4) 布置货位	

第二章　仓库主管岗位须知

导读 >>>

仓库主管岗位须知主要包含两个方面的内容，即岗位要求和工作内容。岗位要求是对仓库主管任职提出的各种要求，只有达到这些要求，仓库主管才能胜任仓库管理工作。工作内容是指仓库主管必须了解和掌握的工作事项。

Q先生：请问如何才能成为一名合格的仓库主管呢？

A经理：仓库主管是企业仓管事务的主要负责人，必须具备良好的个人形象和心理素质、丰富的专业知识及较强的个人能力，同时也要具有高尚的职业道德。

Q先生：我刚刚入职，不太清楚仓库主管的具体工作，您能指点我一下吗？

A经理：具体来说，仓库主管的工作分为日常管理工作和专业管理工作两个部分。前者是指制订工作计划、汇报与下达指示等；后者是指每天要做的专业事务，如物品出库管理、库存质量控制等。

第一节　仓库主管的能力要求

008　个人形象要求

仓库主管的个人形象主要体现在穿着服饰、言谈举止和神态三个方面，具体如表2-1所示。

表2-1　仓库主管的个人形象要求

个人形象	具体说明
穿着服饰	朴素、舒适、大方、整洁是对仓库主管穿着的基本要求。无论穿着什么款式的服装，佩戴什么样的饰品，仓库主管都要做到衣着大方美观、外表整洁端庄
言谈举止	言谈举止是一个人文化水平、性格特征的直接体现，仓库主管与他人交流时要彬彬有礼、谈吐文雅
神态	(1) 仓库主管的眼神应该是自然、温和、稳重的，要让人感到亲切、可以信赖。 (2) 在日常工作中，仓库主管应注视对方脸上的三角区，这个三角以双眼为底线，上顶角为前额，这样看着别人能给人以郑重、严肃的感觉。 (3) 与下属相处时，目光要柔和一些，这样下属才会觉得仓库主管平易近人

009　心理素质要求

仓库主管要具有较强的心理素质，即有敢于决断的勇气、坚韧不拔的意志和承受心理压力的能力，具体如图2-1所示。

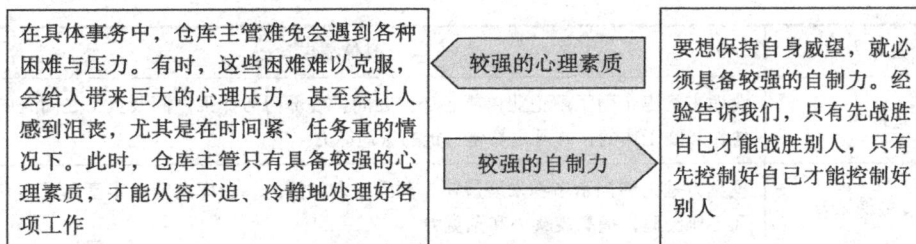

在具体事务中，仓库主管难免会遇到各种困难与压力。有时，这些困难难以克服，会给人带来巨大的心理压力，甚至会让人感到沮丧，尤其是在时间紧、任务重的情况下。此时，仓库主管只有具备较强的心理素质，才能从容不迫、冷静地处理好各项工作

较强的心理素质

较强的自制力

要想保持自身威望，就必须具备较强的自制力。经验告诉我们，只有先战胜自己才能战胜别人，只有先控制好自己才能控制好别人

图2-1　仓库主管的心理素质要求

010 专业知识要求

仓库主管的工作是一项贯穿上下、关注细节的复杂工作，仓库主管只有掌握各方面的知识才能胜任这份工作。仓库主管必须掌握的专业知识如表2-2所示。

表2-2 仓库主管必须掌握的专业知识

知识类别	具体说明
仓库管理的基础理论和专业理论知识	掌握仓库管理的基础理论和专业理论知识，了解相关学科知识和国内外仓库管理的新成果与新发展
生产技术基础知识	掌握一定的生产技术基础知识，熟悉企业产品生产过程和产品、技术工艺的特点，如企业的技术装备、生产能力、产品性能、技术要求、工艺流程及生产协作等
相关物品的知识	掌握相关物品的知识，了解企业常用物品的性能、技术特点、使用方法和消耗特点，以及检验、保管、养护、包装、运输等方面的要求。同时，还要掌握相关经济理论，熟悉生产技术和工艺流程，建立复合型知识结构
物品管理的基本知识和实操技能	掌握物品管理的基本知识和实操技能。例如，了解物品的供应渠道、供应网点、供货方式，熟悉物品申请、分配、订货、采购、托运、验收、储存、养护、运输、供料等业务流程；了解成本、货款结算和物品核销统计及国际贸易知识，掌握签订合同与处理合同纠纷的技能
安全知识	主要包括仓库保卫和仓库消防两个方面的知识

011 个人能力要求

仓库主管不仅要掌握一定的专业知识，还要具备将这些知识运用到实际工作中的能力，具体如表2-3所示。

表2-3 仓库主管的个人能力要求

个人能力	具体要求
管理能力	仓库主管应全面了解企业内部各部门之间、各部门与员工之间及员工之间是如何相互协作开展工作的，并且要具备一定的管理能力
观察力与预见力	预见力是人们揭示事物发展规律、洞悉未来的能力。仓库主管应丰富自己的专业知识和工作经验，提高观察力和预见力
分析与解决问题的能力	分析与解决问题也是一种能力，其对仓库主管工作的效果起着关键作用

（续表）

个人能力	具体要求
应变能力	应变能力是指人们在遇到突发事件或问题时的协调和处理能力。仓管工作有时复杂多变，因此仓库主管必须具备较强的应变能力
制订计划的能力	仓库主管应具有制订计划的能力。仓库主管在制订计划时要注意以下两个事项。 (1)做好统筹。在制订计划时要注意协调各部门之间的关系，通过整体最优化实现目标，而整体最优化的关键就是内部的有序与合理。否则，就会引起内部能量的消耗，影响和阻碍组织功能的正常运转。 (2) 具有可行性。制订出来的计划要符合本部门的实际情况，要具有可行性
控制能力	从仓管工作的角度来讲，控制就是根据既定的工作目标和任务，监督与检查工作的实际执行情况，若发现偏差，则要及时找出原因，并采取改进措施

012　职业道德要求

对于仓库主管的职业道德要求不仅高于一般的社会道德要求，而且高于普通岗位的职业道德要求。仓库主管只有严格要求自己，才能言传身教、影响他人，使大家共同为实现工作目标而齐心协力地工作。

第二节　仓库主管的工作内容

013　日常管理工作内容

仓库主管的日常管理工作内容包括制订工作计划，汇报和下达指示，进行有效授权等，具体如表2-4所示。

表2-4　仓库主管的日常管理工作内容

工作事项	具体内容
制订工作计划	仓库主管的首要任务就是制订清晰且有效的工作计划，包括长期的战略规划、年度培训计划和人员招聘计划等

（续表）

工作事项	具体内容
汇报和下达指示	汇报和下达指示是仓库主管日常管理工作的重要内容。仓库主管要熟练掌握汇报和下达指示的各种方法，并能将这些方法用于实际工作
进行有效授权	仓库主管在授权时，必须对自己的职责有明确的定位，按照责任大小将工作分类排序，重要的工作自己做，其他工作则授权给员工做，但要做好督导
管理团队	仓库主管在团队中扮演着领导的角色，担负着管理整个团队的责任。仓库主管的主要任务和职责就是实现团队目标，仓库主管要和员工共同制订工作计划，召开团队会议，改进和完善工作
日常沟通	沟通是开展一切工作的前提，如果事先没有与员工进行有效沟通，仓库主管就很难顺利开展日常管理工作。因此，仓库主管要充分意识到日常沟通的重要性
个人形象自检	要想做好仓库管理工作，仓库主管就必须进行个人形象自检。只有拥有良好的个人形象，才能树立个人威信
自我反思	孔子曰"吾日三省吾身"，圣人尚且如此，仓库主管更应该定期或不定期地开展自我反思工作，并如实记录自身存在的问题，以便及时改进工作

014　专业管理工作内容

仓库主管的专业管理工作内容涉及仓储规划设计、物品入库管理等，具体如表2-5所示。

表2-5　仓库主管的专业管理工作内容

工作事项	具体内容
仓储规划设计	优秀的仓储规划设计对合理保管企业的各类物品起着非常重要的作用，如果仓储规划不合理，就很容易给企业造成损失
物品入库管理	为保证物品的质量，仓库主管必须把好物品入库关，并带领仓储部员工做好物品入库前的各项准备工作，完善物品入库流程，避免在过程中出现差错。物品入库包括物料入库和半成品、成品入库
物品储存管理	物品储存是仓库主管的核心工作，如果物品储存不当，就很容易发生霉变、出现病虫害等。因此，仓库主管必须做好物品的日常储存工作，确保所有物品能够得到有效利用
物品搬运管理	物品搬运是仓储部日常工作的主要内容。物品搬运是指物品在仓库内部、在仓库与生产设施之间或在仓库与运输车辆之间的转移。仓库主管必须做好物品搬运管理工作

（续表）

工作事项	具体内容
仓库盘点管理	在企业的生产活动中，物品出入库的相关信息都会被记录进相关单据和账册。但实际调查现物时往往会发现实际物品的出入库信息和账册有出入，即存在账面库存和实际库存两种库存，这时就需要仓库主管定期组织人员做好物品盘点工作
物品出库管理	仓库主管要积极督促仓储部员工做好物品出库管理工作，避免出现差错
企业库存控制	库存对企业的运营非常重要，仓库主管必须控制仓库库存，确保库存保持在合理的水平
仓库安全管理	一旦仓库发生安全事故，就会威胁仓管人员的人身安全，给企业造成经济损失，因此，仓库主管既要做好仓库日常安全管理工作，也要做好消防安全管理工作
仓库5S与目视化管理	仓库主管要带领仓储部员工做好仓库5S与目视化管理工作，这有助于提高仓储部的工作效率
仓库人员管理	人员是执行工作的主体，仓库主管要配合人力资源部做好仓库人员的招聘、培训与考核等管理工作

第二部分

管理技能

第三章　基本管理技能

导读 >>>

　　基本管理技能是指仓库主管在日常工作中必须具备的一些管理技能，如制订工作计划、进行有效授权、开展沟通等。仓库主管只有掌握这些基本管理技能，才能高效地开展仓库管理工作。

　　Q先生：最近我在工作中遇到一些问题，如不知道怎么向下属下达指示。

　　A经理：首先，你要把心态放平和；其次，你要掌握下达指示的技巧，这样你才能顺利且有效地向下属下达指示。

　　Q先生：您能教我一些沟通技巧吗?

　　A经理：沟通分很多种，包括向上沟通、向下沟通和水平沟通。你要视不同的情况采用相应的沟通技巧。例如，向上沟通时不要给上司出"问答题"，要尽量出"选择题"；向下沟通时要注意耐心倾听下属讲的每一句话。

第一节 制订工作计划

015 工作计划的格式与内容

1．工作计划的格式

（1）工作计划的名称包括计划名称和计划期限两个要素，如"××公司仓库____年__月工作计划"。

（2）工作计划的具体要求包括工作的目的和要求、工作的项目和指标、实施的步骤和措施等，也就是为什么做、做什么、怎么做。

（3）订立计划的日期。

2．工作计划的内容

仓库主管的工作计划内容可用"5W1H"概括，具体如图3-1所示。

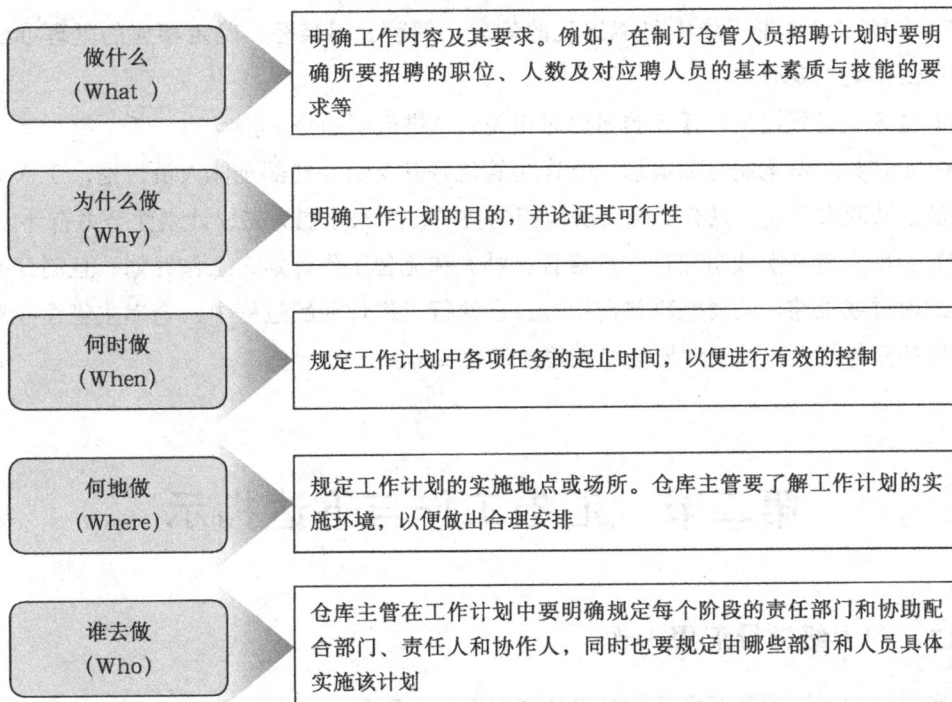

做什么（What）	明确工作内容及其要求。例如，在制订仓管人员招聘计划时要明确所要招聘的职位、人数及对应聘人员的基本素质与技能的要求等
为什么做（Why）	明确工作计划的目的，并论证其可行性
何时做（When）	规定工作计划中各项任务的起止时间，以便进行有效的控制
何地做（Where）	规定工作计划的实施地点或场所。仓库主管要了解工作计划的实施环境，以便做出合理安排
谁去做（Who）	仓库主管在工作计划中要明确规定每个阶段的责任部门和协助配合部门、责任人和协作人，同时也要规定由哪些部门和人员具体实施该计划

| 如何做 (How) | 仓库主管要明确工作计划的执行流程及相应的政策支持，对资源进行合理调配，对企业能力进行平衡，并对各种派生计划进行综合平衡。实际上，一个完整的工作计划应该包括各项控制标准和考核指标等内容。也就是说，仓库主管要告诉计划执行部门和人员应该做成怎么样，达到什么水平才算完成了工作计划 |

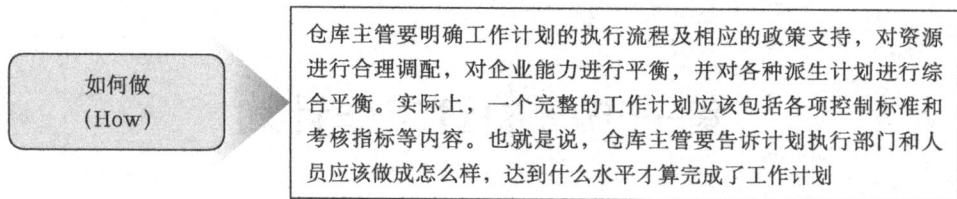

图3-1　5W1H示意图

016　工作计划的制订步骤

工作计划的制订步骤如下。

（1）仓库主管应认真学习和研究相关法律法规和政策，在制订工作计划时不能违反相关规定。

（2）仓库主管应认真分析本企业的实际情况，这是制订工作计划的依据和基础。

（3）仓库主管首先根据本企业的实际情况确定工作方针、工作任务和工作要求，然后据此确定工作的具体实施办法和措施，最后确定工作的具体实施步骤。

（4）仓库主管根据工作中可能出现的偏差、问题、困难等，确定相应的处理办法和措施，避免工作陷入被动。

（5）仓库主管根据工作任务的需要对相关人员进行明确分工。

（6）工作计划草案制订完成后，仓库主管应将其交由仓储部全体人员讨论。工作计划要靠所有员工共同来完成，只有正确反映他们的要求，大家才能为完成计划而努力奋斗。

（7）仓库主管在实践中应进一步修订、补充和完善工作计划。工作计划一旦制订完毕并获得正式通过或批准，就要坚决贯彻执行。在执行工作计划的过程中，仓库主管往往需要对计划加以补充与修订，以使计划更加完善并切合实际。

第二节　汇报工作与下达指示

017　向上级领导汇报工作

仓库主管向上级领导汇报工作时应注意以下五个事项。

（1）仓库主管应遵守时间，不可失约。

（2）仓库主管进入上级领导办公室前应轻声敲门，经允许方可进入。

（3）仓库主管向上级领导汇报工作时要注意仪表、姿态。

（4）仓库主管向上级领导汇报工作时要实事求是，吐字要清晰，语调、声音要适中。

（5）工作汇报结束后，仓库主管要整理好手上的资料，当领导送别时要主动说"谢谢"或"请留步"。

018 听下属汇报工作

仓库主管听下属汇报工作时要注意以下六个事项。

（1）如果已与下属约定时间，就应准时等候，并做好相关准备工作。

（2）仓库主管应及时招呼汇报者进门入座。

（3）在下属汇报工作时，仓库主管可与之进行适当的目光交流，并配以点头等动作表示自己在认真倾听。

（4）下属在汇报过程中没讲清楚的地方要及时提出来，并要求对方重复说明或进一步解释，也可适当提问。

（5）听下属汇报工作时不要做其他事情。

（6）下属告辞时要起身相送。

019 正确下达指示

仓库主管向下属下达指示时应注意以下五个事项。

（1）仓库主管可采用口头通知、短信通知、电话通知、书面通知、托人通告等方式下达指示，并向下属说明该指示的注意事项和相应的奖惩机制。

（2）下达指示之前，仓库主管可先向下属询问与指示相关的问题，通过下属的回答把握其对所谈话题的感兴趣程度、理解程度，之后再把自己的真实意图表述出来。

（3）除了绝对机密情报，仓库主管应对下属说明下达该指示的目的。

（4）对于已下达的指示，有时不得已要进行更改，此时仓库主管务必做出说明。否则，极容易引起下属的不满，甚至导致其不执行新指示。

（5）尽量当着下属的面下达指示，必要时可亲自示范。

第三节　进行有效授权

020　明确授权要素

授权是指仓库主管将分内的若干工作交给下属完成。授权包含工作指派、权利授予和责任担当三个要素，具体如表3-1所示。

表3-1　授权的三个要素

授权要素	具体内容
工作指派	仓库主管在指派工作时，往往只能做到令员工了解工作性质与工作范围，却未能令员工了解工作绩效方面的要求。对于仓库主管分内的工作，有的可以指派给员工完成，有的则不能。例如，目标的确定、政策的研拟、员工的考核与奖惩等工作必须由仓库主管亲自完成
权利授予	仓库主管授予的权利应以员工刚好能够完成指派的工作为限度。若授予的权利不及执行工作所需，则指派给员工的工作将无法完成；反之，则会出现权利失衡。所以，仓库主管必须对授予的权利进行必要的追踪、修正或收回
责任担当	仓库主管向员工授权就意味着员工对仓库主管承担了与权利对等的一份责任，这就是员工的责任担当。另外，仓库主管对所授权员工也有一种责任担当，即当该员工无法完成工作或错误地执行了工作指示时，仓库主管必须承担相应的责任

021　避免陷入授权误区

仓库主管通过将一些工作授权给员工做，既可以使员工边做边学，也有助于提高员工的归属感与满足感。许多仓库主管因重重顾虑而不愿向员工授权，其主要原因如表3-2所示。

表3-2　影响授权的原因

原因	具体内容
担心员工做错事	担心员工做错事的仓库主管往往对员工缺乏信心。员工难免做错事，若仓库主管能适当地训练与培养员工，员工做错事的可能性必然会降低

（续表）

原因	具体内容
担心员工工作表现比自己优秀	仓库主管因担心员工工作表现太优秀而超越自己，所以不愿授权，但是从另一个角度来看，员工良好的工作表现也可以反映仓库主管的知人善任与领导有方
担心失去对员工的控制	只有领导力弱的仓库主管才会在授权之后失去对员工的控制。若仓库主管在授权时能划定明确的授权范围，注意权责相称，并建立追踪机制，就不用担心失去对员工的控制
不愿放弃得心应手的工作	因为惯性或惰性，许多仓库主管不愿将得心应手的工作授权给员工执行。另外，有许多仓库主管以"自己做比教导员工做更省事"为由而不愿授权
找不到合适的员工授权	"找不到合适的员工授权"常被某些仓库主管当作不愿授权的借口。每一位员工都有一定的可塑性，均可通过授权加以塑造

022 掌握必要的授权方法

1. 授权的步骤

授权的步骤包括作出授权决定、简明地交代情况、监督员工的执行情况，具体如表3-3所示。

表3-3 授权的步骤

步骤	具体说明
作出授权决定	授权是有回报的，员工一旦掌握了完成某项工作技能，日后无需仓库主管的教导也能很好地完成该项工作。也就是说，仓库主管应视每项工作的性质将其授权给具备相应专业技能和知识的员工去完成
简明地交代情况	仓库主管要确保已向员工作了交代，而且员工已经完全明白了自己的意思——做什么、何时完成及要达到何种程度。此外，仓库主管在员工工作的过程中应给予必要的支持和指导
监督员工的执行情况	在员工工作的过程中，仓库主管要监督工作质量，并积极提供反馈意见。在这一步，仓库主管要进行有效监督而不是过分干预

2. 提供与工作有关的各种信息

当仓库主管将某项工作授权给员工去做时，除了要向其清楚地交代如何完成该工作，还须向其提供顺利完成该工作所需的全部信息。同时，仓库主管还要与员工讨论在工作过程中可能碰到的问题及其解决对策。

023　强化被授权者的职责

对于授权给他人完成的工作，要设定明确的、切实可行的完成时间。授权他人办事并不意味着把某项工作的控制权交给他人，授权者要鼓励被授权者在符合相关要求的前提下，以自己的方式开展工作。这样才能促使他们发挥自己的专业知识和技能，并为他们提供学习新知识、新技能的机会。授权常引起的争议之一是职责问题，因此，明确被授权者的职责至关重要。

第四节　团队管理技能

024　积极开展团队建设

仓库主管应从以下六个方面开展团队建设。

（1）珍惜人才。人才是团队最宝贵的资源，热忱投入、出色完成本职工作的员工是团队最宝贵的资源和资本。

（2）尊重员工。为员工营造和谐、富有激情的工作环境，这是上至经理、下至部门主管所开展的一切工作的核心和重点。

（3）尊重每一位员工的个性。尊重员工的个人意愿及选择的权利，为员工提供良好的工作环境，营造和谐的工作氛围，倡导简单真诚的人际关系。

（4）培养自己的团队。持续培养专业的、富有激情和创造力的团队，让团队中的每一位成员都成长为全面发展、能独当一面的综合型人才。

（5）倡导健康的人生。鼓励所有员工追求身心健康、家庭和谐和丰富多彩的生活。

（6）鼓励各种形式的沟通。提倡信息共享，帮助每一位员工以空杯的心态培养学习能力，迅速提升各方面的工作技能和综合素质。

025　团队管理的基本要点

团队管理的基本要点如表3-4所示。

表3-4 团队管理的基本要点

要点	具体内容
制定规范的规章制度	规章制度包含很多内容,如纪律条例、组织条例、财务条例、保密条例和奖惩措施等。规范的规章制度能让执行者自觉遵守,而不觉得规章制度是一种约束。仓库主管不仅是仓储部规章制度的制定者和监督者,还是遵守规章制度的带头者。如果仓库主管自己都不遵守规章制度,就无法要求团队成员遵守规章制度
设定明确的目标	仓库主管应为团队设定明确的目标,设定目标时要注意以下三个事项。 (1) 要设定具体、可衡量的目标。 (2) 为目标设定完成期限,目标要具有挑战性和可行性。 (3) 设定团队目标时要考虑每一位成员的个人目标
提供相关信息	员工在工作的过程中难免会遇到信息不充分或不对称的情况,这就要求仓库主管必须及时提供相关的信息。例如,仓库主管可以让仓储部员工了解其他部门的运作程序,以便仓储部员工在遇到需要其他部门协助的情况时知道该如何去做
营造积极进取、团结向上的工作氛围	为了营造积极进取、团结向上的工作氛围,仓库主管应从以下三个方面着手。 (1) 奖罚分明、公平、公正,对工作业绩突出者给予精神及物质奖励,对工作业绩落后者给予相应的惩罚。 (2) 让每一位团队成员承担一定的职责。 (3) 让每一位团队成员都能感受到团队的温暖

第五节　日常沟通管理

026　常见的沟通形式

常见的沟通形式及其内容如表3-5所示。

表3-5 常见的沟通形式及其内容

沟通形式	具体内容
文字沟通	即通过报告、备忘录、信函、短信等形式进行沟通。采用文字形式进行沟通的原则如下。 (1) 文字要简洁,尽可能使用通俗易懂的词句。

（续表）

沟通形式	具体内容
文字沟通	（2）如果文字内容较多，应增加目录或摘要。 （3）合理组织内容，一般将重要的信息放在最前面。 （4）设置清晰明确的标题
口头沟通	即面对面进行沟通。采用口头形式进行沟通时，沟通者要具备丰富的知识，吐字要清晰
肢体语言沟通	主要包括眼神交流、面部表情、手势、姿势和其他肢体语言等

027　常见的沟通障碍

常见的沟通障碍来源于传送方、传送渠道和接收方，具体如表3-6所示。

表3-6　常见的沟通障碍

障碍来源	具体说明
传送方	·用词错误，词不达意 ·咬文嚼字 ·不善言辞，口齿不清晰 ·不给他人讲话的机会 ·态度不端正 ·不能随机应变
传送渠道	·经他人转达而引起误会 ·环境选择不当 ·沟通时机不当 ·有人蓄意破坏、挑衅
接收方	·听不清楚 ·只听自己感兴趣的话题 ·偏见 ·光环效应 ·情绪不佳 ·听不出言外之意

028　达成共识

仓库主管与员工沟通时应达成以下共识。

（1）鼓励员工提出有利于企业发展的合理化建议，一来仓库主管可以倾听员工内心真正的声音；二来即使员工对企业政策有诸多不满，只要对方愿意说出来，仓库主管就可以向对方做出解释。

（2）先耐心倾听员工讲话，再适时提出个人见解。

（3）与员工沟通时不能表露出不良情绪（非理性情绪）。

仓库主管与员工进行沟通时应遵循下列原则：若沟通未达成共识，应进行协调；协调未果，应进行谈判；谈判未果，应申诉裁决。

029　做好向上沟通工作

仓库主管要想做好与领导之间的沟通工作，必须注意以下三个事项。

1．不要给领导出"问答题"，尽量出"选择题"

遇到需要解决的问题时，不要向领导建议"是不是开个会"，因为领导一旦将此事搁置很可能就没有结果了，所以与领导沟通时不要出"问答题"，而要出"选择题"。例如，仓库主管可以这样提议：

（1）领导，您看明天下午开个会怎么样？

（2）那么后天上午呢？

（3）那么后天上午 10 ： 30 以后呢？

（4）好吧，10 ： 30 以后。

（5）谢谢，我明天下班前再提醒您一下，后天上午 10 ： 30 开个会。

2．找准时机

这里有一条经验值得借鉴：领导工作再忙，也得下班回家，因此，你可以在下班时到公司门口等候领导，领导看到你后一般会快速提出他的意见。

3．事先准备好问题解决方案

如果没有准备好问题解决方案，那么结果很可能是：（1）领导认为你办事不力；（2）领导需要进一步分析判断才能得出结论。考虑到这两种结果，你最好事先准备好问题解决方案。

030 做好水平沟通工作

水平沟通是指同级人员之间的沟通。水平沟通中存在的常见问题有不够真诚、言语不实、没有服务意识和积极配合的意识等。为了消除水平沟通中的障碍，可以从图3-2所示的四个方面着手。

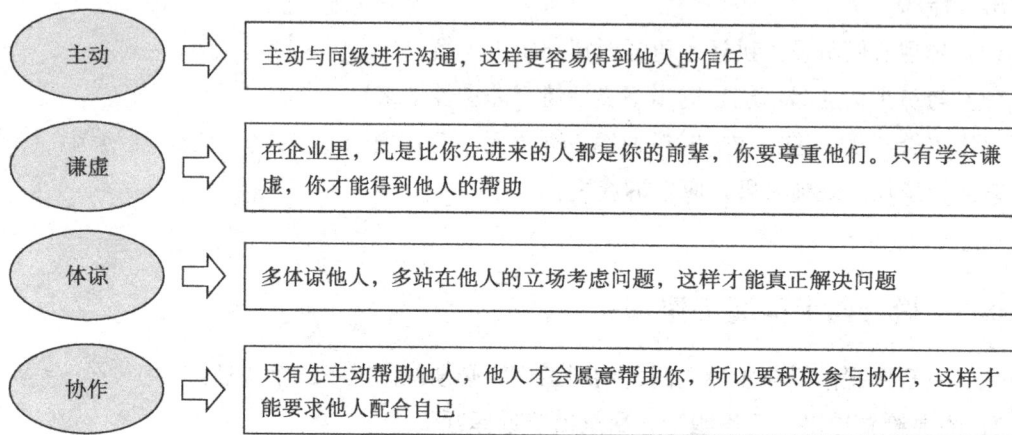

图3-2 消除水平沟通中的障碍可以从四个方面着手

031 做好向下沟通工作

仓库主管向下沟通时要注意以下三个事项。

（1）多了解状况。与下属沟通时，如果你是"空降部队"，那么建议你多学习，多了解，多询问，多做功课。多了解状况是一件非常重要的事情，如果真的不了解状况，就要先做足功课，然后再与下属沟通，这样你才能言之有物，下属也才会心甘情愿地听你的话。

（2）不要责备下属。下属在工作中难免会出错，这时不能一味地责备下属，而要与下属共同找出出错的原因，并帮助其改正，这样才能提高其工作技能。

（3）提供方法，紧盯过程。与下属沟通时，最重要的是提供方法和紧盯过程。例如，如果你管理过仓库，就告诉他存货是怎么浪费的。

032 需要立即进行沟通的情况

当工作中出现表3-7所示的情况时，仓库主管要立即与相关员工进行沟通。

表3-7 需要立即进行沟通的情况

情况	具体说明
阶段性绩效考评结束之前的绩效沟通	这是最重要的也是必需的一种沟通
员工工作职责、内容发生变化时	在这种情况下，仓库主管要向员工解释发生变化的具体内容及其原因，并说明这种变化对公司的好处，同时也要征求员工的意见，最后双方要对变化后的工作职责、内容予以确认
员工在工作中出现重大问题或某项具体工作目标未完成时	仓库主管要以帮助员工发现问题为目标，向员工说明此次沟通的目的是帮助其解决在工作中出现的问题
员工表现出明显变化，如表现十分优异或非常差时	(1) 对表现十分优异的员工，仓库主管要对其表现突出的方面及时提出表扬，并适当了解和分析其出现变化的原因，以加强和延续其良好势头。 (2) 对表现非常差的员工，仓库主管要指出其表现不佳的地方，询问其在工作中遇到了什么问题，帮助其找出原因并制定改进措施，并给予其必要的指导和帮助
员工薪资、福利或其他利益发生重大变化时	仓库主管要向员工说明薪资、福利或其他利益发生变化的原因。尤其是各项利益减少时，仓库主管更要阐述清楚公司对该调整的慎重态度，并说明公司再次做出调整的时间，以及再次调整的依据
员工提出合理化建议时	(1) 若建议被采纳，仓库主管应及时告知员工并给予其奖励，明确指出该建议对公司发展的帮助，还要对员工表示感谢。 (2) 若建议未被采纳，仓库主管应告知员工建议未被采纳的原因，表明公司和仓库主管对此建议的重视，肯定其对公司发展的关心和支持，鼓励其继续提出合理化建议
员工之间产生矛盾或冲突时	仓库主管要了解和分析仓储部员工之间产生矛盾的原因，并积极调解。涉及其他部门员工时，仓库主管可请其他部门经理协助做工作
员工对自己有误会时	作为一名合格的仓库主管，一定要学会自我检讨，检查自身有无做得不妥的地方，若有则制定改进方案，向员工致歉并表明自己改进的决心，以获得员工的谅解
新员工到岗、老员工离开公司时	(1) 新员工到岗时，仓库主管要明确其工作职责、工作内容和工作要求，并表达自己的殷切希望。通过沟通，仓库主管对新员工的个人情况进行进一步的了解，帮助其制订学习和培训计划，使其尽快融入团队。 (2) 老员工离开公司时，仓库主管要与其进行充分沟通，对其为公司作出的贡献表示感谢，了解其辞职的真实原因及其对公司的看法，以便自己和公司今后更好地改进工作
员工生病或其家庭发生重大变故时	仓库主管平时要多关心员工的生活，了解员工生活上的困难，并为其提供必要的帮助

033 掌握倾听的方法

倾听对仓库主管来说至关重要。倾听的方法及其要点如表3-8所示。

表3-8 倾听的方法及其要点

方法	要点说明
主动	如果不愿意去倾听和理解，就不能取得任何效果
目光接触	通过与员工进行目光接触使其集中注意力，降低对方分神的可能性
表现出兴趣	在与对方进行眼神交流时坚定地点头或做出适当的面部表情，以此表示你正在专心倾听
不要做可能引起分神的动作	不要做暗示你正在思考其他事情的动作。在倾听的过程中不要看手机、翻阅文件、摆弄铅笔或做其他动作，这样员工会认为你觉得他的讲话内容无聊
表现出关注	将自己置于倾听者的位置来理解员工的所思、所感，不要将自己的要求和意志强加到员工身上
把握整体	像解读实际内容那样去解读感觉和情绪，如果只听词语而忽视其他声音信息和非言语信号，往往会漏掉很多重要信息
提问	分析自己听到的内容，通过提问证实对方所讲内容，确保自己真正理解了员工所讲的内容
解释	用自己的话复述员工所讲的内容，用"我听你这样说……""你的意思是不是……"此类语句复述
不要打断对方	让员工充分将自己的想法表述出来，不要打断对方
整合所讲内容	边倾听边整合讲话内容，更好地理解员工表达的意思
在说话者和倾听者之间灵活转换	在很多工作环境中，你需要不断地在说话者和倾听者两个角色之间转换。从倾听者的角度来说，你应该关注说话者所表述的内容，在获得发言机会之前不要总是斟酌自己要讲的话

第四章　自我管理技能

导读 >>>

　　仓库主管不仅要掌握基本管理技能，还要掌握自我管理技能。自我管理技能主要包括个人形象自检和自我反思。形象自检可以帮助仓库主管保持良好的个人形象，而自我反思可以让仓库主管获知个人失误，及早做出改进，取得更大的进步。

　　Q先生：最近公司有人说我不该留长指甲，因为这会影响公司的形象，是这样吗？

　　A经理：这得根据你们公司的具体规定来看。我建议你每天上班之前按照公司规定进行形象自检，如果不符合公司规定，就要及时改正。

　　Q先生：前几天因为一次工作失误与一位同事发生了争吵，我心里很不安，该怎么办呢？

　　A经理：如果确实是因为你的工作失误导致你们争吵，你应该向那位同事道歉。对于这个方面的问题，你可以定期进行自我反思，将你平时犯的错误记录下来，找出解决方法，不断进行自我改进。

第一节　个人形象自检

034　男士形象自检内容

男士形象自检内容如表4-1所示。

表4-1　男士形象自检表

自检项目	检查重点	自检结果
头发	(1) 发型大方。 (2) 头发干净整洁，长短适宜。 (3) 无浓重气味，无头屑，无过多的发胶、发乳。 (4) 额前头发未遮住眼睛。 (5) 鬓角修剪整齐	
面部	(1) 胡须已剃净。 (2) 脸部清洁滋润。 (3) 牙齿无污垢。 (4) 耳朵清洁干净	
手	(1) 干净整洁，无异味。 (2) 指甲已修剪整齐	
外套	(1) 与工作环境相匹配。 (2) 外套上没有脱落的头发、头皮屑，无灰尘、油渍、汗渍。 (3) 衣袋平整	
衬衫	(1) 领口整洁，纽扣已扣好。 (2) 袖口整洁，长短适宜。 (3) 领带平整、端正，颜色不怪异	
裤子	(1) 熨烫平整。 (2) 裤缝折痕清晰。 (3) 裤长及鞋面。 (4) 拉链结实。 (5) 无污垢、斑点	

(续表)

自检项目	检查重点	自检结果
袜	(1) 袜子干净。 (2) 每日换洗。 (3) 袜子与衣服的颜色、款式协调	
鞋	(1) 已用鞋油擦亮。 (2) 鞋后跟未磨损变形。 (3) 鞋与衣服的颜色、款式协调	
其他	(1) 面带微笑。 (2) 精神饱满	

035 女士形象自检内容

女士形象自检内容如表4-2所示。

表4-2 女士形象自检表

自检项目	检查重点	自检结果
头发	(1) 保持干净整洁，有自然光泽，无过多发胶。 (2) 发型得体、干练。 (3) 额前头发未遮住眼睛。 (4) 头上饰品佩戴适宜	
面部	(1) 化淡妆。 (2) 口红、眼影合适。 (3) 脸部清洁滋润。 (4) 牙齿无污垢。 (5) 耳朵清洁干净	
手	(1) 手掌干净、无异味。 (2) 指甲已修剪整齐，长短适宜。 (3) 指甲油浓淡适宜，无脱落现象	
饰品	(1) 饰品不夸张、不突出。 (2) 款式精致，材质优良。 (3) 走动时饰品不会发出声响。 (4) 不妨碍工作	

（续表）

自检项目	检查重点	自检结果
外套	(1) 与工作环境相匹配。 (2) 外套上没有脱落的头发、头皮屑，无灰尘、油渍、汗渍。 (3) 衣袋平整	
衬衫	(1) 领口整洁，纽扣已扣好。 (2) 袖口整洁，长短适宜。 (3) 无明显的内衣轮廓痕迹	
裙子	(1) 长短合适。 (2) 松紧合适。 (3) 拉链拉好，裙缝位正。 (4) 无污物、无绽线散开	
长筒袜	(1) 颜色适宜。 (2) 干净、整洁、无绽线	
鞋	(1) 洁净。 (2) 款式大方简洁，没有过多装饰与色彩。 (3) 鞋跟不太高、太尖，走动时不会发出太大声音。 (4) 鞋后跟未磨损变形。 (5) 鞋与衣服的颜色、款式协调	
其他	(1) 面带微笑。 (2) 情绪饱满	

仓库主管应以个人形象自检表为标准，每天进行形象自检，并对所有下属进行检查。无论是仓库主管还是下属，其个人形象都代表着整个企业的形象。

第二节　自我反思工作

036　自我反思内容

仓库主管是企业各项仓管事务的负责人，在日常工作中应该经常进行自我反思。仓库主管的主要工作内容是管理仓管事务，因此需要经常与部门内外各级人员（如企业领导、部门员工）沟通交流，这样才能高效地完成企业的仓管工作。

在与他人交流的过程中，难免会出现沟通不畅的问题，这时仓库主管进行自我反思就显得尤为重要了。例如，某仓库主管与某部门主管沟通时，因过于急躁而导致双方发生冲突，这有可能会伤害这位部门主管的自尊心。

037　做好自我反思记录

仓库主管应针对自身在工作中出现的问题进行深刻反思，以提高自己的管理水平。仓库主管应每周进行一次全面反思，将反思结果记录下来，并提出解决方法。表4-3为仓库主管自我反思记录表。

表4-3　仓库主管自我反思记录表

填表日期：____年__月__日

日期 ＼ 内容	个人问题	解决方法
星期一		
星期二		
星期三		
星期四		
星期五		
星期六		
星期日		

038 推广自我反思方式

仓库主管应将自我反思的结果如实记录下来，并经常翻看这些记录，以便汲取经验与教训，更好地开展仓库管理工作。同时，仓库主管还应在部门内部推广自我反思方式，要求下属也经常进行自我反思，促进大家共同进步。

第三部分

专业技能

第五章 夯实仓储管理基础

导读 >>>

　　要想管理好仓储部的各项工作，仓库主管首先要做好仓储规划设计。良好的仓储规划设计对保管好企业各类物品非常重要，如果仓储规划设计得不合理，就很容易给企业造成损失。

　　Q先生：作为一名新上任的仓库主管，我怎样才能做好仓库布局与规划呢？

　　A经理：你首先要了解仓库规划的要点、选择仓库地址的方法及总平面布置的内容，同时也要掌握仓区与货位的设计方法、物料的编号与标示方法。另外，你还要整理好各类物料清单，这对开展物料管理工作非常重要。

　　Q先生：如何才能建立有效的物料管理系统呢？

　　A经理：首先你要了解物料管理系统的内容、资料需求，然后按照相关流程开展具体工作。物料管理系统主要包括MRP（物料需求计划）系统和ERP（企业资源计划）系统，你可以协同采购、生产等部门共同建立该系统。

第一节　仓库布局与规划

039　仓库类别

企业的仓库主要分为原料仓库、半成品仓库、成品仓库和物品仓库四类，具体如图5-1所示。

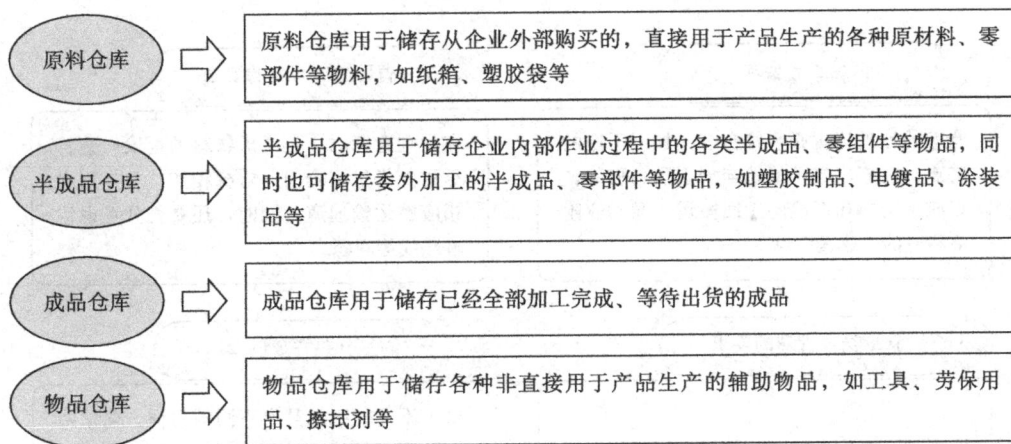

图5-1　企业的仓库类别

040　仓库的位置选择

仓库主管应根据企业的实际需要，科学、合理地选择仓库的位置。仓库主管在选择仓库的位置时应重点考虑以下九项内容。

（1）是否方便物料验收。

（2）是否方便物料进仓。

（3）是否方便物料储存。

（4）是否方便开展其他相关工作。

（5）是否适合仓储且安全。

（6）是否容易发料。

（7）是否方便搬运。

（8）是否方便盘点。

（9）是否有货仓扩充的弹性与潜能。

041　仓库的规划要点

仓库规划的目的是满足企业生产经营对物料和产品的周转、储备等要求，所以仓库的规划要满足图5-2所示的四点要求。

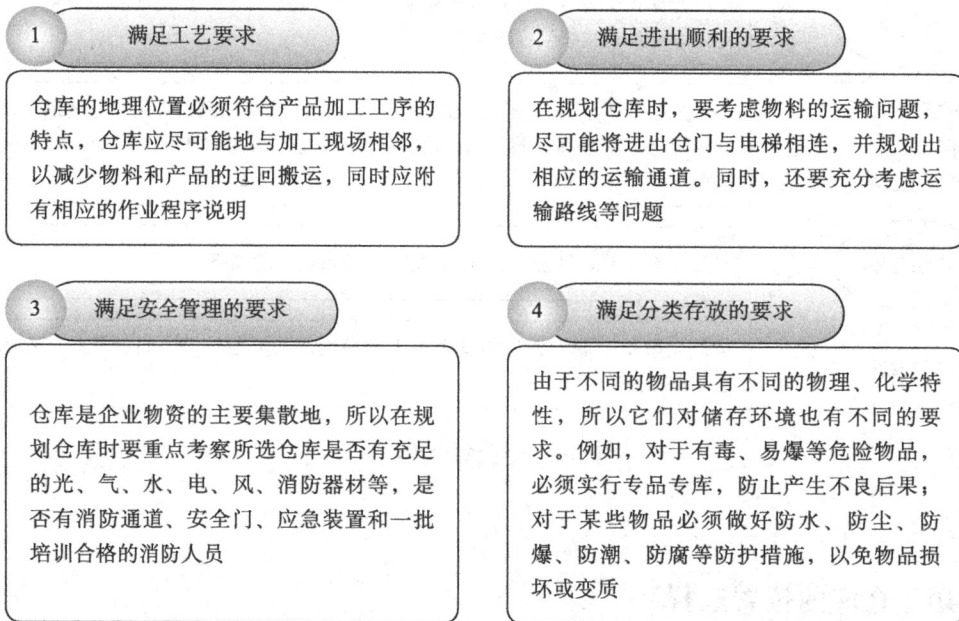

1　满足工艺要求	2　满足进出顺利的要求
仓库的地理位置必须符合产品加工工序的特点，仓库应尽可能地与加工现场相邻，以减少物料和产品的迂回搬运，同时应附有相应的作业程序说明	在规划仓库时，要考虑物料的运输问题，尽可能将进出仓门与电梯相连，并规划出相应的运输通道。同时，还要充分考虑运输路线等问题
3　满足安全管理的要求	4　满足分类存放的要求
仓库是企业物资的主要集散地，所以在规划仓库时要重点考察所选仓库是否有充足的光、气、水、电、风、消防器材等，是否有消防通道、安全门、应急装置和一批培训合格的消防人员	由于不同的物品具有不同的物理、化学特性，所以它们对储存环境也有不同的要求。例如，对于有毒、易爆等危险物品，必须实行专品专库，防止产生不良后果；对于某些物品必须做好防水、防尘、防爆、防潮、防腐等防护措施，以免物品损坏或变质

图5-2　规划仓库时的四个要点

042　布置仓库总平面

布置仓库总平面是指对仓库的库房、货棚、货场、辅助建筑物、铁路专用线、库内道路、附属固定设备等在规定的范围内进行平面和立体的合理安排。

仓库主管在布置仓库总平面时应考虑以下三个方面。

1．符合仓储生产的作业流程

库房、货棚、货场等的数量要与储存物品的数量和保管要求相匹配，保证库内物品流动方向合理、运输距离最短、作业环节和次数最少、仓库面积利用率最高，确保运输通畅、方便保管。

2．有利于提高仓库的经济效率

要考虑地形、工程地质条件等因素，因地制宜，使之既能满足物品运输和存放的要求，也能避免大量挖掘，减少土方工程量。平面布置应该与竖向布置相匹配，既能满足仓储生产的要求，也利于排水，还要能充分利用原有地形。总平面布置应能充分且合理地利用库内的固定设备，以充分发挥这些设备的效能，合理利用存储空间。

3．符合安全、卫生方面的要求

库内各区域之间、各建筑物之间应该留有一定的防火间距，同时要配置防火、防盗等安全保护设施。此外，库内布置要满足卫生要求，要充分考虑通风、照明、绿化等事项。

043　仓库的竖向布置

仓库的竖向布置是指库房、货场、专用线、道路、排水、供电等在地面标高线上的相对位置。它属于立体空间布局，其主要形式包括就地堆码、上货架存放、架上平台和空中悬挂等。

第二节　仓区与货位设计

044　仓区设计的具体要求

仓库主管在设计仓区时应注意以下八点要求。

（1）仓区要与生产现场相邻，并保证通道顺畅。

（2）每个仓库必须设置进仓门和出仓门，并有明确的标牌。

（3）货仓的办公室应尽可能设置在仓区附近，并有仓库名标牌。

（4）测定安全存量、理想最低存量或定额存量，并设有相应标牌。

（5）按储存容器的规格、楼面载重承受能力和叠放的限制高度，将仓区划分成若干仓位，并用油漆或美纹胶在地面标明仓库名、通道和通道走向。

41

（6）仓区内应设置废次品存放区、物料暂存区、待验区和发货区等。

（7）充分考虑安全因素，明确规定消防器材、消防通道和消防门的位置及救生措施等。

（8）每个仓库的进仓门处须张贴货仓平面图，图的内容须包括仓库所在的地理位置、周边环境、仓区仓位、仓门通道及门、窗、电梯等。

045 仓区设计的注意事项

仓库主管在指导下属设计仓区时应注意以下两个事项。

1．预留机动货区

预留机动货区的目的是巩固分区分类和暂时存放单据未到或待验收、待整理摊晾、待分类、待商检的物品。在为整个仓库划分货区时，通常会预留出一定面积作为机动货区，其大小视仓库业务性质、物品储存数量及品种的多少、物品性质和进出频繁程度及仓储设备条件而定。有了机动货区，如果某些物品入库数量超过固定货区的容纳量，就可将其暂存于机动货区，避免到处寄存，造成混乱。

2．收料区域的设置

仓库要设置特定的收料区以暂存购进的物料。此收料区可划分为三个区域，具体的分区及其用途如表5-1所示。

表5-1　收料区域的设置

区域	具体用途
进料待验区	仓库人员将接收到的物料放置于此区，不同的物料须分开存放，避免造成混乱
进料合格区	将检验合格的物料放置于此区，等待仓库人员验收入库
进料验退区	将检验不合格的物料或不符合生产部门要求的物料放置于此区，等待供应商处理

046 货位区划的方法

企业根据库房（区）的建筑形式、面积大小、库房楼层或固定通道的分布和设施设备状况，结合储存各类物品所需的条件，将储存场所划分为若干货库（区），每一间货库（区）再划分为若干货位，每一个货位用于固定存放一类或几类数量不多、保管条件相同的物品。货库（区）的具体划分通常以库房为单位，即以每一座独立的仓库建筑为一个货库（区）。

047　货位区分的注意事项

货位的区分要结合实际，随时调整，做到"专而不死，活而不乱"。在各类物品货位基本固定的情况下，当分区范围对应的物品的数量有较大变化时，尽量在同一大类其他分类货区内调剂储存，必要时可调整分区分类。这样就能使分类储存的物品既有相对的稳定性，也有调剂的灵活性。

为了应对特殊情况，库房应预留出机动货位，这样可避免因固定货区超额储存，物品无法进入固定货区，最后被到处乱放的问题。有了机动货位，库房就可以随时接收计划外入库的物品。同时，机动货位还可作为物品待检点、整理场地使用。

048　货位布置的方式

货位布置的方式主要有横列式、纵列式和混合式三种。

1．横列式

横列式就是货垛或货架水平排列（见图5-3）。

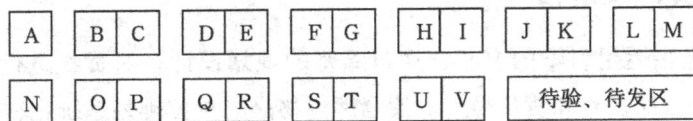

图5-3　横列式示意图

2．纵列式

纵列式就是货垛或货架垂直排列（见图5-4）。

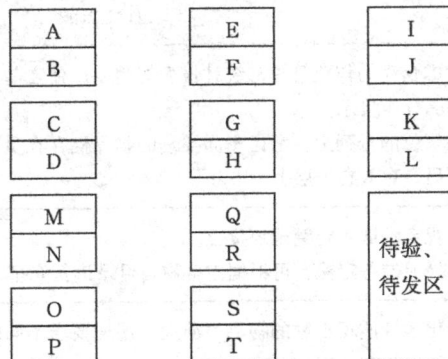

图5-4　纵列式示意图

3．混合式

既有横列，又有纵列，则为混合式（见图5-5）。

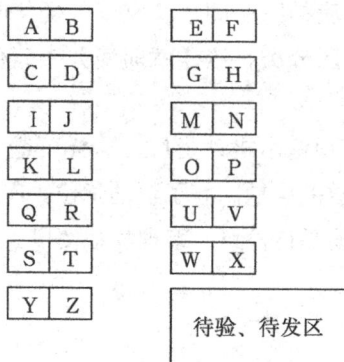

A	B		E	F
C	D		G	H
I	J		M	N
K	L		O	P
Q	R		U	V
S	T		W	X
Y	Z		待验、待发区	

图5-5　混合式示意图

049　实行货位规格化

货位规格化是指运用科学的方法，通过周密的规划设计，对货物进行合理分类、排列（库房号、货架号、层次号和货位号），使仓库内物品的货位排列系统化、规范化。

仓库主管实行货位规格化的主要依据是物品分类目录、物料储备定额及物品本身的自然属性，具体如表5-2所示。

表5-2　货位规格化的依据

依据	具体说明
物品分类目录	(1) 考虑仓库的作业管理、统计报表的需要，使之与采购环节相衔接，可采用供应渠道的物品分类目录。 (2) 在货位的排列上，考虑不同类别的物品储存在货架和层次上的安全问题，应另起货架或另行存放在一层上
物料储备定额	(1) 按规定的储备定额规划货位。 (2) 如果无储备定额，可根据常备物料目录进行安排，并在货架上留出适当空位
物品本身的自然属性	物理、化学性质相抵触的物品，温度、湿度要求不同的物品，以及灭火方法相抵触的物品不得混放在一起

050　选择合适的货架

货架是保管物品的设施，是货位设计的重要元素之一。仓库主管必须熟悉各种货架的性能，为不同的物品选择合适的货架。

1．普通货架

普通货架是目前广泛使用的一类货架。这类货架可按不同的方法进行划分。

（1）按载重量可分为轻型、中型和重型三种货架。

（2）按形状和用途可分为 H 形、A 形通用货架，条形货架，悬臂形货架（用于存放钢筋、钢管等长条形物品），抽斗形货架（用于存放仪表、工具、零件等小件物品）。

2．特殊货架

常见的特殊货架如表5-3所示。

表5-3　常见的特殊货架

货架	具体说明
阁楼形货架	（1）在一层货架的顶部铺设顶板，再在其上方安装一层货架。 （2）如果仓库的空间允许，可以安装第三层货架。 （3）多采用全装配式，拆装方便
可进车货架	（1）在利用机械进出货的仓库中，应预留出运输通道。 （2）叉车进入货架内，将货物放在临时搭置的阁楼货架上，然后按顺序推移，直至装满。 （3）按照从外向内的顺序取货。 （4）其缺点是不能实现先进先出
传送带式货架（也称流动式货架）	将链式传送带、柱式传送带或滚轮式传送带安装在货架的间隔内并保持一定坡度，从一端放入的货物会在重力的作用下沿着传送带迅速移动到另一端
密集型货架	（1）在地面上铺设轨道，使货架沿着轨道运动。 （2）只需将货架沿着轨道拉出室外，即可进行存取操作
高层货架	（1）适用于自动化仓库，是立体仓库的主要设施。 （2）用于托盘等单元组合货载。 （3）不宜采用叉车作业，可采用沿货架运动的升降式举货机

051　货位编号的具体要求

货位编号好比物品在仓库里面的"住址"。仓库主管要根据库房条件、物品类别等情况做好货位画线及序号编排工作，以满足标志明显易找、编排循规有序的要求，具体如表5-4所示。

表5-4　货位编号的具体要求

项目	具体要求
标志设置	（1）采取适当方法，选择适当位置。例如，仓库标志可在库门外挂牌；库房标志可写在库门上；货场货位标志可竖立标牌，多重建筑库房的走道、支道、段位的标志可粉刷于水泥或木板地坪上。 （2）存放粉末类、软性笨重类货物的仓库，其标志可印在天花板上；泥土地坪的简易货棚内的货位标志可粉刷在柱、墙、顶、梁上或悬挂标牌
标识制作	统一使用阿拉伯数字制作货位编号标志。在制作库房和走道、支道的标志时，可在阿拉伯数字之外辅以圆圈，也可用不同直径的圆表示不同出处
编号顺序	仓库范围内的房、棚、场及库房内的走道、支道、段位的编号，都应以进门方向左单右双或自左而右的规则进行编制
段位间隔	段位间隔的宽窄取决于储存物品批量的大小

052　掌握货位的编号方法

仓库主管应组织相关人员根据已确定的编号方法对货位进行编号，方便物品的存放和取用。货位的编号方法如表5-5所示。

表5-5　货位的编号方法

方法	具体说明
货架货位编号法	例如，B库区3号货架第4层第2列用"BK-3-4-2"表示。 （1）库区号是整个仓库的分区编号。 （2）货架号面向货架从左至右编号。 （3）货架层号从下层向上层依次编号。 （4）货架列号面向货架从左侧起横向依次编号
货场货位编号法	货场货位编号有以下两种方法。 （1）按照货位的排列编成排号，再在排号内顺序编号。 （2）采取自左至右和自前至后的顺序进行编号，D库房3号位4排2位用"DK-3-4-2"表示
以排为单位编号法	（1）将库房内所有的货架按进入库门的方向从左至右进行编号。 （2）在排的范围内以自上至下、自前至后的顺序对每排货架的夹层或格眼进行编号

方法	具体说明
以品种为单位编号法	（1）按物品品种为库房内的货架划分储存区域。 （2）根据物品品种占用储存区域的大小，在分区编号的基础上进行格眼编号
以货物编号代替货架货位编号法	（1）用于进出频繁的零星散装物品。 （2）在编号时要掌握货架格眼的大小、数量，确保其与存放物品的体积大小、数量相匹配

053　堆垛储存的设计要求

堆垛是货位规划工作的重要内容。堆垛储存的设计要求是根据物品性质、包装形式及库房条件（荷重定额和面积大小）而定，尽量做到合理、牢固、定量及整齐（见图5-6）。

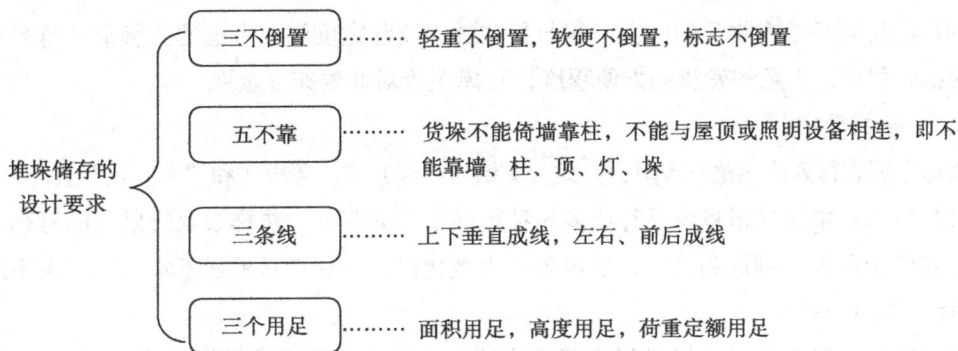

堆垛储存的设计要求

- 三不倒置 …… 轻重不倒置，软硬不倒置，标志不倒置
- 五不靠 …… 货垛不能倚墙靠柱，不能与屋顶或照明设备相连，即不能靠墙、柱、顶、灯、垛
- 三条线 …… 上下垂直成线，左右、前后成线
- 三个用足 …… 面积用足，高度用足，荷重定额用足

图5-6　堆垛储存的设计要求

054　堆垛的排脚

对于堆垛的排脚，仓库主管首先要测定物品的可堆积层数，再进行脚形排列。堆垛的排脚包括两方面内容：一是堆垛脚数的安排；二是堆垛脚形的安排。脚数与脚形均以堆垛的最底层为准。排脚时，根据物品可堆积层数，先排脚数；再根据外包装占地面积和堆垛要求，排出脚形。

1．堆垛可堆积层数及其计算方法

堆垛可堆积层数及其计算方法如下。

（1）堆垛不超重可堆积层数的计算。以一件物品的占地面积计算，其计算公式为：

不超重可堆积层数＝每件物品实占面积×每平方米库房荷重定额÷每件物品毛重

以一批物品整垛占地面积计算，其计算公式为：

$$不超重可堆积层数＝整垛物品实占面积×每平方米库房荷重定额×\frac{每件物品毛重}{每层件数}×每件物品毛重$$

（2）堆垛不超高可堆积层数的计算。堆垛不超高可堆积层数是指堆垛留出顶距以后的可堆积层数，其计算公式为：

不超高可堆积层数＝（库房实际高度－顶距）÷每件物品高度

2．脚数的计算

脚数的计算公式为：

脚数＝货垛物品总件数÷物品可堆积层数

脚形的排列是根据物品的实占面积与货位的深度和宽度综合考虑的。脚形的排列会影响堆垛的稳固程度、点数和发货的方便程度，仓库主管对此要充分重视。

3．堆垛的形式

堆垛主要有行列式、重叠（墩台）式、交错（压缝）式、屋脊式和"五五化"五种形式。

（1）行列式堆垛是指将单品种或多品种物品用背靠背的方法排成双行以上的行列。这种堆垛形式便于收发、溯垛和检查，适用于小批量物品。其缺点是堆垛不够牢固，也不能节省库房面积（见图5-7）。

（2）重叠（墩台）式堆垛是指按照垛底摆脚数重叠堆高。堆垛每层排列一致，不交错，不压缝，数量相同。如果包装不够平整，堆垛高低不一且不稳，可在上下层之间加垫，如夹放木板条等，使层层持平、有牵制，防止倒垛。这种堆垛形式适用于体积较大、包装一致的物品（见图5-8）。

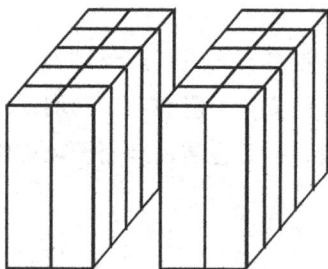

图5-7　行列式堆垛示意图

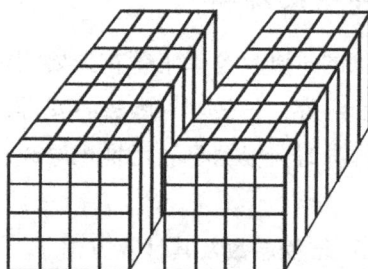

图5-8　重叠（墩台）式堆垛示意图

（3）交错（压缝）式堆垛是指按照垛底摆脚数形状，利用包装两边不等（长形）特点，纵横排列，逐层交错压缝堆高（也可二、三层交错压缝一次）。这种堆垛形式具有相互咬紧、货垛稳固的优点（见图5-9）。

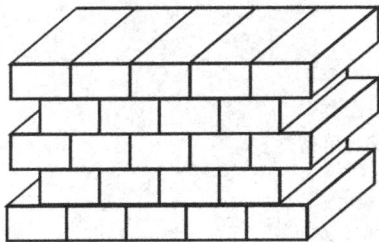

（4）屋脊式堆垛是指将货垛上部两旁的物品由下而上逐层缩小排成屋脊形。这种堆垛形式适用于可露天堆放的物品，在其上面加盖雨布可以防风吹日晒和雨淋（见图5-10）。

图5-9　交错（压缝）式堆垛示意图　　　　图5-10　屋脊式堆垛示意图

（5）"五五化"堆垛是以五为基本计量单位，堆码成各种总数为五的倍数的货垛。不同的物品和包装有不同的"五五化"方法。例如，外形较大的物品堆码可五五成方，较小的物品堆码可五五成包；较高的物品堆码可五五成行；带眼的物品堆码可五五成串；定型定尺的物品堆码可五五抽头堆垛等。由于"五五化"堆垛并不能解决垛形问题，因此，同样必须符合上述堆垛方法的要求。

055　货架储存的设计

物品在仓库内除了堆垛，也可放置于货架上。

1. 货架的排列要求

（1）在库区内，货架应背靠背双行排列，并与主通道垂直，单行货架可倚靠防火墙放置。

（2）充分考虑物品的发放情况。例如，将储存周转速度较快的物品的货架放置在发运区附近，将储存周转速度较慢的物品的货架放置在远离发运区的区域。

2. 货架标志

货架标志应设置在各行货架面向通道的两端，以便标明各行货架编号及存放物品的种类，层格架（抽屉架）的每格（每一抽屉）应留有固定标签的位置。

3. 货架上物品的存放要求

货架上的物品应按从后向前的顺序，按编号的位置存放，并预留出一定数量的空位，以便储存新物品。

056　绘制物料货位图

为了便于开展物料管理工作和提高工作效率，仓库主管可以组织仓储部员工针对仓库内储存区域与货架分布情况绘制物料货位图（见图5-11和图5-12）。

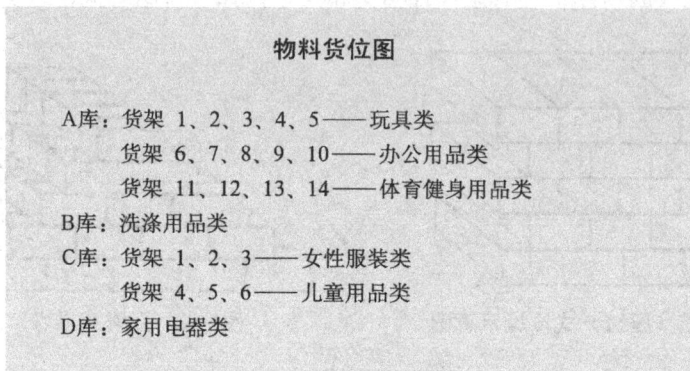

物料货位图

A库：货架 1、2、3、4、5——玩具类

　　　货架 6、7、8、9、10——办公用品类

　　　货架 11、12、13、14——体育健身用品类

B库：洗涤用品类

C库：货架 1、2、3——女性服装类

　　　货架 4、5、6——儿童用品类

D库：家用电器类

图5-11　物料货位图示例一

品名	编号	库区号	货架号	货架层、列号
玩具熊	0015	A	1	3-1
城堡积木	0021	A	2	1-1

图5-12　物料货位图示例二

第三节　仓储设备的配置

057　配置仓库储存设备

仓库储存设备是用于储存各种物品的容器和设备，主要包括各种料架、料仓、料槽、储罐等。根据性质和形态的不同，储存设备可分为以下三类。

（1）保管一般物品的储存设备，例如，适用于储存各种金属材料、机械零件、配件、工具等的各种料架。料架按用途划分可分为通用料架和专用料架。

通用料架可分为层式、格式、抽屉式及橱柜式料架，适用于储存体积小、重量轻、品种规格复杂的金属制品、轴承及工具、机电产品等。专用料架是根据物品的特殊形状而设计的，适用于储存特定类别的物品，如小型条钢和钢管的悬臂式料架等。

（2）保管块粒状和散装物品的储存设备，例如，适用于储存散装原料、散装螺丝、铆钉等的各种料仓、料斗等。

（3）保管可燃、易燃液体材料及腐蚀性液体的储存设备，例如，适用于存储汽油、柴油、润滑油，以及各种酸、碱、液体化工产品等的瓶、桶、储罐等。

058　配置仓库计量设备

仓库的计量设备可分为称量设备和量具两类，具体如表5-6所示。

表5-6　仓库的计量设备

类别		具体用途
称量设备	天平	适用于体积小、计量精度高的小件贵重物品，如贵重金属、高纯度化工原料等。天平以克或毫克为计量单位
	案秤	适用于小件物品，其称量范围小于20千克
	台秤	适用于20千克以上的物品，有移动式和固定式两种。台秤是仓库中应用最广泛的一种计量设备
	地中衡	也称汽车衡，需要将磅秤的台面安装在汽车道路面的同一水平线上，使进出运料的车辆通过其上而称出重量
	轨道衡	也称大型有轨式地下磅秤，适用于火车车辆称重。载重车在轨道衡上称出毛重，减去车皮自重，即可得出货物的重量。其称量范围大于60吨
	自动称量装置	自动称量装置按作业原理可分为液压秤和电子秤两种。其特点是在装卸物品过程中就能计量货物的重量，例如，称量装置与吊钩连为一体。这种装置可缩短物品出入库检验时间，降低作业量，但误差比较大，且容易损坏
量具	普通量具	度量材料长短的量具，可分为直接量具和辅助量具两类。直接量具有直尺、折尺、卷尺等，辅助量具有卡、钳、线规等
	精密量具	指游标卡尺、千分卡、超声波测厚仪等能精确测量物品规格的量具

059　配置搬运设备

1. 仓库搬运设备的类别

仓库搬运设备的类别如表5-7所示。

表5-7　仓库搬运设备的类别

类别	具体用途
搬运车辆	用于运输物料的器械，包括人力搬运车，如手推车、手动叉车、拉车、货架车等；机动搬运车包括自动搬运车、电瓶车、托盘搬运车、牵引车等；叉车可分为重力平衡式、侧叉式、插腿式、旋转式、抱式等
输送机	用于传输物料的器械，包括辊子输送机、辊轮输送机、带式输送机、悬挂链式输送机、平板式输送机、卷扬机等
起重机	使物料垂直移动的器械，包括手动及电动葫芦、巷道及桥式堆垛机、门式起重机、天车等
升降装置	使物料升高或降低的器械，包括电梯、升降机、升降台、缆车等
辅助搬运器具	用于装载物料的器具，包括各种托盘（如平托盘、柱式托盘、网式托盘、箱式托盘）、各种器皿（如物料盒、液体罐、桶类）和各种箱子（如纸箱、塑料箱）

2. 配置搬运设备时应考虑的因素

搬运设备的种类较多，选择的余地较大。仓库主管在选择搬运设备时要考虑以下五个因素。

（1）可靠性。即设备的可用程度、可信度与可维修性。

（2）安全性。即保证安全作业的性能，如人员的安全性与存在的威胁、设备的正常运转、物品的被损害性、环境污染等。

（3）适宜性。设备性能、强度、耐力和使用寿命，如设备机动灵活、一机多能、抗环境应变能力强等。

（4）经济性。反映搬运成本的一些因素。

（5）有效性。反映使用效果的一些因素。

第四节　物料编号与清单制作

060　物料编号的具体要求

仓库主管在给物料编号时要满足表5-8所示的十点要求。

表5-8　物料编号的具体要求

要求	具体说明
简单	使用各种文字、符号、字母、数字对物料进行编号，尽量简单明了，不可过于复杂
分类延展	(1) 对于特性复杂的物料，在对其进行大分类后还要进行细分类，如五金类可细分为五金管材类、螺栓类等。 (2) 编号时所选用的数字或字母要具有延展性
完整	(1) 所有的物料都应有相应的物料编号。 (2) 新的物料应赋予新的物料编号
一一对应	一个物料编号只能代表一种物料，不能用同一个物料编号代表数种物料或用数个物料编号代表同一种物料
统一标准	物料编号要统一，分类要有规律
具有伸缩性	物料编号要考虑未来新产品、新材料发展扩充的情形，要留有余地，新材料也要有唯一的物料编号
便于查询	应便于根据物料编号查询该物料的信息
有足够的数量	物料编号所采用的文字、符号、字母、数字必须有足够的数量，以保证物料编号能够代表所有已出现和未出现的物料
容易记忆	物料编号应容易记忆，并能发挥暗示和引发联想的作用
便于计算机管理	保证物料编号在计算机中查询方便、输入方便、检索方便

061 常见的物料编号方法

1. 数字编号法

数字编号法是以阿拉伯数字为编号工具，按属性方式、流水方式或阶层方式等进行物料编号的一种编号方法，具体如表5-9所示。

表5-9 数字编号法示例

类别	分配号码
塑胶类	01～15
五金类	16～30
电子类	31～45
包材类	46～60
化工类	61～75
其他类	76～90

2. 字母编号法

字母编号法是以英文字母为编号工具，按各种方式进行物料编号的一种编号方法，具体如表5-10所示。

表5-10 字母编号法示例

采购金额	物料种类	物料颜色
A：高价材料 B：中价材料 C：低价材料	A：五金 B：塑胶 C：电子 D：包材 E：化工	A：红色 B：橙色 C：黄色 D：绿色 E：青色 F：蓝色 G：紫色

3. 暗示编号法

暗示编号法是以字母或数字作为编号工具，按一定规律进行物料编号的一种编号方法。字母或数字应能让人产生联想，一看到此编号就能联想到相应规格的物料，具体如表5-11所示。

表5-11　暗示编号法示例

编号	螺丝规格（毫米）
03008	3×8
04010	4×10
08015	8×15
15045	15×45
12035	12×35
20100	20×100

4．混合编号法

混合编号法是综合了上述三种编号方法的一种编号方法（见图5-13）。例如，电风扇塑胶底座（10）、高价（A）、ABS料（A）、黑色（B）、顺序号（003），其编号应为"10-AAB-003"。

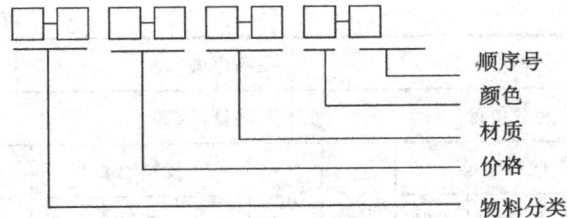

图5-13　混合编号法示例

062　物料定位与标示

为仓库内的各种物料编号后，接下来就应该选择合适的标示方法，以便取用。仓库主管可以安排相关人员设计不同的料位卡（见图5-14），对不同的物料进行定位标示。

料位卡（专案）	料位卡（专案）	料位卡（专案）
编号 _____ 品名 _____ 规格 _____ 单位 _____ 数量 _____ 基本用途 _____ _____	编号 _____ 品名 _____ 规格 _____ 单位 _____ 数量 _____ 基本用途 _____ _____	编号 _____ 品名 _____ 规格 _____ 单位 _____ 数量 _____ 基本用途 _____ _____
（专案料品色：浅红色）	（专案料品色：青绿色）	（专案料品色：黄色）

图5-14　料位卡示意图

063　制作物料管理卡

仓管人员应制作物料管理卡（见表5-12），明确标示物料的编号、名称、规格、单位、数量、入厂日期等。物料出入库之后，物料管理卡上标示的数量、日期等内容应及时更新。

表5-12　物料管理卡

编号：_____ 　　　　　　　　　　　　　　　　　　　　　填卡日期：____年__月__日

物料名称：		规格/型号：		最高存量：		最低存量：				
物料编号：		存放位置：		订购量：						

日期	收发、领退单	收料记录			生产工单单号	领料单位	发料记录			结存记录			核对
		数量	单价（元）	金额（元）			数量	单价（元）	金额（元）	数量	单价（元）	金额（元）	

制表人：_____ 　　　　　　　　　　　　　　　　　　　　　审核人：_____

064 物料清单的内容

物料清单也称BOM（见表5-13）或产品零件一览表（见表5-14）或产品用料明细表（见表5-15）。

表5-13 BOM

品名	规格/型号	单位	经济产量	前置天数	版本	工程图编号

产品料号		品名	规格/型号	标准用量	损耗率	制程说明	工程图号	备注
阶层	子件料号							

表5-14 产品零件一览表

产品名称		简图：
产品型号		
开发日期	___年__月__日	
客户		

序号	材料名称	规格/型号	计量单位	标准用量	损耗率	材料来源	单价（元）	备注

表5-15　产品用料明细表

产品名称			产品型号		
产品料号			客户		

层数	料号	名称	规格/型号	单位	标准用量	标准损耗率	来源	图号

确认人：_____　　　审核人：_____　　　制定人：_____

065　物料清单的主要使用部门

物料清单是接收客户订单、计算累计提前期、编制生产和采购计划、配套领料、跟踪物流、追溯任务、计算成本、改变成本设计不可缺少的重要文件，其用途主要有以下四个。

（1）将各采购件的采购成本与各成品的人工成本按照BOM的结构进行汇总，以便计算产品成本。

（2）BOM是制订物料需求计划的依据。

（3）BOM是生产订单和委外单领料与发料的依据。

（4）以BOM方式为生产设备与其维修用零部件建立对应关系，有利于维护料品的管理。

由上述四个用途可以看出，不同的部门和系统出于不同的目的使用BOM，且都从中获得了各自所需的数据，BOM的主要使用部门如表5-16所示。

表5-16　BOM的主要使用部门

使用部门	具体说明
设计部门	设计部门既是BOM的设计者，也是BOM的使用者。当产品结构发生变化或对某个零部件进行重新设计时，该部门都要从BOM中获取所有零部件的信息及其相互之间的结构信息，这样才能对其进行定义、描述或修改

（续表）

使用部门	具体说明
工艺部门	工艺部门根据BOM确定各零部件的制造工艺和装配件的装配工艺，并确定加工制造过程中应使用的工装、模具等
生产部门	生产部门根据BOM确定零部件或最终产品的制造方法
产品成本核算部门	产品成本核算部门利用BOM中每个自制件或外购件的当前成本来计算最终产品的成本

066 物料清单的运用

1．制作扼要零件表

筹备物料是生产的基本准备活动，针对物料筹备的零件表被称为"扼要零件表"。有了扼要零件表，就能采购物料（下订购单）。谈到产品生产，就不得不提零件表。通常对生产或产品进行的检查都可能是从零件表开始的。实际上，有相当多的企业并没有零件表，但可能有类似的在采购材料及零件时使用的材料表或采购明细表。

材料表通常会集中体现产品所需的全部材料，这是为了便于安排采购而形成的一种零件表，即扼要零件表。编制扼要零件表时，首先要弄清具体的产品，再按每一种产品查找出应购入的零件及物料，然后为将要使用的材料设定使用量的单位。

2．制作结构型零件表

物料筹备完成后，接下来就是制造。这时必须制作和产品制造步骤相吻合的结构型零件表。

3．灵活运用结构型零件表

结构型零件表并不是制造部门专用的零件表。设计部门、产品成本核算部门、生产技术部门、采购部门等都可以在各自的业务中灵活运用它。例如，设计部门确定BOM中零部件的材质、形状、长度、直径等时，可以将零件分门别类，予以标准化，这对新产品的开发有很大益处。

产品成本核算部门利用零件表能掌握产品成本变动带来的影响。

生产部门、采购部门是BOM的直接受益者，生产部门可利用MRP系统的BOM进行生产，采购部门可利用BOM安排采购计划，这有利于随之而来的物料管理及在制品管理。

4．有弹性地应对设计变更

BOM并不是做好后就一成不变了。在通常情况下，只要产品还在市场里，总会发生一些变更，因为产品就如同成长中的小孩，会因为运动、营养、知识等发生变化。这种变化会引发设计变更，而且这种情况很普遍。因此，仓管人员必须根据设计变更的原因有针对性地更改BOM。

（1）设计变更的原因主要有以下三个。

①产品改良，为降低成本而对产品做出功能或材料变更。

②技术改善，由于生产技术的改善、设备的改良，过去的很多零部件、材料很可能已经不再适用了。

③安全问题，产品本身存在某些问题，为确保安全做出某些变更，此时必须立即实施变更。

（2）确定设计变更实施日期有以下三种方法。

①指定生产通知单号码。按产品的生产通知单号码生产的企业，在发生设计变更时，以生产通知单号码来确定变更实施日。

②指定日期。以日期作为设计变更的实施时期，确定了实施日，就将这一天作为变更日。

③指定库存数。设计变更通常是在库存品用完时实施，因此，要做好新零部件、新材料的需求量计划，当旧品的库存数达到某一程度时，就要制订新品的计划。

第五节　建立物料管理系统

067　什么是MRP（物料需求计划）系统

物料需求计划（Material Requirements Planning，MRP）是指利用物料清单、库存数据和主生产计划计算物料需求的一种实用技术。

MRP的基本原理是根据需求和预测来确定未来物料供应和生产计划。它明确了物料需求的准确时间和数量。并非所有不使用订货点方法的物料管理系统都属于MRP系统，因为MRP系统并不是仅仅代替订货点方法开立订单的库存管理系统，它能提供物料计划并控制库存，决定订货优先顺序，根据产品的需求自动推导出构成这些产品的零件与材料的需求量，由产品的交货期展开零部件的生产进度日程和原材料与外购件的需求日期，即将生产计划转换为物料需求表。引入MRP系统之前必须确定物料的毛需求量和净需求量。此时，可先将物料的毛需求量转化为净需求量，然后根据净需求量和需求时间预先排定订单，以便事先了解缺料情况。

　　已经具备一定生产能力的工厂可以借助MRP系统掌握在当前的生产能力下能生产些什么；具有一定主生产计划的工厂可以借助MRP系统明确应生产些什么。MRP系统不仅可以给出订单数量，而且特别强调完成订单所需要的时间，因此，MRP系统的输出可以作为采购、生产等各项管理工作的输入。

068　MRP的特点

　　1.需求的相关性

　　在流通企业中，各种需求往往是独立的。在生产系统中，物料的需求却具有相关性。例如，根据订单确定了所需产品的数量之后，由新产品的BOM即可计算出各零部件和原材料的数量。我们把这种根据逻辑关系计算出来的物料数量称为相关需求。

　　2.需求的确定性

　　MRP的需求都是根据主生产计划、产品结构文件和库存文件精确计算出来的，物料的品种、数量和需求时间都有严格要求，不可随意改变。

　　3.计划的复杂性

　　MRP系统的功能目标是随时掌握计划状态、储存状态和供货状态，涉及多方面的计划、文件及时间上的有效衔接，因此具有一定的复杂性。

069　收集建立MRP系统所需资料

　　建立MRP系统前需要收集生产日程计划表、物料逻辑档、零件构成表和库存信息四种资料。

　　1.生产日程计划表

　　生产日程计划表是根据客户合同、生产能力、物料状况和市场预测等确定的。它通常以周为单位，把经营计划或生产大纲中的产品系列具体化，使之成为制订材料需求计划的主要依据。它在从综合计划向具体计划过渡的过程中起着承上启下的作用。

　　2.物料逻辑档

　　物料逻辑档是指有关成品、半成品与材料的各种必要资料，如物料名称、ABC材料分类表、产品结构阶层表、采购前置时间、材料基准存量表等。

　　3.零件构成表

零件构成表是最终产品零件的构成明细及需要数量的资料，产品、组合品、零部件、原料等物品都体现在上面。我们通过零件构成表能够了解以产品为首的各零部件的构成，并以此计算出产品所需的组合品、零部件及材料数量。

4．库存信息

库存信息是保存企业所有产品、零部件、在制品、原材料的库存状态的数据库。在MRP系统中，将产品、零部件、在制品、原材料甚至工装工具等统称为"材料"或"项目"。

（1）现有库存量是指在企业仓库中实际存放的材料的可用数量。

（2）计划收到量（在途量）是指根据正在执行中的采购订单或生产订单，在未来某个时段材料将要入库或将要完成的数量。

（3）已分配量是指尚保存在仓库中但已被分配出去的材料的数量。

（4）提前期是指执行某项任务由开始到完成所消耗的时间。

（5）订购（生产）批量是指在某个时段内向供应商订购或要求生产部门生产某种材料的数量。

（6）安全库存量是指为了预防需求或供应方面的不可预测的波动，在仓库中应经常保持的最低库存量。

（7）根据上述信息可以计算出某项材料的净需求量，其计算公式为：

$$净需求量＝毛需求量＋库存已分配量－计划收到量－现有库存量$$

材料、半成品的库存信息是建立MRP系统时所需的基础资料。根据现有库存量与材料净需求量可进一步计算出是否需要发出新订购单、生产命令单、外协加工单，或者已发出的订购单、生产命令单、外协加工单是否必须进一步提前或延后。

因此，通过MRP系统，我们就能够知道材料净需求量、现有库存量、供应商的交期与数量及自制零件、半成品的完成时间与数量。

070　MRP系统的建立流程

在收集了建立MRP系统所需的资料后，企业接下来就要着手建立MRP系统。MRP系统的建立流程如图5-15所示。

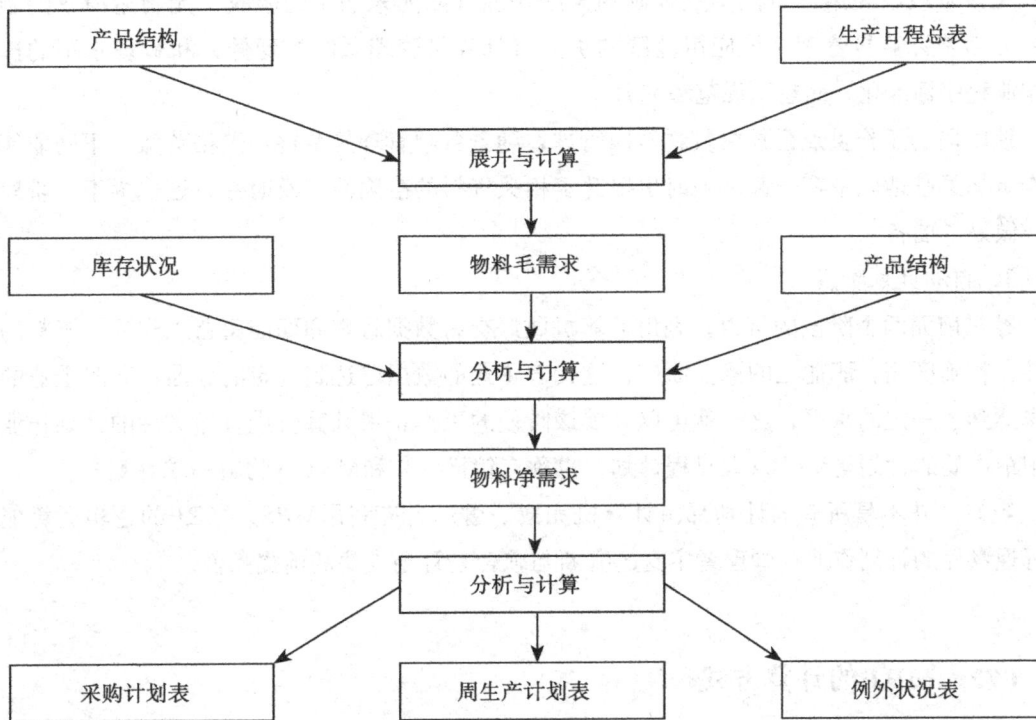

图5-15　MRP系统的建立流程

071　实施MRP的步骤

1．数据管理阶段

企业内的许多活动，如接单、出货、采购、生产、加工、验收等，都可以用产品或物料的品种、数量、金额等单位来描述与表达，即可用数据来表达。这类可用数据表达的活动被称为"交易"，每一次活动均可被视为一项交易。

数据管理是指对各种交易的记录、整理、分析、应用、保存等工作进行管理。该阶段的目标是借助计算机做好各项交易的处理工作，确保库存资料准确、完整、及时。生产、供应、销售等职能的交易数据要详细录入计算机管理系统。

2．职能整合阶段

该阶段的主要目标是在各项交易数据录入计算机管理系统后，整合不同职能，消除不必要的或重复的作业，强化全局的管理控制，减少交易处理过程所需的人力。

在该阶段，在第一阶段不受限制的某些功能（如无采购单的验收、无制造命令的领料等）应随着计算机管理系统应用范围的扩大（计算机管理系统的延伸）和管理水平的提升（作业程序标准化）而趋于规范和完善。

该阶段的工作重点已经由资料转向管理，随着各项管理规范逐步严格落实，不同职能的工作更加紧密地联系在一起，同时也提升了相关资料的准确性与及时性，这也为下一阶段的工作做好了准备。

3．自动计划阶段

经过前面两个阶段的努力，利用计算机做好交易数据管理和职能整合工作后，资料的及时性、精确度高，职能上的涵盖面广，这代表企业的数据已达到一定的标准，同时企业的管理也达到了一定的水平，这时就可以开展该阶段的工作：用计算机进行通盘性的计划作业，其中最主要的计划是MPS（大日程计划，也称产销排程）和MRP（物料需求计划）。

当然，并不是所有的计划都由计算机完成。管理者应利用MPS、MRP的逻辑运算能力做好通盘性的计划作业，管理者本身的判断与取舍是计划成功的前提条件。

072　MRP的计算方式

制订物料需求计划之前，仓管人员首先根据主生产计划导出物料的需求量与需求时间，然后根据物料的提前期确定投产与订货的时间。

MRP的计算分为以下六个步骤。

（1）计算物料的毛需求量。

首先根据主生产计划计算出一级物料的毛需求量，然后根据一级物料的BOM计算出二级物料的毛需求量，再根据二级物料的BOM计算出三级物料的毛需求量。以此类推，直到计算出最低层级原材料的毛坯或采购件的毛需求量为止。

一级物料是指成品物料，二级物料是指构成该成品的物料。例如，计算机是一级物料，主机是计算机的二级物料，计算机主机的外壳是计算机的三级物料，等等。

（2）净需求量计算。根据毛需求量、可用库存量、库存已分配量等计算出每种物料的净需求量，其计算公式为：

净需求量＝毛需求量＋库存已分配量－可用库存量－在途量

（3）批量要求。物料计划人员对物料生产作出批量策略决定。无论是否采用批量规则，计算出物料的净需求量后都应明确有无批量要求。

（4）安全库存量、废品率和损耗率等的计算。物料计划人员以废品率和损耗率确定净需求量，同时确保安全库存。

（5）下达计划订单。

通过计算MRP，仓管人员已经知道了需要的物料数量，但MRP生成的计划订单必须经过上级人员的确认才能正式下达。

（6）再一次计算。

MRP的再次生成大致有两种方式：第一种方式是重新计算库存信息，并覆盖原先计算的数据，生成全新的MRP；第二种方式是当制定、生成MRP的条件发生变化时，更新与MRP相关的记录。

第六节　仓储管理

073　仓储管理的工作内容

仓储管理的工作内容包括以下九个方面。

（1）物料需求计划制订工作。

（2）物料发料工作。

（3）物料盘点工作。

（4）物料收料工作。

（5）仓库管理工作。

（6）物料稽核工作。

（7）物料点数工作。

（8）物料开单工作。

（9）仓储人员管理工作。

074　影响仓储管理组织形式的因素

确定仓储管理组织形式时不仅要考虑仓储管理工作内容，还要考虑以下六个因素。

（1）企业规模。企业规模越小，组织越简单。

（2）企业性质。例如，电子厂、服装厂的管理组织要更复杂。

（3）生产方式。例如，外资企业中往往有外国人。

（4）生产工序。生产工序越复杂，组织形式越复杂。

（5）管理水平。企业的管理水平越高，组织结构越完善。

（6）机械化水平。企业的机械化水平越高，组织形式越简单。

075　仓储管理的组织形式——按层级划分

仓储管理的组织形式按层级可分为直线式组织形式和直线职能式组织形式。

1．直线式组织形式

如果仓库较小，人员不多，业务简单，宜选用直线式组织形式（见图5-16）。采用此形式时，指挥和管理职能基本上均由仓库主管承担，指挥管理统一，责任权限分明，组织精简，不另设部门、班、组。

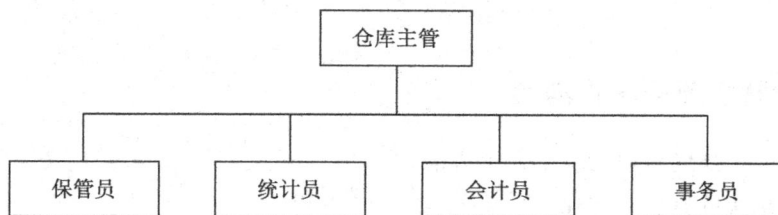

图5-16　直线式组织形式

2．直线职能式组织形式

这是一种按照一定的专业分工、职能来划分部门、建立管理系统的组织形式（见图5-17）。

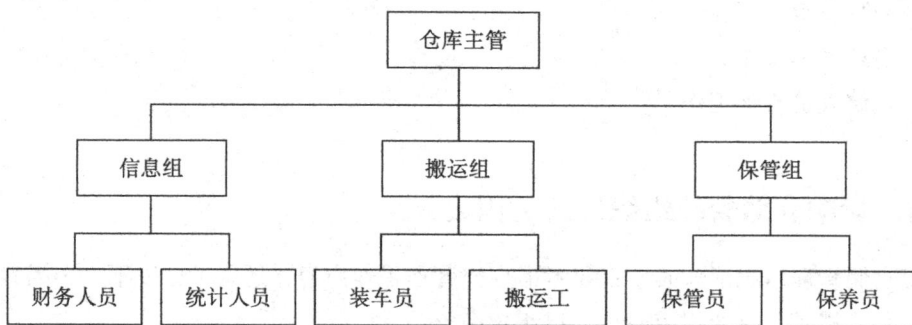

图5-17　直线职能式组织形式

076　仓储管理的组织形式——按作业性质划分

仓储管理的组织形式按作业性质可分为计划、记账、收货、保管、发货、搬运等（见图5-18）。

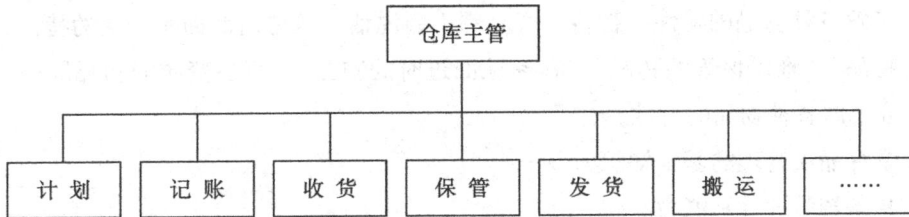

图5-18　按作业性质划分的仓储管理的组织形式

077　仓储管理的组织形式——按仓库类别划分

仓储管理的组织形式按仓库类别可分为工具仓、成品仓、半成品仓、材料仓。其中，材料仓又可分为电子材料仓、五金仓、塑胶原料仓、塑胶品仓、包装材料仓等。按仓库类别划分的仓储管理组织形式如图5-19所示。

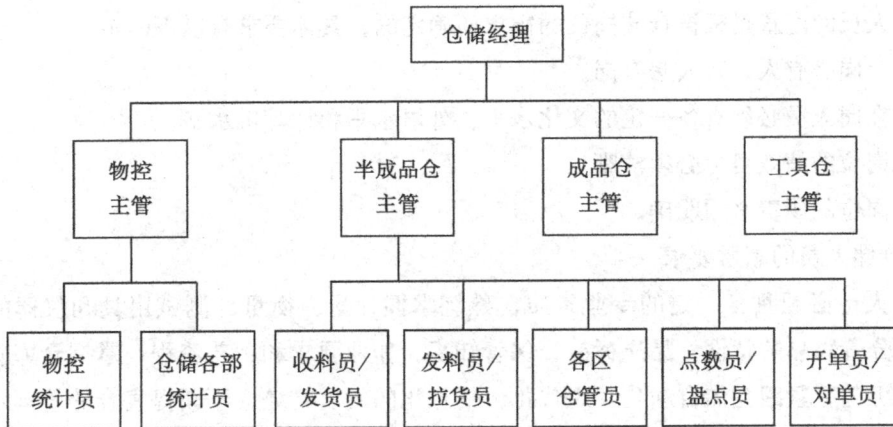

图5-19　按仓库类别划分的仓储管理的组织形式

078　选定仓库负责人

在企业的生产体系、销售体系中，仓库负责人扮演着极其重要的角色。仓库负责人（管理者）应该满足以下六项要求。

（1）具有丰富的产品知识。

（2）了解各种物品的特性。物料、产品都不会说话，但它们都拥有一定的特性，如"易于保管的物品""难以保管的物品""容易陈旧过时的物品""容易变质的物品"……仓库负责人要充分了解各种物品的特性。

（3）掌握品质管理的基本知识。

（4）具备较强的计算能力。

（5）具备较强的工作能力。由于时刻面临频繁的出库传票的处理、账簿记录户头的整理与规划，以及实地盘存作业的安排等工作，所以仓库负责人必须具备迅速而正确处理各类事务的能力。

（6）熟悉各类财务报表。要想顺利执行库存品的盘存并做出合理处置，就必须熟悉各类财务报表，知道每个财务报表的意义与价值，且能对报表提供的信息加以计算和整理。

079　合理配置仓储人员

1. 仓储人员的配置要求

仓储人员的配置是根据仓储岗位的需求而确定的，具体要求有以下四个。

（1）有岗必有人，有人必有岗。

（2）在岗人员必须具备一定的文化水平、外语水平和计算机水平。

（3）岗位的绩效目标必须清晰。

（4）岗位的职责必须明确。

2. 仓储人员的素质要求

仓储人员必须具备一定的专业素质，熟练掌握计量、衡量、测试用具和仪器的使用方法；掌握分管物品的特性、品质标准、保管知识、作业要求和工艺流程；掌握仓库管理的新技术、新工艺，紧跟仓储自动化、现代化、信息化的发展趋势，不断提高仓储管理水平；了解仓库设备和设施的性能和使用要求，督促设备的维护和维修。

080　建立仓库管理系统

仓库其实是一家企业内部各个部门的延伸。如果某个部门超量采购了产品，这个后果当然由仓库主管承担。如果公司承诺第二天把产品交付给某位客户，具体处理这笔交易的当然也是仓库主管。如果财务部门发现从卖方收到的发票与实际到货数量、质量或品名不一致，需要核对、补充和调整等，这时也需要由仓库主管处理。因此，仓储部是企业内部的重要部门之一。仓库管理系统实际上就是企业管理系统的延伸，但是仓库又是相对独立于企业其他部门的，而且它具有相对独立的管理系统。要想确保仓库管理系统顺畅运行，就要做到以下七点。

1．确保仓库管理成本处于合理范围

（1）优化储存空间。仓管人员要从尺寸大小、物体重量和操作要求等方面着手，根据各种数据和信息提出最恰当的解决方案，科学、合理地存放物品，以此优化储存空间。

（2）减少低效率操作，避免重复劳动。

（3）反复清点库存。这项工作必须按照日常工作时间表进行，入库的原材料、成品必须经检验合格才能办理入库手续。仓管人员应查验检验人员出具的检验合格证书，并将被保管物品登记入册，利用已有标志或新加标志及卡片标签等，标明物品规格、型号、名称、数量，做到账、卡、物一致。只有反复清点仓库中物品的种类和数量，才能确保仓库管理系统的正常运行。

（4）强化管理。这是每日忙于配送的仓管人员的职责和义务。

（5）无论是手动操作还是计算机辅助管理都必须照章办事，提高货物储存的严密性、可靠性和安全性。

2．建立具有"交叉功能"的执行团队

企业内部的各个部门不一定与仓库管理系统发生直接联系，但是在工作中常常涉及仓库业务。因此，以下三项工作是仓库管理系统中的重要内容。

（1）采购要在下订单时认真做好信息搜集、数量清点、质量检验、数据核对、收货到位和反复盘点等工作，保证仓库管理系统的正常运行，实现有效的库存管理和库存控制，减少额外的采购，同时也要保证库存量能够满足客户订货或生产计划的需要。

（2）销售情况的好坏不仅直接影响客户满意度，而且还会影响公司的业务发展。因此，仓库管理系统必须与公司销售部门紧密联系，从一开始就要全程做好信息共享，尤其要汇总客户信息。

（3）没有信息系统强有力的支持，就会使企业里各部门之间、各部门与员工之间、员工之间的联系变得迟钝，仓库管理系统甚至整个公司的管理系统将会陷入瘫痪。因此，信息系统是实现交叉功能的关键。

3．核实供应商

供应商是造成产品质量差、数量不足或加工问题多的根源之一，因此仓管人员在核实供应商时不能仅仅看重产品价格而忽视其质量。要特别注意供应商的信誉，信誉是货真价实的决定性因素，良好的信誉是产品质量的保证。仓库必须有一套核实供应商的管理措施，例如，可以采取"货比三家"的方法选择合适的供应商。

4．大力引进先进技术

仓库管理中应用最普遍的技术是条形码等自动识别技术，不论物品流向哪里，都可以用条形码自动记录该物品的流动状况。

条形码解决方案可实现对仓库中的每一种货物、每一个库位出具书面报告，定期对库区进行周期性盘存，并在最大限度地减少手工录入的基础上将差错率降至零，高速采集大量数据。仓管人员用手持式条形码终端对货位进行扫描，扫入货位号后，对相应的物品编号进行扫描，即可完成清点。然后，将条码终端采集到的数据通过通信接口传输给计算机。条形码打印机可打印各种标签，如货位、货架用的标签及标示物品用的标签（用于标明物品的批号、数量）。

5．总结、回顾管理程序

仓库管理系统需要一套完整的运营程序，包括挑选、收货、核对数量、包装、进货订购、采购、加工返回等程序。部署管理程序包括以下三个步骤。

（1）制定程序总规划，凡是必不可少的程序都必须详细周到。

（2）分析各项程序，通过核查对照，确保各项程序与仓库管理系统的每一个环节完全吻合，然后把各项程序写成文件，以便在日常工作中遵照执行。

（3）改进过去的管理程序，或者全面贯彻执行新的管理程序。

6．进一步接受考核

仓库管理程序中的每一步都必须接受考核，这样才能找出其中存在的不良隐患。在此过程中要做详细记录，这些记录可以为仓库的日常工作和仓库管理人员的培训计划提供必要的依据。

7．制订培训计划

培训的目的是确保仓库管理系统正常运转。仓库管理人员必须对下属进行培训，培训对象既包括新员工，也包括老员工。

081　制定仓库管理制度

仓库管理制度是指对仓库各个方面的操作流程、作业要求、注意事项、5S管理、奖惩规定、其他管理要求等做出的明确规定。仓库管理制度是由一系列流程文件和管理规定组成的。

企业需要制定的仓库管理制度主要有以下七个。

（1）仓库日常管理制度。

（2）信息流管理制度。

（3）仓库安全卫生（5S）制度。

（4）物品储存保管制度。

（5）仓库盘点制度。

（6）物料编号制度。

（7）仓库人员绩效考核制度。

第六章　物料入库管理

导读 >>>

为了保证入库物料的质量，仓库主管必须把好物料入库关，并带领仓储部员工做好物料入库前的各项准备工作，完善接收流程，避免出现差错。物料入库包括物料入库及半成品和成品入库。

Q先生：请问怎样做好物料入库前的接收安排工作呢？

A经理：你可以通过制订物料接收计划对接收工作进行总体规划，然后准确了解所要接收的物料的信息，确定物料存放位置，组织好人力和物力，这样才能顺利地开展物料入库前的接收安排工作。

Q先生：前几天新进了一批物料，我们的仓库工作人员居然忘记通知品质检验人员去验收，险些给公司造成重大损失。请问该怎样避免此类事情再次发生呢？

A经理：你要加强对员工的培训，对不同的检验结果进行不同的处理，经检验不合格的物料一定不能验收入库，而对经检验合格的物料一定要做好入库登记工作，以便日后核查。

第一节　物料入库前的接收安排

082　制订物料接收计划

为了有计划地安排仓位、筹集各种器材、配备作业人员，仓库主管必须制订物料接收计划，保证仓储部有准备、有秩序地开展工作。

物料接收计划可根据采购部门提供的物料采购计划进行编制。采购部门的采购计划、进货安排会经常发生变化。为了应对这种情况，仓库主管在制订物料接收计划时可采取长计划短安排的办法，如按月编制作业计划。有些企业将物料接收计划称为"物料月接收计划"（见表6-1），有些企业称之为"物料进厂进度控制表"（见表6-2），还有些企业称之为"物料接收交期一览表"（见表6-3）。

表6-1　物料月接收计划

编号：_____　　　　　　　　　　　　　　　　　　　填表日期：____年__月__日

序号	接收日期	品名	规格/型号	供应商	交货数量	存放位置	备注
制作人		审核		采购部		仓管部	

制作人：_____　　　　　审核人：_____　　　　　采购部：_____　　　　　仓管部：_____

表6-2　物料进厂进度控制表

编号：_____　　　　　　　　　　　　　　　　　　　填表日期：____年__月__日

物料编号	规格/型号	订购日	订购单号	厂商	订购数量	计划交货日	实际交货日	交货数量	进料验收单编号	备注

制表人：_____　　　　　　　　　　　　　　　　　　　　　　　审核人：_____

表6-3　物料接收交期一览表

编号：_____　　　　　　　　　　　　　　　　　　　　　　填表日期：____年__月__日

物料编号	规格/型号	订购日	订单号	订购数量	计划分批接收数量	计划交期	厂商	备注

仓库主管：_____　　　　　　生产经理：_____　　　　　　　　　制表人：_____

说明：本表一式三联，第一联交采购部留存，第二联交生产管理部留存，第三联交收料处留存。

083　准确了解接收物料的相关信息

仓管人员接到"收货通知单"（见下例）并确认其有效且无误后，在物料送达之前应主动与采购部门或供应商联系，了解物料的相关信息，如物料的特性、保管事项等，对新物料或不熟悉的物料要特别注意。

【实用案例】

收货通知单

仓管部：

　　我公司向××有限公司订购的××物料将于____年__月__日送达，请各仓库接到通知后做好收货的各项准备。

采购部（签章）

____年__月__日

084　划分物料存放位置的方法

常见的划分物料存放位置的方法有以下五种，仓管人员应根据物料的实际情况选择合适的方法。

（1）按物料的种类和性质分类储存。这是大多数仓库所采用的分区分类储存方法，即按照物料的种类及特性分类存放，以便保管物料。

（2）按物料的危险性质分类储存。该方法适用于储存危险品的特种仓库，即按照物料的危险性质，将易燃、易爆、易氧化、有腐蚀性、有毒害性、有放射性的物料分开存放，避免不同物料相互接触后引发事故。

（3）按物料的归属单位分类储存。该方法适用于专门从事保管业务的仓库，即根据物料所属的单位进行分区保存。该方法可以提高物料出入库的作业效率。

（4）按物料的运输方式分类储存。该方法适用于储存期短且进出量较大的中转仓库或待运仓库，即依据物料的发运地及运输方式进行分类保存。

（5）按物料储存作业特点分类储存。即根据物料储存作业的具体操作方法将物料分类储存。例如，将出入库频繁，须严格按照先进先出原则储存的物料存放在车辆进出方便、装卸搬运容易、靠近仓门的区域；将储存期较长，无须严格按照先进先出原则储存的物料存放在仓库内远离仓门的区域。

085　整理物料存放区域

选择好物料的具体存放位置后，仓库主管接下来就要督促仓储部员工整理相应区域，以便存放与保管物料，具体准备工作有以下四项。

（1）准备物料验收场地。

（2）腾出物料存放空间。

（3）做好现场清洁。

（4）备足苫垫用品。

086　安排人员接收物料

仓库主管按照物料送达的时间、地点、数量等预先做好到货接运、检验、堆码等人员的组织和安排工作。仓库主管应如实填写"接收物料人员安排表"（见表6-4），以便随时控制接收过程。

表6-4 接收物料人员安排表

编号：_____   填表日期：____年__月__日

物料订单号	货品名称及数量	到货时间	人员安排	接收负责人	接收日期

仓储部：_____   品质部：_____

087 准备物力接收物料

仓库主管根据要接收物料的相关信息，确定搬运、检验、计量等方法，同时也要配置所需车辆、检验设备和装卸、搬运、堆码苫垫的工具，以及必要的防护用品用具等，并如实填写"接收物料物力安排表"（见表6-5）。

表6-5 接收物料物力安排表

编号：_____   填表日期：____年__月__日

物料订单号	货品名称及数量	到货时间	接收车辆	检验设备	接收负责人	接收日期

仓储部：_____   品质部：_____

第二节　物料接收流程

088　物料接收流程

大多数企业的物料接收流程如图6-1所示。

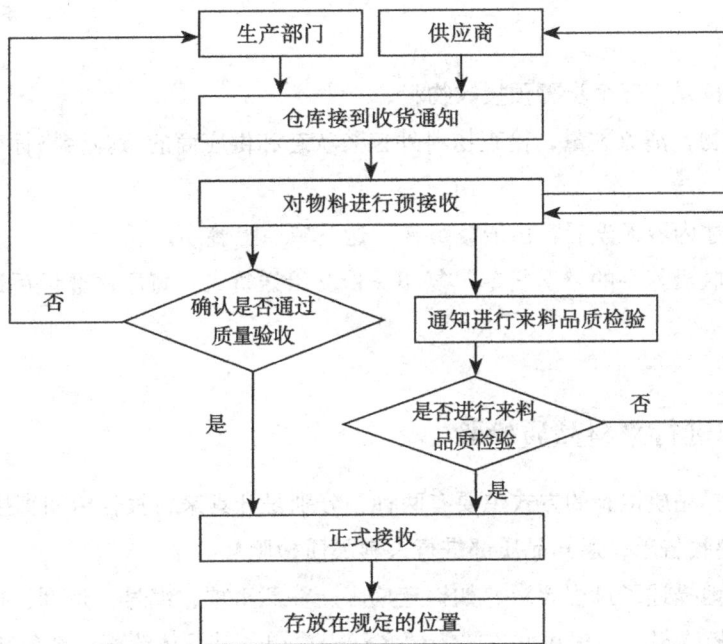

图6-1　物料接收流程

089　对物料进行预接收

"送货单"（见表6-6）是接收物料的凭证。仓管人员一旦在"送货单"上签字，就代表该物料已被接收，可以为其办理其他入账手续了。

表6-6　送货单

编号：＿＿＿＿＿＿＿　　　　　　　　　　　　　　　　　　填单日期：＿＿＿年＿月＿日

To：										
地址：				电话：						
From：										
地址：				电话：						
序号	订单号	品名	编号	规格/型号	单位	数量	单价（元）	金额（元）	备注	

制表人：＿＿＿＿＿＿＿　　　　　　　　　　　　　　　　　　　　　审核人：＿＿＿＿＿＿＿

仓管人员应按以下三个步骤预接收物料。

（1）确认实物，清点数量，检查物料外包装状态和供应商的检验合格标记，如有问题应当面指出。

（2）确认上述内容无误后，由接收员在"送货单"上签字。

（3）将经接收员签字的"送货单"复印一份交给送货人，将原件登记后送品质部进行来料品质检验。

090　通知进行来料品质检验

通知进行来料品质检验的方式主要有两种，分别是开具来料报告单和直接转交送货单。

1. 开具来料报告单，通知品质部进行来料品质检验

该方式详细地描述了过程要求，如检查期限、注意事项、编号、追溯、检查结果、处理结果等，便于管控物料，但采用此方式需要多开一次单。其具体流程如图6-2所示。

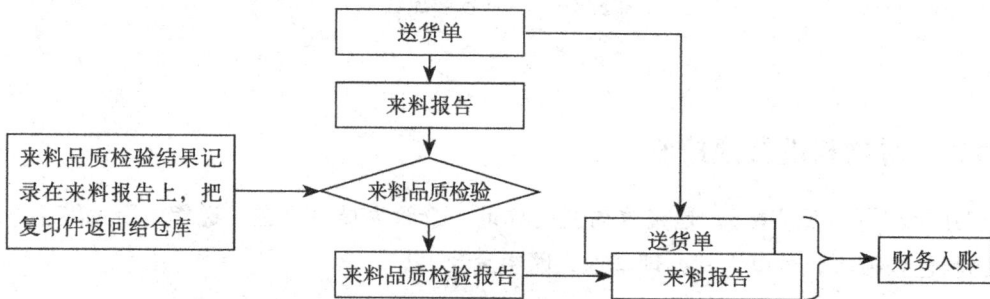

图6-2　来料品质检验流程（一）

2．直接转交送货单，通知品质部进行来料品质检验

物料经过登记后，品质部在"送货单"上加盖本企业的编号印记，物料即可直接投入使用。该方式比较简便，但不容易追溯，一旦"送货单"遗失就无法查找。其具体流程如图6-3所示。

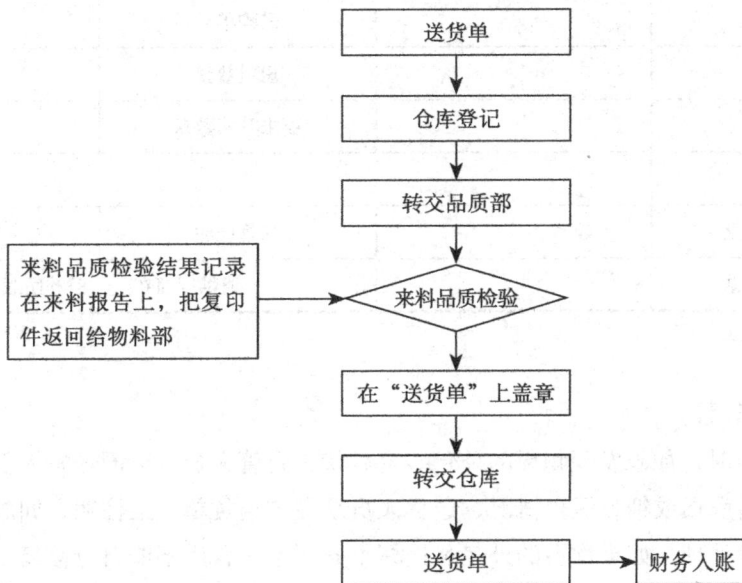

```
                    ┌──────────┐
                    │   送货单   │
                    └────┬─────┘
                         │
                    ┌────┴─────┐
                    │  仓库登记  │
                    └────┬─────┘
                         │
                    ┌────┴─────┐
                    │ 转交品质部 │
                    └────┬─────┘
   ┌──────────────┐     │
   │来料品质检验结果记录│    ◇
   │在来料报告上，把复印│──◇ 来料品质检验 ◇
   │件返回给物料部    │    ◇
   └──────────────┘     │
                    ┌────┴─────┐
                    │在"送货单"上盖章│
                    └────┬─────┘
                         │
                    ┌────┴─────┐
                    │  转交仓库  │
                    └────┬─────┘
                         │
                    ┌────┴─────┐      ┌────────┐
                    │   送货单   │─────▶│ 财务入账 │
                    └──────────┘      └────────┘
```

图6-3 来料品质检验流程（二）

091 检验物料数量

物料数量的检验通常由仓管人员完成。一般的做法是直接检验，但是当现货和"送货单"未同时到达时，就要实行大略式检验。另外，仓管人员在检验物料数量时要确保无误。

仓管人员在进行物料数量检验时应注意以下四个事项。

1．件数不符

在大数点收中，如果发生件数与"送货单"所列数目不符（数量短少），复点确认之后须立即在"送货单"各联上批注清楚，并按实数签收。同时，由仓管人员与送货人员在"送货单"上共同签章。经验收核对属实，则由仓管人员将查明的短少物料的品名、规格、数量通知承运单位和供应商，开具"短料报告单"（见表6-7），并要求供应商补料。

表6-7　短料报告单

To:　_____			产品编码:　_____	
From:　_____			交货日期:　___年__月__日	
编号				
供应商		采购单号		
来料日期		短料数量		
收料仓员		要求补回数量		
短料原因				
测试主管意见		品管证明		
工艺主管意见		请供应商在____前补回短料数		

制表人:　_____　　　　　　　　　　　　　　审核人:　_____

2．外包装异状

在接收物料时，如果发现物料的外包装有异状，仓管人员应会同送货人员开箱、拆包检查，若确有物料残损或细数短少情况，送货人员须在"送货单"上注明。同时，将这些物料另行堆放，以待处理。如果物料的外包装损坏十分严重，仓库不能自行修复，因此而无法保证物料的储存安全时，应联系供应商协助处理，然后再接收。未办理正式入库手续的物料，仓库须将其另行储存。

3．物料串库

在点收入库物料时，若发现货单不符，如发生部分物料错送库的情况（俗称"串库"）时，仓管人员应将这部分与"送货单"不符的物料另行堆放。物料点收完毕后，将其交由送货人员带回，并在签收时如数减除。若在验收、堆码时才发现串库物料，仓管人员应及时通知送货人员办理退货更正手续，并将这些物料交送货人员提走。

4．物料异状或损失

物料异状或损失是指接货时发现物料出现异状或发生损失。设有铁路专用线的仓库在接收物料时若发现短少、水渍、玷污、损坏等情况，应由物控人员直接与交通运输部门交涉。若遇车皮或船舱铅封损坏，经双方共同清查点验，确有异状、损失情况时，应向交通运输部门按章索赔。若该批物料在托运之时，供应商另有附言"损失责任不属交通运输部门"，也应请其做记录，以明确责任，并作为必要时要求供应商赔偿损失的凭证。

在大数点收的同时，要认真查看物料的外包装和标志，即检查物料的外包装是否完好、牢固，有无破损、受潮、水渍、油污等异状。物料的外包装出现异状往往是物料受到损坏的一种外在表现。这时必须单独存放这些物料，并打开包装仔细检查物料有无短缺、破损或变质。

092　按来料品质检验结果处理物料的流程

1．经来料品质检验的物料的标示

（1）在"送货单"或来料报告上标注物料的检验结果，如"合格"或"不合格"。

（2）在被检验的物料或其外包装上标注检验结果，如粘贴合格标签或不合格标签。

2．依据来料品质检验结果处理相关物料

（1）来料品质检验合格的物料，仓管人员应及时将其存放在规定的区域，同时将相关数据登记入账。

（2）来料品质检验不合格的物料，仓储部应会同采购部协商是否需要启动不合格品处理程序。如果不需要启动不合格品处理程序，仓储部应将该物料放置到机动货区，并填写"退货单"，同时通知供应商尽快将其提走，如果需要启动不合格品处理程序，仓储部应在采购部的引导下由工程部、品质部、生产部等部门共同研讨，确定处理方案，如挑选、特采等。

按来料品质检验结果处理物料的流程如图6-4所示。

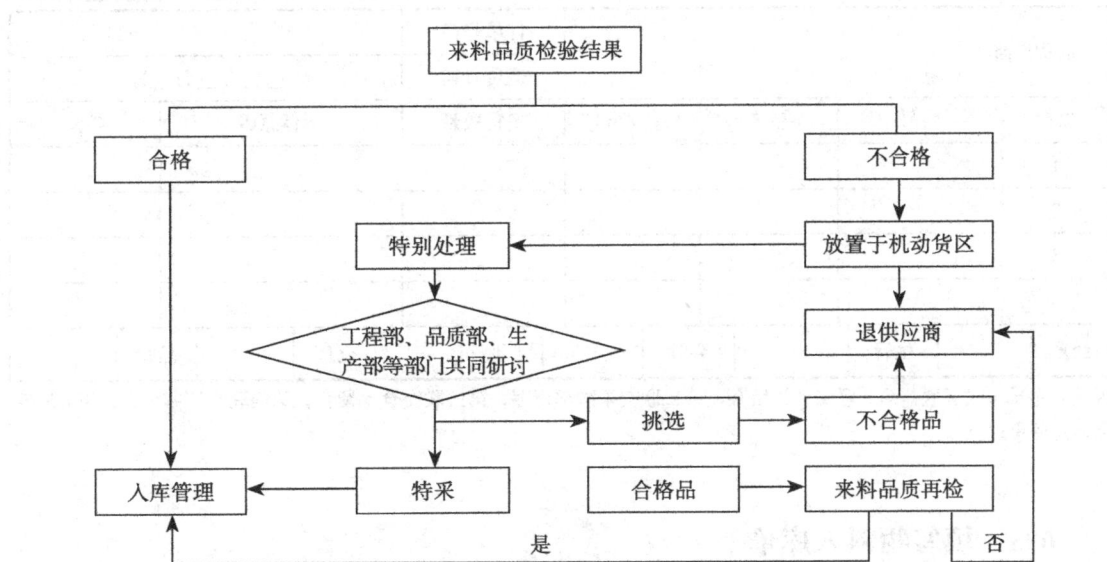

图6-4　按来料品质检验结果处理物料的流程

093 规范化处理检验不合格的物料

对于检验不合格的物料，仓管人员可按以下两种方式处理。

1．对挑选出来的物料进行重检

为挑选出来的物料重新开具"来料报告单"，并将其交品质部进行来料品质检验，若检验结果为合格，则按合格品处理，反之则退还给供应商；剩下的物料应退还给供应商，并要求其及时补料。

2．将特采的物料贴上标签后按合格品处理

发料时要注意识别是否为特采物料，并按规定用途发料，确保能做到有效追溯。

094 处理供应商现场的物料

对于品质部人员在供应商现场已实施检验的物料，仓管人员应依据其标志进行分类处理；对于检验不合格的物料，仓管人员不能接收该物料，应会同品质部和采购部与供应商填写"进料退货单"（见表6-8）。

表6-8 进料退货单

编号：_____ 　　　　　　　　　　　　　　　填单日期：____年__月__日

退货厂商				订单号码			
				退货日期	____年__月__日		
项次	料号	品名	规格/型号	退货数量	不良原因		备注
1							
2							
3							
4							
经理		生管		会计		厂商		仓库		品管	

说明：本单一式五联，第一联交会计留存，第二联交采购部留存，第三联交仓库留存，第四联交厂商留存，第五联交品质主管留存。

095 填写物料入库单

物料验收合格后，仓管人员应及时为该物料办理入库手续，并根据物料的实际验收及入库情况填写"物料入库单"（见表6-9），然后再对物料进行登账、设卡及建档管理。

表6-9　物料入库单

编号：_____　　　采购合同号：_____　　　件数：_____　　　入库日期：___年__月__日

物料名称	品种	规格/型号	编号	数量			进货单价	金额（元）	结算方式	
				进货量	实点量	量差			合同	现款（元）

采购部经理：_____　　　采购员：_____　　　仓管员：_____　　　核价员：_____

说明：本单一式三联，第一联交仓库登记实物账；第二联交采购部门，作为采购员办理付款的依据；第三联交财务部记账。

096　登记明细账

1．普通实物明细账

普通实物明细账主要是对只需反映库存动态的物品所做的记录（见表6-10）。

表6-10　普通实物明细账

存货名称：_____　　　存货编号：_____　　　计量单位：_____
最高存量：_____　　　最低存量：_____　　　存放地点：_____

___年		凭证		摘要	收入	发出	结存
月	日	种类	号码				

制表人：_____　　　　　　　　　　　　　　　　　　　　审核人：_____

2．库存明细账

对有区分批次和追溯性要求的物品，如企业生产所需的零部件、原材料等，可采用具有可追溯性的库存明细账记账（见表6-11）。

表6-11　库存明细账

存货名称：_____　　存货编号：_____　　规格：_____　　计量单位：_____　　库区：_____

____年		凭证		摘要	收入		发出		结存		其中（A）			其中（B）			其中（C）		
月	日	种类	号数		批号	数量	批号	数量	批号	数量	批号	数量	库存	批号	数量	库存	批号	数量	库存

制表人：_____　　　　　　　　　　　　　　　　　　　　　　审核人：_____

097　物料保管卡的内容

物料保管卡也称货卡、料卡，是一种实物标签，是仓管人员管理物料的"耳目"。物料保管卡的内容主要包括以下三个方面。

（1）物料的状态，如待检、待处理、合格、不合格等。

（2）物料的名称、规格、供应商和批次。

（3）物料的入库、出库与库存动态等信息。

物料保管卡的内容不是一成不变的，仓管人员应视具体情况对物料保管卡中的内容进行适当的调整。

仓管人员在设置物料保管卡时需要注意以下两个事项。

1．选择恰当的放置位置

放置物料保管卡的位置要明显，且便于随时填写内容。一般将其悬挂在上架物料的下方或放置在物料堆垛上。

2．及时更新物料保管卡的内容

仓管人员要根据作业内容及时更新物料保管卡的内容。当新物料入库时，仓管人员要为其设置专门的物料保管卡；物料入库、出库、盘点后，仓管人员要立即在物料保管卡的相应位置填写具体信息；物料清库后，仓管人员要及时收回物料保管卡，并将其放入该物料的档案中。

098 制作物料登账报表

规模大的企业里的物料种类繁多，每天都会有许多物料等待验收入库，仓库主管和仓库相关人员每天都要做统计报表，如送货日报表、入库日报表、拒收日报表、退料月报表等。规模小的企业里的物料种类不是很多，每天接收的物料数量也不多，所以没有必要每天做报表，但每月月底时需要做月报表。这些报表做出来后，除了要分发给相关部门，还要提交采购部，以便采购部分析供应商的产品质量、交货状况，从而确定是否再下单。

常用的物料登账报表如表6-12、表6-13和表6-14所示。

表6-12 进货日报表

编号：_____　　　　　　　　　　　　　　　　填表日期：___年__月__日

供应商	物料名称	物料编号	订单号码	订单数量	今日入仓数量	累计入仓数量	差额	备注

制表人：_____　　　　　　　　　　　　　　　　审核人：_____

表6-13 退料月报表

编号：_____　　　　　　　　　　　　　　　　填表日期：___年__月__日

物料名称	物料编号	规格/型号	退料数量	退料原因	补料数量	厂商交换	货仓库存	备注

制表人：_____　　　　　　　　　　　　　　　　审核人：_____

表6-14　物料拒收月报表

编号：_____　　　　　　　　　　　　　　　　　　　　　　　填表日期：____年__月__日

日期	交货单号	物料名称	物料编号	数量	供应商	厂商编号	交货日期	不良情况	处理方法

制表人：_____　　　　　　　　　　　　　　　　　　　　　　　审核人：_____

第三节　半成品、成品入库控制

099　入库之前的检验程序

进入成品仓的产品必须是经过检验并贴有"QC PASSED"标记的合格产品，具体检验程序如下。

（1）生产部生产的半成品或成品入库之前，由现场物料人员开具"成品／半成品入库单"（见表6-15），详细注明产品名称、编号、规格、数量后，送品质部检验。

表6-15　成品/半成品入库单

编号：_____　　□ 成品　□半成品　　　　　　　　　　　　入库日期：____年__月__日

成品／半成品名称	型号	规格说明	编号	数量	生产日期	批号	检验单号	备注

制表人：_____　　　　　　　　　　　　　　　　　　　　　　　审核人：_____

说明：本单一式三联，第一联交仓库存根记账，第二联交生产部留存，第三联交财务部核算及记账。

（2）品质部根据"最终检验规定"实施检验。

（3）检验结果分为合格（或允收）、不合格（或拒收）与特采（或让步接收）三种。

（4）若判定某个成品或半成品不合格，应由品质部在"成品／半成品入库单"上注明"不合格"，并开具"不合格通知单"（一式两联），第一联由品质部留存，第二联交生产部安排重检作业。

100　入库作业确认事项

若判定某个成品或半成品合格或特采，应由生产部将其送往仓库并办理入库手续。仓库接收时要确认以下四个事项。

（1）确认"成品／半成品入库单"填写是否完整，内容是否正确。

（2）确认入库的实物与"成品／半成品入库单"的内容是否一致。

（3）确认入库的成品或半成品的外包装是否完好。

（4）按规定的方式把经过确认的成品或半成品存放好，并将相关信息记入"入库日记表"（见表6-16）。

表6-16　入库日记表

编号：_____　　　　　单据种类：_____　　　　　入库日期：____年__月__日

检收单号	成品／半成品名称	规格/型号	代号	单位	数量	单价（元）	金额（元）	厂商	请购单编号	备注

制表人：_____　　　　　　　　　　　　　　　　审核人：_____

第七章　物品储存管理

导读 >>>

物品储存管理是仓库主管的核心工作之一。如果物品储存不当，就很容易霉变、出现病虫害等。因此，仓库主管必须采取应对措施，做好物品的日常储存工作，确保所有物品保持良好状态。

　　Q先生：作为一名新上任的仓库主管，如何才能做好物品的储存管理工作？

　　A经理：首先你要了解仓储管理的阶段划分方法和每种物品的储存要求，然后选择合适的物品堆放方法，保持仓库通风，进行物品的日常保管保养。另外，你还要注意不同物品的保管方法是不一样的。例如，贵重物品、危险物品等往往有特殊的保管方法。

　　Q先生：我知道怎样对储存物品进行质量控制，但我应该从哪里着手呢？

　　A经理：对储存物品进行质量控制的最佳方法就是经常开展巡查工作。你不仅要督促仓库人员开展巡查工作，自己也要这样做，以便及时发现问题并整改。

第一节　物品日常保管保养

101　划分仓储保管阶段

仓储保管作业按业务活动的内容划分可分为以下三个阶段。

1. 物品入库阶段

物品入库阶段是根据物品入库计划和供货合同的规定进行作业的阶段。在接收物品入库时，仓库主管需要安排相关人员进行一系列的作业，如货物的接运和验收、办理入库手续等。

2. 物品储存保管阶段

在物品储存保管阶段，为保持物品的使用价值，仓管人员需要采取必要的保养措施，将货物堆码苫垫，维护、保养、检查、盘点物品等。

3. 物品出库阶段

在物品出库阶段，为将物品准确、及时、安全地发放出去，仓库需要安排相关人员进行一系列的作业，如备料、复核、装车等。

仓储保管作业及其内容如表7-1所示。

表7-1　仓储保管作业及其内容

业务阶段	作业	作业内容
物品入库阶段	接运	(1) 车站、机场提货。 (2) 短途运输。 (3) 现场交接
	验收	(1) 验收准备。 (2) 实物验收、验收记录。 (3) 记账、建卡
物品储存保管阶段	储存保管	(1) 分类、整理。 (2) 上架、堆垛（特殊物品保管）。 (3) 倒垛。 (4) 储存经济管理（定额、财产处理）。 (5) 安全管理

（续表）

业务阶段	作业	作业内容
物品储存保管阶段	维护保养	（1）温度、湿度控制。 （2）维护保养。 （3）检查、盘点
物品出库阶段	出库	（1）核对凭证。 （2）审核、划价。 （3）备料、包装。 （4）改卡、记账
	发运	（1）领料或送料。 （2）代办托运

102　仓储保管作业

仓储保管作业的组织管理包括空间组织管理和时间组织管理两个方面。

1．空间组织管理

空间组织管理是指确定仓储保管作业过程在空间的运动形式，即划分作业并确定其在平面上的布置，使劳动对象在空间上的运动路线最短，避免往返运转。这就要求仓库主管合理划分作业班组。仓库作业班组主要是根据仓库的吞吐储存规模、储存物品的种类及作业流程的特点等因素建立的。一般情况下，仓库作业班组按专业化形式设置，即集中同类设备和同一种工种来完成作业过程中的某一道工序。例如，装卸搬运队专门负责装卸、搬运、堆码等作业，验收队专门负责物品的检验作业，维护保养队专门负责物品的维护保养作业等。

2．时间组织管理

时间组织管理是研究劳动对象（即储存的物品）在整个储存保管过程中，如何在时间上得到合理的安排，以保证作业连续不断地进行，尽可能消除或减少工人和设备的停工时间。作业过程的时间组织管理与作业班组和工序的结合形式等有很大的关联，相关人员需要综合各方面的情况做出合理的安排。时间组织管理形式有平行作业、顺次作业和顺次平行作业等。

103　储存的控制要求

1．分类存放

物品的储存保管原则上以物品的属性、特点和用途来规划、设置，并应根据仓库的条件划分储存区域。吞吐量大的物品应落地堆放，周转量小的物品则用货架存放。落地堆放的物品以分类和规格分别排列编号，上架的则以分类定位编号。

2．科学堆放

物品堆放的原则：在堆垛合理、安全、可靠的前提下，实行"五五堆放"；根据物品的特点，必须做到过目见数、检点方便、成行成列、排放整齐。

3．明确职责

仓管人员对库存、代保管、待验的材料及设备、容器、工具等负有经济责任和法律责任，因此必须做到人各有责，物各有主，事事有人管。仓库内的物品如有损失、贬值、报废、盘盈、盘亏等，仓管人员应及时报告仓库主管，分析原因，查明责任，并按规定办理报批手续。未经批准，一律不得擅自处理。仓管人员不得采取"盈时多送，亏时克扣"的违规做法。

4．加强保管

仓管人员根据物品的自然属性，按储存的场所和保管常识加强物品的保管，避免不必要的损失。对于同类物品的堆放，要坚持先进先出原则。

5．严格审批

未经上级同意，仓库内保管的物品一律不得擅自借出。总件物品一律不准拆件零发，如遇特殊情况须经上级批准。

6．保障安全

仓库要严格保卫制度，禁止非本库人员擅自入库。仓库内严禁烟火，明火作业须经保卫部门批准。同时，仓管人员还要了解并掌握消防器材的使用方法和防火知识。

104　明确物品堆放的要求

仓管人员在堆放物品时必须满足以下七点要求。

（1）有效利用货仓空间，尽量采用立体堆放的方式，提高货仓使用率。

（2）利用机械装卸。例如，使用加高机增加堆放空间。

（3）通道应保持适当的宽度，这样可确保物品搬运的顺畅，也不会影响物品装卸作业的效率。

（4）对于不同的物品，应根据物品本身的形状、性质、价值等选择恰当的堆放方法。

（5）物品的堆放应遵循先进先出原则。

（6）物品的堆放应易于读取储存数量。

（7）物品的堆放应易于识别与检查，例如，应将合格品、不合格品、呆料、废料分开堆放。

105　掌握物品的堆放方法

物品的堆放方法如表7-2所示。

表7-2　物品的堆放方法

方法	具体内容	适用范围
五五堆放法	根据各类物品的特性实行"五五成行，五五成方，五五成串，五五成堆，五五成层"，使物品叠放整齐，便于点数、盘点和拿取	此方法适用于物品体积较大、所储存物品外形规则的企业
六号定位法	按库号、仓位号、货架号、层号、订单号、物品编号对物品进行归类叠放，登记入册，并绘制物品储位图，以便迅速查找物品的储存位置	此方法适用于体积较小、用规则容器盛装、所储存产品品种较少的企业
托盘化管理法	将物品堆放在托盘上、卡板上或托箱中，以便成盘、成板、成箱地叠放和运输	此方法适用于机械化仓库作业的企业

106　堆放物品的要点

堆放物品的要点如图7-1所示。

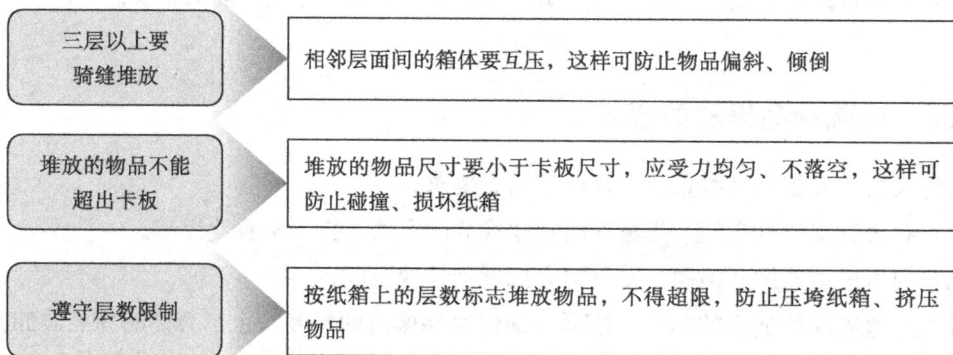

三层以上要骑缝堆放	相邻层面间的箱体要互压，这样可防止物品偏斜、倾倒
堆放的物品不能超出卡板	堆放的物品尺寸要小于卡板尺寸，应受力均匀、不落空，这样可防止碰撞、损坏纸箱
遵守层数限制	按纸箱上的层数标志堆放物品，不得超限，防止压垮纸箱、挤压物品

不得倒放物品	按纸箱上的箭头指向堆放物品，不得倒放或斜放，防止箱内物品受到挤压
纸箱已变形的不得堆放	如果纸箱外部有明显的折痕，应将其独立放置，防止箱内物品受到挤压
纸箱间的缝隙不能过大	同层的纸箱要留有一定的间隔，因为纸箱的尺寸可能不一样。堆放要求是最大缝隙不能大于纸箱尺寸，防止箱内物品受到挤压

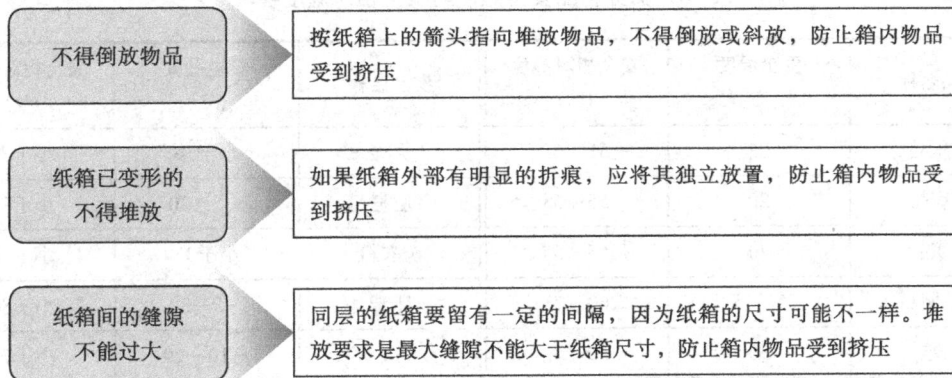

图7-1　堆放物品的要点

107　堆放特殊物品的注意事项

特殊物品是指易燃、易爆、有剧毒、有放射性、有挥发性、有腐蚀性的危险物品。仓管人员堆放这些物品时应注意以下八个事项。

（1）特殊物品不能混放，如易燃、易爆品等不能同剧毒品放在一起。

（2）特殊物品不宜堆放，一定要堆放时，必须严格控制数量。

（3）堆放特殊物品时要确保原包装状态良好。

（4）特殊物品不能骑缝堆放。

（5）特殊物品不能和其他物品堆放在一起。

（6）堆放特殊物品的垛之间必须留有适当的间距。

（7）放置在货架上的特殊物品不能堆放。

（8）堆放特殊物品时，要尽可能满足其特殊要求。

堆放特殊物品的具体方法随物品的种类、性质、包装、使用的器具等的不同而各不相同，必须区别对待。仓库主管要确保其堆放始终符合规范。

108　仓库通风的温湿度要求

仓库主管应按照物品的性质及其对温湿度的不同要求（见表7-3），结合库内外温湿度情况，并参考风力、风向等因素，选择合适的时机通风，以保证物品质量的安全。

表7-3　部分物品安全温度与安全相对湿度参考

物品名称	安全温度（℃）	安全相对湿度（%）	物品名称	安全温度（℃）	安全相对湿度（%）
麻织品	25	55～65	火柴	小于30	小于75
丝织品	20	55～65	肥皂	−5～30	小于75
毛织品	20	55～65	洗衣粉	小于35	小于70
皮革制品	5～15	60～75	牙膏	−5～30	小于80
布鞋	30	50～75	人造革	−10～20	小于75
橡胶制品	小于25	小于80	干电池	−5～25	小于80
金属制品	小于35	小于75	打字蜡纸	−10～25	小于75
竹木制品	小于30	60～75	纸制品	小于35	小于75
塑料薄膜	−5～25	小于80	卷烟	小于25	55～70
玻璃制品	35	小于80	食糖	小于30	小于70

109　有选择地进行仓库通风

仓库通风的目的包括降温、升温、降湿、增湿等。仓库主管应根据仓库所存储物品的要求选择适当的时机通风。仓库通风的类别及其作用如表7-4所示。

表7-4　仓库通风的类别及其作用

类别	具体作用
通风降温	有些物品对温度要求比较高，如过氧化氢、氨水等化工品，存放这类物品时温度不宜过高。在夏季，只要库外温度低于库内湿度，就可以通风
通风升温	当库外温度高于库内温度时，仓库主管可采用通风的办法升温
通风降湿	有些物品容易受潮，如五金类物品，这时就要采用通风的办法来降低库内的相对湿度。只有当仓库外的绝对湿度低于仓库内的绝对湿度时，才能通风降湿。通风降湿的时机有以下四个。 （1）当仓库外的温度和相对湿度都低于仓库内时，可以通风。 （2）当仓库内外的相对湿度很接近，且仓库外温度低于仓库内时，可以通风。 （3）当仓库内外的温度很接近，且仓库外相对湿度比仓库内低时，可以通风。 （4）当仓库外的温度和绝对湿度低于仓库内，且仓库外相对湿度稍高于仓库内时，可以通风

（续表）

类别	具体作用
通风降温、降湿	当仓库外的温度、相对湿度和绝对湿度都低于仓库内时，可以通风，这样可以达到同时降温、降湿的目的。例如，皮革制品就需要同时降低温度和湿度
通风增湿	有些物品不能干燥保存，如竹木制品，这时可采用通风的办法提高仓库内的相对湿度。当仓库外的相对湿度高于仓库内的相对湿度时可通风；当仓库外的温度低于仓库内的温度，但仓库外的相对湿度等于仓库内的相对湿度时可通风，因为降低温度可提高仓库内的相对湿度

110　仓库通风的方法

1．自然通风

自然通风就是开启仓库的门、窗、通风口等，利用仓库内外的温差和气压差，使仓库内外的空气进行自然交换。

2．机械通风

机械通风就是在仓库内部安装排风扇和送风扇，利用机械设备来加强仓库内外空气的交换。有的企业还在仓库的通风处安装空气过滤设备，以此提高空气的洁净程度，降低仓库内的温度和湿度。

另外，有些企业运用先进、科学的物品养护设备，如联动开关仓窗，使仓库内外的空气进行交换。

111　密封保存物品

为了保证物品在密封期间的质量安全，仓库主管必须督促仓管人员做好以下三项工作。

1．密封前的物品检查

密封前，仓管人员要认真检查物品是否变质，如果发现物品含水量过高、发霉、生锈、虫蛀或其他变质现象，必须及时对其进行降湿、除霉、除锈、灭虫等处理，待物品的质量恢复正常后方可对其进行密封。

2．密封时间的选择

仓管人员要根据物品的性质选择密封时间。容易受潮、发霉的物品宜在梅雨季节到来之前密封；容易受热熔化的物品应在较阴凉的季节进行密封；容易受冻的物品应在气温较高时进行密封；容易干裂的物品应在温度较高、干燥期到来之前进行密封。

3．密封后的物品检查

物品密封后，仓管人员要定期进行检查。因为密封只是相对的密封，并不能完全隔绝空气对物品的影响。在检查过程中，若发现物品及其包装有异状，或者温湿度不适宜，仓管人员应及时采取应对措施，以确保物品质量的安全。

112 进行仓库现场吸潮管理

遇梅雨季节或阴雨天，仓库内的湿度过高，此时不适宜保管物品，而且仓库外的湿度也过大，不宜进行通风散潮，这时仓库主管可以采用以下四种方法来降低仓库内的湿度。

1．吸湿剂法

吸湿剂是除湿的一种辅助工具。吸湿剂可以吸收空气中的水汽，因此可以产生除湿的效果。常用的吸湿剂有生石灰、氯化钙、硅酸、木炭、炉灰等。

2．吸湿机法

仓库普遍使用机械吸潮法，即使用吸湿机把仓库内的潮湿空气通过抽风机吸入吸湿机冷却器内，使其凝结成水并排出。吸湿机适用于储存棉布、针棉织品、贵重百货、医药、仪器、电工器材和烟糖类的仓库。

3．气幕隔潮法

气幕隔潮是指利用机械鼓风产生强气流，在仓库门口形成一道气流帘子，其风速大于仓库内外空气的流通速度，因此可以阻止仓库内外空气的自然交换，从而防止仓库外的潮热空气进入仓库内。

4．干燥箱保管法

体积较小且易受潮的物品可存放于干燥箱内。使用干燥箱时要注意以下四个事项。

（1）干燥箱每层都要放置干燥剂，以辅助干燥，若干燥剂由蓝色变为红色，仓库人员应及时更换干燥剂。

（2）停电时，干燥箱内应添加较多的干燥剂，以起到暂时防潮的作用。若长时间停电，则须将该设备转移到有电的地方，确保该设备正常运行。

（3）如果发现干燥箱内的温湿度异常，仓库人员应及时通知设备工程师或相关负责人。

（4）相关负责人应做好干燥箱湿度记录，具体如表7-5所示。

表7-5 干燥箱湿度记录表

编号：_____   填表日期：____年__月__日

测试位置：仓库						____年__月
记录时间						09:00~09:30
日期　　设备编号	SWF001	SWF002	SWF003	SWF004	记录人签字	上半月主管签字确认
						签字时间
						下半月主管签字确认
						签字时间

制表人：_____   审核人：_____

说明：合格标准为湿度≤40%。

113 控制、调节仓库内的温湿度

光电自动控制设备可以自动控制与调节仓库内的温湿度，并自动做好记录。当仓库内的温湿度超出规定范围时，光电自动控制设备能自动报警，自动开启仓窗，自动开动吸湿机，自动记录，自动调节库内的温湿度；当仓库内的温湿度降到适宜条件时，光电自动控制设备也能自动停止吸湿机，自动关闭通风窗。

仓库内的温湿度是导致物品品质发生变化的主要因素。在物品储存期间，仓库内需要保持适宜的温湿度，以确保物品的品质。如果仓库内的温湿度超出一定的范围，物品的品质就会发生变化。仓库内的温湿度调控对物品管理非常重要，所以仓管人员须做好相关记录。表7-6为"仓库温湿度监控记录表"。

表7-6　仓库温湿度监控记录表

编号：_____　　　库号：_____　　　放置位置：_____

储存物品：_____　　安全温度：_____　　安全相对湿度：_____

日期	上午								下午								备注
	天气	干球温度(℃)	湿球温度(℃)	相对湿度(%)	绝对湿度(g/m³)		调节措施	记录时间	天气	干球温度(℃)	湿球温度(℃)	相对湿度(%)	绝对湿度(g/m³)		调节措施	记录时间	
					库内	库外							库内	库外			

制表人：_____　　　　　　　　　　　　　　审核人：_____

114　预防物品霉变

预防物品霉变的具体措施有两个：一是加强储存物品的保管工作；二是采取预防措施，即利用药物防霉腐。

（1）加强每批物品的入库检查。检查物品的自然含水量是否超过储存保管范围，包装是否发生损坏或受潮，内部有无发热现象等。

（2）根据不同物品的性质，采取分类储存保管，防止物品霉变。

（3）根据不同季节、不同地区的不同储存保管条件，采取相应的通风降温、降湿措施，使仓库内的温度和湿度保持在能够抑制霉菌生长与繁殖的水平。

（4）选择合适的储存场所。容易霉变的物品应尽量存放在空气流通、光线较强、干燥的仓库，并避免将其与含水量较大的物品储存在一起。

（5）密封物品。

（6）做好日常清洁卫生工作，避免菌类寄生繁殖。

（7）对于易霉腐物品，在保管期间应勤加检查，并加强保护。

115　使用药剂防霉腐

药剂防霉腐就是将对霉腐微生物具有抑制和杀灭作用的化学药剂喷洒到物品上，以起到防止霉腐的作用。防霉腐药剂的种类有很多，常用的工业品防腐药剂有亚氯酸钠、水杨酰苯胺、多聚甲醛等。

由于多数霉腐微生物在有氧条件下才能正常繁殖，所以可采用氮气或二氧化碳气体全部或大部分取代物品储存环境的空气，使物品上的微生物不能繁殖，以此达到防霉腐的目的。这种方法常用于储存工业品的仓库。

116　预防害虫的措施

常见的预防害虫的措施如表7-7所示。

表7-7　常见的预防害虫的措施

感染途径	具体说明	预防措施
物品内潜伏	物品在入库前已有害虫潜伏其中。例如，农产品中均含有害虫或虫卵。在加工的过程中，如果没有对农产品进行彻底的杀虫处理，成品中就会出现害虫	做好物品入库前的检疫工作，确保入库物品不携带害虫及虫卵
包装内隐藏	如果包装物内藏有害虫，入库物品放入包装后，害虫便可能危害物品	对可重复利用的包装物进行定期消毒，以消灭其中隐藏的害虫
运输工具感染	如果运输工具装运过带有害虫的物品，害虫可能会潜伏在运输工具中，进而感染其他物品	定期消毒运输工具。运输时严格区分已感染物品与未感染物品
仓库内隐藏	害虫有可能潜藏在仓库建筑物的缝隙及仓库内的各种备用器具中，或者在仓库周围生长，并最终进入仓库	做好仓库内外的清洁工作，对仓库内的各种用具进行定期消毒，防止害虫滋生
邻垛之间相互感染	若某一货垛感染了害虫，害虫就有可能爬到邻近的货垛上	将已经感染了害虫的货垛及时隔离，并严密监控与其相邻的货垛

117　消灭仓虫的方法

1．物理机械防治法

高温杀虫主要是利用日光曝晒、烘烤和远红外线照射进行杀虫。低温杀虫主要是利用通风降温，必要时可采用冷冻设备将仓库内的温度降至0℃以下，从而达到消灭仓虫的目的。

2．化学药剂防治法

化学药剂防治法主要是使用各种有毒性的化学药剂消灭仓虫。常用的化学药剂有敌敌畏、敌百虫、滴滴涕、磷化铝、氯化苦和硫黄等。这种方法的优点是见效快、效率高，其缺点是会污染环境，有损物品质量，并且对人体有害，因此，仓管人员必须按照一定的配比量和规定的方法来使用化学药剂。

118 金属防锈常用措施

金属物品和金属制品的防锈措施有很多种，有些在生产过程中就应予以考虑。在仓储作业中，仓库主管和仓管人员可以采用的防锈措施主要有以下五种。

1．控制存储环境

仓库主管应尽可能选择远离有害气体和粉尘的仓库。储存场所应具备良好的排水系统，货场要用碎石或炉灰垫平，以增强地面表层的透水性，保持库区干燥。不同的金属物品的保管场所如表7-8所示。

表7-8　不同的金属物品的保管场所

物品类别	保管场所
价值较高的贵重金属、小型精密配件和五金制品	应存放在仓库中
小型薄壁管材，冷、热轧钢板，硅钢片和小型优质钢材等	应存放在仓库中，如果不具备条件，也可存放在料棚中。存放时一定要下垫上苫
镀锌铁板、马口铁、金属制品和小型钢丝绳等	最好存放在仓库中，也可存放在料棚中
大中型物品，如圆钢、方钢、六角钢、工字钢、槽钢、各种型号的钢轨	可以在露天场地以下垫上苫的方式存放
贵重、有特殊性能的金属及金属制品	存放在专门的仓库中。易燃物品不能裸露存放，且须远离火源。例如，高纯度的镁在空气中会自燃；硅铁受潮会分解出有毒气体，遇碱会产生氢气，有发生爆炸的危险。因此，仓库主管为这类物品选择保管场所时须多加注意

2．进行入库检查

物品入库时，仓库主管和仓管人员要对其进行严格检查，并清理金属物品的表面，清除水渍、油污、灰尘等。对于已经有锈迹的物品，要立即除锈。

3．合理堆码及苫垫

堆放金属物品时要垫高垛底，并保证垛底的通风及干燥，使物品免受地面湿气的影响。对不同的金属物品应采用不同的储存方法，不同种类的金属物品存放于同一地点时，相互之间必须有一定的间隔，防止因相互接触而发生腐蚀。对于放置在露天货场的金属物品，最好进行苫盖，使其与雨水、潮湿空气隔离。

4．控制仓库内的相对湿度

仓库内的相对湿度应控制在60%以下，这样可以防止金属制品表面凝结水分生成电解液层而遭受电化学腐蚀。由于仓库内的相对湿度很难达到60%以下，所以仓库可以将其控制在65%～70%。

5．隔离金属物品

将金属物品与环境隔离开是一种短期的、高成本的防锈方法。它适用于数量少、保管要求较高的金属物品。

119　金属除锈方法

金属除锈的方法包括人工除锈法、机械除锈法、化学除锈法和电化学除锈法。

1．人工除锈法

人工除锈法是指利用砂纸、砂布、钢丝刷、刻刀等简单的工具，对已生锈的金属表面进行手工除锈。

2．机械除锈法

机械除锈法是指利用机械摩擦的方法除去金属表面上的锈蚀。常用的除锈工具有抛光机和钢（铜）丝轮。

3．化学除锈法

化学除锈法是指让除锈液与金属表面的锈蚀物发生化学反应，以达到除锈的目的。例如，铬酐、磷酸与水按一定的比例制成溶液，将锈蚀金属浸入该溶液中，锈蚀除净后取出，用清水冲洗后迅速放入钝化液（钝化液配方为：硅酸铜1.0%，碳酸钠2.0%，三乙醇胺0.5%，其他为水）即可。

4．电化学除锈法

电化学除锈法是指将锈蚀金属制品浸入电解溶液中，并接通电源，通过电化学作用以达到除锈的目的。电化学除锈法适用于体积较大的金属制品。

第二节 各类物品的保管措施

120 贵重物品的保管措施

贵重物品是指具有较高价值的物品。仓管人员应根据物品的价值实施不同级别的保管。常用的保管措施有专用仓库保管和保险柜保管。

1．专用仓库保管

专用仓库主要用于保管IC、焊锡条、羊绒等价值较高且数量较多的物品。保管这类物品时应实行专人专管制，具体保管方法如下。

（1）专用仓库配置自动报警和监视系统，安装防盗门、密码保险锁等。

（2）指定专职仓管人员进行管理。

（3）每周盘点一次。

（4）保管人员须每周向上级汇报工作。

（5）仓库主管应每月点检确认一次。

2．保险柜保管

保险柜用于保管金、银、水银等贵重物品。保管这类物品时应实行两人管理制，具体保管方法如下。

（1）将保险柜放置在规定的仓库内。

（2）保险柜的密码由保管员和监督员掌管，只有二人同时在场时方可开启保险柜。

（3）填写保管物品的清单，严格记账和过磅管理。

（4）仓库主管应每月点检确认一次。

121 高危物品的保管措施

对于高危险性的物品，如炸药、汽油、天那水等，仓管人员应设置专门保管这类物品的仓库，并采取以下六项保管措施。

（1）针对物品的特性建造适宜的仓库，建造完成后须得到相关专家的认可。

（2）制定专用库房管理细则。

（3）对仓管人员进行培训，培训内容包括讲解物品的保管方法及安全要求等。

（4）按规定保管高危物品。

（5）加强环境监控。

（6）仓管人员要随时检查高危物品的状态。

122　隔离物品的保管措施

隔离管理法即把存在危险性的物品与其他物品隔离开，如包装完好的化工原料、印刷油墨等。对于隔离物品，应采取以下五项保管措施。

（1）划分需要隔离的区域。

（2）设置必要的栅栏等隔离器具。

（3）标示并指示隔离区域。

（4）按规定保管隔离物品。

（5）加强监视被隔离物品的存放状态。

123　易损物品的保管措施

易损物品是指那些在搬运、存放、装卸过程中容易发生损坏的物品，如玻璃、陶瓷制品、精密仪表等。对于易损物品，应采取以下八项保管措施。

（1）尽可能在原包装状态下实施搬运和装卸作业。

（2）不可使用带有滚轮的储物架。

（3）利用平板车搬运时要对码层做适当捆绑。

（4）不允许使用吊车作业，严禁采用滑动方式搬运。

（5）严格限制物品存放的高度。

（6）轻拿轻放，文明作业。

（7）不得与其他物品混放。

（8）明确标示其易损的特性。

124　敏感物品的保管措施

敏感物品是指具有很强的敏感性的物品，一旦控制失误就有可能导致失效或发生事故。

例如，磷可在空气中自燃，IC容易产生静电感应，胶卷容易曝光，色板容易日晒风化等。对于敏感物品，应采取以下五项保管措施。

（1）接收敏感物品时，仓管人员应事先认真阅读并严格执行原制造商的保管要求。

（2）了解和掌握该类物品的特性，实施对口管理。

（3）必要时可指派专人看管仓库。

（4）必须在原包装状态下搬运、保管和装卸此类物品。

（5）设置必要的敏感特性监视器具，有效消除不合适的环境因素。

125　可疑物品的处理

可疑物品是指那些性质、状态、规格、型号和名称等不明确，或者缺乏相关证据的物品，具体包括以下四种。

（1）生产过程中被搞混导致生产人员不能识别其规格或质量好坏的物品。

（2）不能确定其性质和状态，或者有异状的物品。

（3）工作或使用中发现可疑因素，致使仓管人员对物品的原标志或状态产生怀疑的物品。

（4）其他任何情况下所产生的有争议且无法定夺的物品。

可疑物品一律按不合格品处理。

126　长期库存物品的保管措施

对物品进行长期库存是不合理的，仓库主管应尽量减少此类物品或及早采取积极的措施避免这种情况。对于长期库存物品，应采取以下七项保管措施。

（1）指定专门的存放区域，予以隔离。

（2）定期检查专门的存放区域的存放环境。

（3）定期确认存放物品的包装状态和完好程度。

（4）每月向上级汇报存放物品的状况。

（5）物品出货或使用时，要提前通知品质部重新进行检验。

（6）物品变质或不宜继续存放时要及时上报处理。

（7）存放物品的账目要清楚。

127 退货品的保管措施

退货品是指被客户整批退回的未经使用的产品。对于退货品，应采取以下六项保管措施。

（1）按"退货单"接收退货品，并清点数量、确认物品的状态。

（2）按相关规定将退货品存放在不合格品区，并做好标示。

（3）通知品管部对退货品进行检验。

（4）通知工程技术部分析检验结果，并提出处理方案。

（5）由生管部安排返工计划，生产部按计划实施返工，返工后交品质部再检验。

（6）品管部检验合格后，将物品再次入库，以备再次出货。

128 客户使用退货品的保管措施

客户使用退货品是指客户已经使用过的非批量性产品。对于客户使用退货品，应采取以下七项保管措施。

（1）按"退货单"接收退货品，并清点数量、确认物品的状态。

（2）按相关规定将退货品存放在不合格品区，并做好标示。

（3）通知品管部对退货品进行检验。

（4）通知工程技术部分析检验结果，依据分析结果确定处理方案，以改进生产。

（5）对退货品实施拆机处理，由生管部制订拆机计划，由生产部执行该计划。

（6）拆出的零部件视实际情况分类后交物料部处理，将合格品送交来料品质检验，对不合格品及来料品质检验的不合格品作报废处理。

（7）为来料品质检验合格的物品重新办理入库手续。

第三节　物品储存质量控制

129 物品储存质量控制的内容

物品储存质量控制的内容包括以下八个方面。

（1）仓库内的温度和湿度，如仓库内的温度是否过高或过低。

（2）物品的存放状态，如物品存放是否整齐。

（3）物品本身的状态，如有无腐烂、生锈。

（4）物品的储存环境状态，如有无雨淋、日晒。

（5）仓库的设备状况，仓库的各项设备（如起重设备、叉车、货架、托盘）是否完好。

（6）仓库的照明状况，照明设施能否满足仓库的作业要求，照明设施有无损坏等。

（7）仓库的防盗状况，如门、窗有无破损，是否存在其他安全隐患等。

（8）仓库的消防状况，如消防设备是否齐全、有效，数量是否足够，存放的地点是否合适等。

130 物品储存质量控制的频率

仓库主管应对物品储存质量控制做出明确规定。例如，仓库巡查要做到每班不少于一次，夜班也不能例外。仓管人员在巡查时必须填写"仓库巡查记录表"（见表7-9），以便日后追溯。

表7-9 仓库巡查记录表

编号：_____

检查项目 ＼ 填表日期	__月__日 星期一	__月__日 星期二	__月__日 星期三	__月__日 星期四	__月__日 星期五	__月__日 星期六	__月__日 星期日
库房清洁							
作业通道							
用具归位							
物料状态							
仓库内的温度							
仓库内的相对湿度							
照明设备							
消防设备							
消防通道							
防盗							
托盘维护							
检查人							

制表人：_____   审核人：_____

说明：每月对消防设备做一次全面检查，并对破损的托盘进行集中处理。

131　物品定期检验的周期

物品的定期检验是对库存时间超过一定限度的物品按规定的频次进行的质量检验，其目的是确认被储存物品的质量是否良好。

物品定期检验的周期要根据物品的特性而定，具体规定如下。

（1）油脂、液体类物品，定检期为6个月。

（2）易变质生锈的物品，定检期为4个月。

（3）危险性特殊类物品，定检期为3个月。

（4）有效期限短的物品，定检期为3个月。

（5）长期储备的物品，定检期为24个月。

（6）其他物品，定检期为12个月。

132　物品定期检验的流程

库存物品定期检验的方法与来料品质检验的方法类似，由品质部以抽样的方式进行，仓储部配合进行。物品定期检验的流程如图7-2所示。

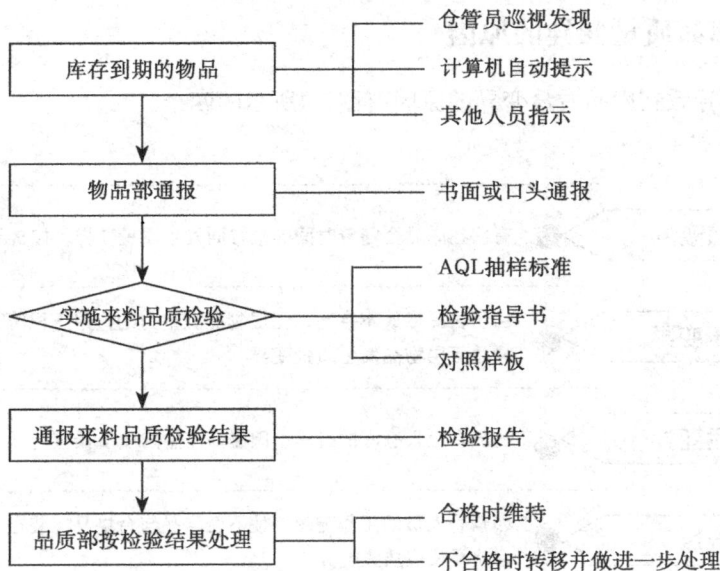

图7-2　物品定期检验的流程

133 物品定期检验结果的处理流程

仓库主管和仓管人员对物品定期检验结果的处理应以相关质量检验报告为依据，合格时可以维持现状，不合格时须按图7-3所示的流程处理。

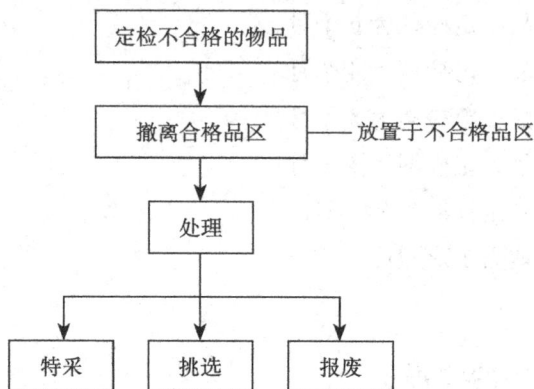

```
          ┌──────────────┐
          │ 定检不合格的物品 │
          └──────┬───────┘
                 ↓
          ┌──────────────┐      放置于不合格品区
          │  撤离合格品区   │──────
          └──────┬───────┘
                 ↓
          ┌──────────────┐
          │     处理      │
          └──────┬───────┘
          ┌──────┼───────┐
          ↓      ↓       ↓
       ┌─────┐ ┌─────┐ ┌─────┐
       │ 特采 │ │ 挑选 │ │ 报废 │
       └─────┘ └─────┘ └─────┘
```

图7-3　物品定期检验结果的处理流程

134 在库品质量变异的原因

一般认为，导致在库品质量变异的原因有图7-4所示的四个。

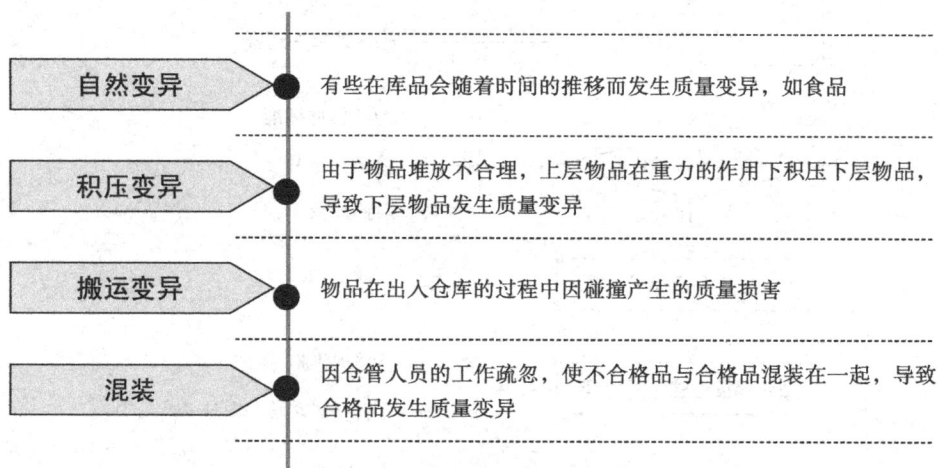

自然变异	有些在库品会随着时间的推移而发生质量变异，如食品
积压变异	由于物品堆放不合理，上层物品在重力的作用下积压下层物品，导致下层物品发生质量变异
搬运变异	物品在出入仓库的过程中因碰撞产生的质量损害
混装	因仓管人员的工作疏忽，使不合格品与合格品混装在一起，导致合格品发生质量变异

图7-4　在库品质量变异的原因

135　建立仓管人员稽核制度

仓管人员的稽核应体现在日常工作中，这就需要建立一个由仓库主管牵头，全体仓管人员积极参与的稽核制度。

1．仓管人员的稽核内容

仓管人员的稽核内容如下。

(1) 稽核物料是否受到挤压、变形。

(2) 稽核物料是否受到温度影响、生锈。

(3) 稽核物料是否受到时间影响、腐化。

(4) 稽核物料存放位置是否恰当，是否会出现倒塌。

(5) 稽核物料是否在保质期内。

(6) 稽核物料是否混装了不合格品（显性）。

(7) 稽核物料的包装是否脱落。

2．工作步骤

仓管人员进行稽核的工作步骤如下。

(1) 仓库主管应指派专人每天巡视一次仓库。

(2) 仓库各区域负责人每天巡视两次仓库。

(3) 仓库主管每天不定时巡视仓库。

(4) 填写"仓库物料质量稽核表"（见表7-10）。

(5) 总结、改进与汇报。

表7-10　仓库物料质量稽核表

稽核员：＿＿＿＿＿＿＿　　　　　　　　　　　　　　　　　　编号：＿＿＿＿＿＿＿

受稽核单位			填表日期：＿＿＿年＿＿月＿＿日		
项次	稽核物料	稽核内容	状况		不符合状况说明
			符合	不符合	

136 建立质检人员稽核制度

1．质检人员的稽核内容

质检人员的稽核内容如下。

（1）稽核物料的尺寸是否发生变化。

（2）稽核物料的组成元素是否发生变迁。

（3）稽核物料的功能是否完善。

（4）稽核物料是否在保质期内。

（5）稽核来料品质检验是否出现遗漏。

（6）稽核仓库的仓管方法是否正确。

（7）稽核物料中是否混装了不合格品（隐性）。

2．稽核方式

质检人员的稽核分定期巡检和不定期抽检两种方式。定期巡检是指按照每周一次的巡检方式对重要物料实施逐一检查。不定期抽检是指不设定检查频率，而是每天去仓库抽查一个产品，查看其是否存在质量问题。

3．工作步骤

质检人员进行稽核的工作步骤如下。

（1）查看仓库在库品的储存情况。

（2）选择需要抽查的物料。

（3）对选取对象实施检验。

（4）填写"仓库物料质量稽核表"（见表7-11）。

表7-11　仓库物料质量稽核表

稽核员：＿＿＿＿＿＿＿　　　　　　　　　　　　　　　　　　　　编号：＿＿＿＿＿＿＿

受稽核单位								填表日期：＿＿＿年＿＿月＿＿日	
项次	物料	稽核方式	品质状况					备注	
			尺寸	功能	结构	外观	其他		

这里需要说明的是，在进行质量稽核时，首先要稽核物品的存储情况，因为质检人员往往不清楚仓库的具体情况。

137　在库品检验结果的处理流程

处理在库品的检验结果时应以检验记录为依据。如果是合格品，可以让其继续维持原来状态；如果在库品出现质量变异，必须立即对其实施隔离。在库品检验结果的处理流程如图7-5所示。

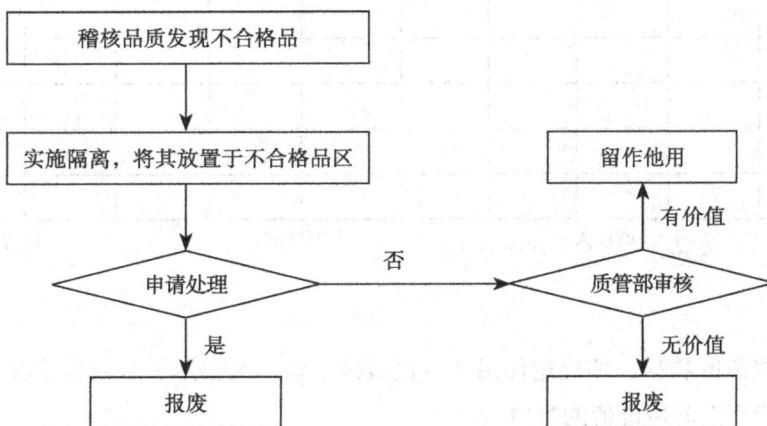

图7-5　在库品检验结果的处理流程

第四节　呆料与废料的处理

138　企业常见的呆料与废料

1. 呆料

呆料是指那些存量过多、耗用量极少且库存周转率极低的物料，此物料只是偶尔使用，甚至有可能根本不再使用，但呆料也是可用物料，没有失去其原有的特性和功能。

在通常情况下，仓管人员可根据呆料最后异动日（该物料最近一次进出日期）作出判断，若其最后异动日至盘查日的间隔天数超过180天，仓管人员可填写"半年无异动呆料明细表"（见表7-12），报主管人员审批。

表7-12 半年无异动呆料明细表

编号：_____ 　　　　　　　　　　　　　　　　　　　填表日期：____年__月__日

物料名称	单位	规格/型号	入库日期	最近半年无异动			发生原因		拟处理方式		
				数量	单位	金额（元）	原因	说明	办法	数量	期限

制表人：_____　　　审核人：_____　　　主管批准：_____　　　经办人：_____

2．废料

废料是指报废的物料，即经过使用本身已残破不堪、磨损严重或已超出其使用期限，以致失去原有功能而无利用价值的物料。

139 呆料的预防措施

仓库主管可以与其他部门负责人从呆料的产生源头进行有效预防，具体措施如表7-13所示。

表7-13 呆料的预防措施

部门	具体措施
销售部	（1）确保销售计划的稳定性，对销售计划的变更要加以规划，勿频繁变更销售计划，使购进的物料变成仓库中的呆料。 （2）如实把握客户的订货，勿让客户随意取消特殊订货，否则准备好的物料容易变成呆料。 （3）尽量避免客户变更已预订的产品的型号或规格，尤其是型号和规格特殊的产品。 （4）销售人员应如实掌握接收的订货内容，并把正确而完整的订货内容传达给相关部门

（续表）

部门	具体措施
设计部	（1）加强对设计人员的培训，不断提升设计人员的能力，避免因设计错误而产生大量呆料。 （2）设计力求完整，设计完成后要先经过试验，然后再大批量生产物料。 （3）设计时要尽量使零部件、包装物料等标准化，尽量避免零部件与包装物料种类过多而增加呆料
计划与生产部	（1）加强产销的协调性，确保生产计划的稳定性；妥善处理紧急订单，减少呆料的产生。 （2）生产计划应符合实际，若生产计划不合理，就可能产生呆料。 （3）加强生产线上的发料、退料的管理，减少呆料的产生。 （4）新旧产品进行更替时，确保生产计划的周密性，防止旧物料变成呆料
货仓与物控部	（1）确保物料计划的稳定性。 （2）对物料存量加以控制，避免产生呆料。 （3）强化仓储管理，保持账、物的一致性
采购管理部	（1）减少物料的不当请购、订购。 （2）及时与供应商进行沟通和联系，减少呆料的产生
验收管理部	（1）验收物料时避免混入不合格物品，同时严格来料检验流程。 （2）加强检验仪器的精良化，避免不良物料入库

140　呆料的处理措施

呆料的处理措施主要有以下七个。

（1）调拨给其他单位使用。仓储部的呆料可供其他部门使用，从而使呆料得到有效利用。

（2）修改规格再使用。既成呆料，利用机会就少，有时可将呆料的规格稍加修改，就能使其得到再利用。

（3）借生产新产品，以减少库存呆料。

（4）打折出售给供应商。

（5）与其他企业以"以物易物"的方式交换物料。

（6）对于无法出售、交换、调拨再利用的呆料，宜以物品的类别分别考虑破毁、焚毁或掩埋。

（7）仓库主管应跟催呆料的处理过程，并将相关内容填入"呆料处理跟催表"（见表7-14）。

表7-14 呆料处理跟催表

编号：_____ 处理人员：_____ 填表日期：____年__月__日

物料编号	名称	规格/型号	处理表编号	应完成期限	未处理数量	未能如期完成的原因

处理方式						
出售期限	利用数量	\<td colspan=3\>具体方案说明			呆料处理人	

出售期限	利用数量	具体方案说明	呆料处理人

处理记录					
日期	方式	单价（元）	数量	金额（元）	纪要

处理部门主管：_____ 组长：_____ 呆料处理人：_____

141 废料产生的原因

废料产生的原因如图7-6所示。

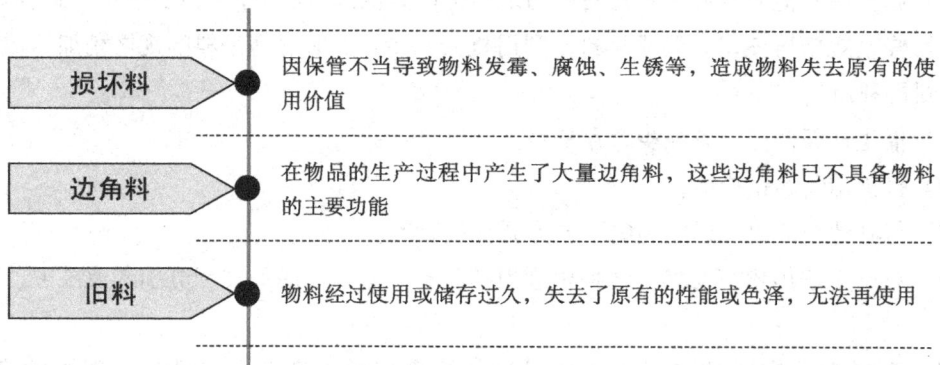

损坏料	因保管不当导致物料发霉、腐蚀、生锈等，造成物料失去原有的使用价值
边角料	在物品的生产过程中产生了大量边角料，这些边角料已不具备物料的主要功能
旧料	物料经过使用或储存过久，失去了原有的性能或色泽，无法再使用

图7-6 废料产生的原因

142 废料的预防措施

根据废料产生的原因，仓库主管可采取以下四种预防措施。

（1）提高物料的使用率，减少边角料的产生。

（2）遵循先进先出原则，避免物料因堆积过久而报废。

（3）定期对机械设备进行保养与维护。

（4）做好仓库的清洁卫生工作，预防虫咬、霉腐、锈蚀等现象的发生，从而减少废料。

143 废料的整理与保管

各工作场所应放置废料桶，以便工作人员随时存放废料，也便于工作人员一次搬运。各工作场所当日产生的废料应于当日搬往规定的废料存放区。仓管人员收到各部门的废料后，应及时进行登记（见表7-15）。

表7-15 废料回收登记表

编号：_____   填表日期：____年__月__日

月	日	废料名称	重量	单价（元）	小计	经办人签字	监督人签字	保安签字	收款人签字	回收商签字	回收商电话

制表人：_____   审核人：_____

仓库应设置废料存放区，并将废料分类存放。各部门收集的废料一律送交仓库统一处理。

144 废料的申报与处理

对于仓库内的废料，仓管人员可填写"物料报废申请表"（见表7-16），得到仓库主管和相关部门的批示后再做进一步处理。

表7-16　物料报废申请表

编号：_____　　　　　　　　　　　　　　　　　填表日期：____年__月__日

品名	规格/型号	报废申请原因	来料品质重检单号	拟处理方式	数量	单价（元）	金额（元）	变卖预计回收金额（元）	备注
合计									
总经理		销售人员		生产主管		仓库主管审核			
财务副总经理		技术/开发人员		品质主管		制表人			

　　下面是某公司总经理对仓储部提交的"物料报废申请表"的审批意见，供大家参考。

【实用案例】

废料处理审批意见

仓储部（××负责人）：

　　经审核，你部报来的"物料报废申请表"所列废料均属报废项目，同意作价处理。处理后的废料变价收入交公司财务部。

总经理（签章）

____年__月__日

　　规模小的企业的废料积累到一定程度时可作出售处理；规模大的企业可将废料集中至一处予以解体，然后将解体后的物料分类处理，具体处理步骤如下。

　　（1）废料解体后，其中有许多可作他用的物料，如胶管、机械零件、电子零件。

（2）废料解体后，其中仍有残料可加以利用，如钢条、钢片。

（3）废料解体后，将剩余的废料进行分类。若可重新回炉，则送企业再加工。分类后的废料可以适当的价格出售给废品回收机构。

（4）处理好解体后的物料后，应整理好档案资料（见表 7-17 和表 7-18），以备日后查询。

表7-17　废料处理清单

编号：_____　　　　　　　　　　　　　　　　　　填单日期：____年__月__日

物料名称	规格/型号	物料状况	报废原因	预计残值（元）	实际收入（元）	备注

制表人：_____　　　　　　　审核人：_____　　　　　　　仓管员：_____

表7-18　废料处理报告单

编号：_____　　　　　　　　　　　　　　　　　　填单日期：____年__月__日

物品名称		物料编号		数量	
处理方式	□废弃　　　　□转作其他用途　　　　□转售　　　　□改造				
处置说明					
损失分析	(1) 账面价值： (2) 处置收入： (3) 处置支出： (4) 损失金额或价值：				

制表人：_____　　　　　　　审核人：_____　　　　　　　经办人：_____

第八章　物品搬运管理

导读 >>>

物品搬运既包括物品在仓库内部的移动，也包括物品在仓库与生产设施之间、仓库与运输车辆之间的转移。物品搬运工作是仓库日常管理工作的重要组成部分。

Q先生：要想做好物品搬运管理工作，我需要掌握哪些知识呢？

A经理：你首先要了解物品搬运的基本知识，掌握如何选择合适的物品搬运方法，然后注意对不同物品的搬运控制，如对危险品、贵重物品的搬运等。

Q先生：我发现许多员工对各类物品搬运标识不太了解，我很担心会发生安全问题！请问我应该怎样避免发生安全问题呢？

A经理：你要督促仓储部员工熟记危险物品包装标识和包装储运图示标识，同时定期或不定期地对他们进行考核，确保他们熟悉这些标识。

第一节　物品搬运的基本知识

145　物品搬运的基本要求

1. 保障搬运物品的质量

实施搬运作业时，必须确保被搬运物品的质量，不能发生性能损失、物品变质等。仓库主管应事先制订搬运计划，明确搬运的责任与分工，制定并严格遵守搬运工作指导书的相关规定；在搬运的过程中，若物品发生质量问题，则要及时分析原因，并提出改进措施。

2. 保障搬运人和物的安全

在搬运的过程中，既不能使人员、设备、物品等发生事故（如人身安全意外、设备损坏、物品丢失等），也要准确及时地完成搬运任务，具体可采取以下八项措施。

（1）在各道工序间运送物品时，对物品易发生磕碰的关键部位进行适当的保护（如使用保护套、防护罩等）。

（2）使用与物品特性相匹配的容器和运输工具（如托盘、货架、叉车等），加强对容器和运输工具的维护与保养。

（3）避免精密、特殊的物品在搬运的过程中发生震动。

（4）在搬运物品的过程中，如需通过环境受污染的地区，应对物品进行适当的防护。

（5）在搬运易燃、易爆或对人身安全有影响的物品时，应遵循严格的控制程序进行操作。

（6）对于有防震、防压等特殊要求的物品，在搬运时要采取专门的防护措施，并加以明显的标识。同时，还要注意保护这些标识，防止其丢失或发生磨损。

（7）保证准确无误地将物品搬运到指定的加工地、检验点或仓库。

（8）对搬运人员进行培训，使其掌握必要的作业规程和操作要求。

3. 将物品搬运到指定地点的注意事项

将物品搬运到指定地点时应注意以下五个事项。

（1）搬运时一次到位，避免再次搬运。

（2）物品的储存方式要符合其本身特性，如物品的存放位置、朝向等，避免再返工。

（3）物品的储存环境要适宜。

（4）杜绝或减少搬运的损失，包括由于丢失、打破、变形等因素导致的各种损失。

（5）降低搬运成本，选择合适的搬运方法，如机械化搬运、自动化搬运、人工搬运，但前提是用最少的投入实现最大的搬运量。

146　选择合适的物品搬运方法

搬运方法是为实现搬运目标而采取的搬运作业手段，它直接影响搬运作业的质量、效果、安全和效率。物品搬运方法有表8-1所示的五种。

表8-1　物品搬运方法

分类方法	具体内容
按作业对象划分	（1）单件作业法，即逐个、逐件地进行搬运和装卸，此方法适用于搬运体积庞大、笨重的物品。 （2）集装单元作业法，即像搬运集装箱一样实施搬运。 （3）散装作业法，即对无包装的散料，如水泥、沙石、钢筋等直接进行装卸和搬运
按作业手段划分	（1）人工作业法，即靠人力进行作业，但会使用简单的器具和工具，如扁担、绳索。 （2）机械作业法，即借助机械设备搬运物品。这里所说的机械设备不仅仅包括简单的器具，还包括性能较强的器具，如装卸机。 （3）自动作业法是指在计算机的控制下搬运物品，如自动上料机、机电一体化传输系统等
按作业原理划分	（1）滑动法，即利用重力使物品下滑移动，如滑桥、滑槽、滑管。 （2）牵引力法，即利用外部牵引力使物品发生移动，如拖拉车、吊车。 （3）气压输送法，即利用正负空气压强产生的作用力吸送或压送粉状物品，如负压传输管道
按作业连续性划分	（1）间歇作业法，即搬运作业按一定的节奏停顿、循环，如起重机、叉车。 （2）连续作业法，即搬运作业连续不间断地进行，如传送带、卷扬机
按作业方向划分	（1）水平作业法是以让物品产生搬运距离为目的的搬运方法，如把物品由甲地运往乙地。 （2）垂直作业法是以让物品产生搬运高度为目的的搬运方法，如把物品由地面上升到一定的高度

147　危险物品的搬运要求

危险物品是指那些存在安全隐患的物品，具体包括以下四种。

（1）危险品，如汽油、天那水、炸药、压缩气体、液化气。

（2）剧毒品，如农药。

（3）腐蚀品，如硫酸。

（4）放射性物品，如射线器械。

在搬运危险物品的过程中，若操作不当，则很有可能导致人身伤亡或给企业造成重大经济损失，所以，仓管人员搬运此类物品时须格外谨慎，具体搬运要求如表8-2所示。

表8-2　危险物品的搬运要求

危险品种类	搬运要求
爆炸品	（1）装卸车前应详细检查车厢各部位是否整洁、干燥，车内外部不能残留酸类、碱类及油脂类物品和其他异物。 （2）作业前检查危险品的包装是否完整、坚固，并检查将要使用的搬运工具是否合适、完好。 （3）禁止参加作业的人员携带烟火器具，禁止穿铁钉鞋。 （4）人工搬运、交接物品时要手对手、肩靠肩。 （5）装卸时散落的粉末状爆炸物要及时用水浸湿，再用锯末或棉絮等物品将其完全吸收，然后妥善处理吸收物
氧化剂	（1）装车前应将车内打扫干净，不得残留酸类、煤炭、面粉、硫化物、磷化物等物品。 （2）装卸前应将车的门、窗打开通风。 （3）对于散落在车厢或地面上的粉状、颗粒状氧化物，应撒上沙土后再清理干净
压缩气体和液化气体	（1）使用专用的搬运器具，禁止肩扛或滚动。 （2）搬运器具、车辆、手套、防护服上不得沾有油污或其他危险物品，以防引起爆炸。 （3）钢瓶应放平堆放，垛高不得超过四个，禁止阳光直射或暴晒
可燃、易燃品	（1）作业时要打开车门、车窗通风，避免可燃气体聚集。 （2）对于桶装液体、遇水易燃物品（电石），若发现容器膨胀，则应使用铜质或木质的扳手轻轻打开排气孔，待多余气体排放出去后方可作业。 （3）遇雨雪天气，若防雨设备不良，则要禁止搬运遇水发生燃烧的物品。 （4）对装运易挥发液体的瓶罐，开盖前要慢慢松开螺栓，并停留几分钟后再开启。装卸完毕后，应将阀门和螺栓拧紧
剧毒品	（1）卸车前打开车门、车窗通风。 （2）作业时应穿戴防护用具。 （3）对使用过的防护用具、工具等进行集中洗涤和消毒。 （4）患有慢性疾病的人员不能参加此项作业。 （5）作业人员的工作时间不宜过长，最好间隔休息；在作业的过程中，作业人员若出现头晕、恶心等现象，则要立即停止作业
腐蚀性物品	（1）散落在车内或地面的腐蚀品应先用沙土覆盖或用海绵吸收，然后用清水冲洗干净。 （2）不得乱放装过酸、碱的容器。 （3）作业前应准备充足的干净冷水，以便人员、车辆、工具等受到腐蚀时可以及时得到冲洗。 （4）装卸石灰时，应在石灰上放置垫板；禁止在雨中作业；严禁将干湿石灰混装在一起

（续表）

危险品种类	搬运要求
放射性物品	（1）由具有一定经验和技能的人员在作业前进行检查与判断，以确认是否可以搬运，并确定装卸方法和搬运时间。 （2）作业前要做好防护工作。 （3）作业后应立即将防护用具放回专门的保管场所，同时作业人员应及时洗澡并更换衣服

148　贵重物品和易碎物品搬运的注意事项

贵重物品和易碎物品包括精细的玉器、瓷器、艺术品、精密机械、仪表，以及易碎的玻璃器具等。搬运这类物品时应注意以下四个事项。

（1）小心谨慎、轻拿轻放，严禁摔碰、撞击、拖拉、翻滚、挤压、抛掷和剧烈震动。

（2）严格按包装标志码垛、装卸。

（3）掌握并遵守各种搬运要求。

（4）盛装器皿应符合物品的特性，必要时要专用。

149　特殊物品的搬运要领

这里说的特殊物品是指那些长度超长、体积超大、重量超重的物品，如大型机械设备、桥梁、钢结构件。搬运此类物品时的最大隐患是安全，因此，仓库主管要督促仓管人员事先做好以下九项安全防护工作。

（1）选择安全性能有保证的搬运设施，如桥式、门式起重机。

（2）搬运重量不能超负荷。

（3）选择安全性高、耐磨、强度高的索具，如钢丝绳。

（4）安全系数不能小于规定值。

（5）在使用搬运器械前须认真检查与确认。

（6）由具有丰富经验、技术熟练的人员操作，最好是有上岗证的人员操作。

（7）由具有丰富经验的专人指挥。

（8）按既定步骤作业。

（9）作业完成后再次确认安全性。

第二节　提高搬运效率

150　制订搬运计划

1. 搬运计划的内容

搬运计划是关于物品装卸、转移和放置等搬运活动的方案。搬运计划的内容如图8-1所示。

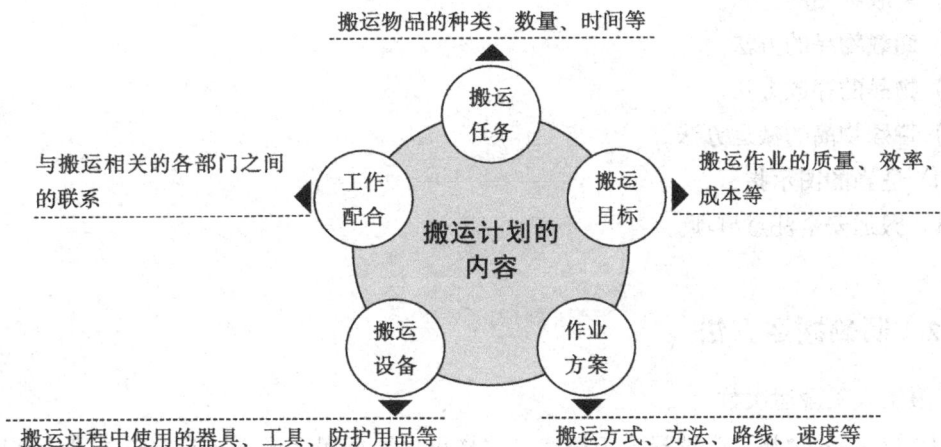

图8-1　搬运计划的内容

2. 制订搬运计划时应考虑的因素

制订搬运计划时应考虑以下五个因素。

（1）物品本身因素，如物品的形态、体积、重量、数量、强度、精细性、污染性、包装状态等。

（2）物品使用性因素，如企业的采购计划、进料计划、生产计划、工艺流程、销售计划、运输方案等。

（3）搬运环境因素，如搬运行程、搬运频率、物品活载程度、搬运时段等。

（4）搬运设备因素，如装卸机械的性能、数量、能力，以及运输设备、工具、辅具、防护器具的功能等。

（5）搬运人员因素，如搬运人员的数量、组成、技术水平、工作经验、报酬方式、责任分工等。

151　编制搬运作业指导书

搬运作业指导书是一种规范性文件，它为仓库作业人员实施搬运作业提供了指导和依据。搬运作业指导书的内容如下。

（1）搬运人员的职责。

（2）搬运设备与工具的使用方法。

（3）搬运方式的选择和要求。

（4）搬运过程中的注意事项。

（5）搬运事故的处理方法。

（6）装载物品的方法。

（7）卸载物品的方法。

（8）物品的存放方法。

（9）特殊物品的搬运方法。

（10）适当的图示指引。

（11）搬运安全注意事项。

152　明确搬运方法

1．限制人工搬运次数

对于重量轻的物品，应选择人工搬运，这样可以降低搬运成本，其缺点是可能会影响搬运效率和搬运质量。而且，过多的人工搬运也会消耗搬运人员的体力和时间，应尽量少用。

2．使用工具搬运

使用工具搬运物品可大幅提高工作效率。常见的搬运工具有脚轮、叉车、搬运车、手推车、塑料托盘、地脚等。

包装成品时通常使用纸箱。产品的纸箱应尽量标准化，就算有多种产品，外箱也要尽可能减少规格种类，以降低管理及仓储的困难；成品使用外箱以后，应尽可能配合使用栈板来移动。

包装半成品时主要使用塑料箱。仓管人员可以使用不同颜色的塑料箱来区分产品状况，如蓝色代表合格品，黄色代表待整修品，红色代表待报废品。另外，每一个塑料箱都要规定标准容量，而且要存放在规定的位置处，便于管理。

对于易碎品，通常使用塑料板或搬运车搬运，以保护物品。

153　实施合理化搬运

合理化搬运是一种状态，也是一种趋势，如何进行合理化搬运是许多企业都应深入思考的问题。

1．合理化搬运的衡量准则

（1）尽可能地减少人力投入。

（2）投入的设备、器械、工具等尽可能适用。

（3）确保被搬运物品无损耗。

（4）搬运方法科学、合理。

（5）搬运环境安全。

2．减少搬运次数

（1）减少物料的暂时放置，尽可能一次搬运到位。

（2）掌握合适的单位搬运量是减少搬运次数的一个重要因素。

3．缩短搬运距离

（1）合理规划仓库布局可以有效缩短搬运距离。

（2）在仓库布局已经确定的情况下，合理规划搬运流程、制订搬运计划也可以达到缩短搬运距离的目的。

154　提高物品的活载程度

物品的活载程度是指物品被移动的难易程度。例如，放置在货架上的物品要比堆放在一起的物品更容易搬运。也就是说，前者的活载程度大一些。放置在托盘上的物品比放置在传送带上的物品更难搬运。也就是说，前者的活载程度要小一些。要想提高物品的活载程度，可以采取以下七种措施。

（1）采用自动包装、送料设备。

（2）采用传输带送料。

（3）将卡通箱存放于标准尺寸的托盘上。

（4）将散料装箱。

（5）多采用专用的物品装载器具。

（6）设计合理的物品装载器具，并正确使用它们。

（7）在整个物流系统内贯彻执行相关程序或制度。

第九章　仓库盘点管理

导读 >>>

在企业的生产活动中，物料的出入库都要以相关单据、账册记录为依据。但是，实际调查现物时往往会发现实际物料和账册有所出入，这就导致存在账面库存和实际库存两种库存，所以仓库主管要定期组织仓储部员工做好盘点工作。

　　Q先生：我打算下个月对仓库内的物料进行一次盘点，请问物料盘点有哪些方法呢？

　　A经理：盘点的目的是准确地掌握物料库存实际数目，以及其与账簿中的记录是否相符。一般来说，仓库盘点有常规盘点、月度盘点、年度盘点、定期盘点和连续盘点等方法，你可以根据公司的实际情况灵活选用。

　　Q先生：如何开展仓库盘点作业呢？

　　A经理：你首先要确定盘点日期、制订盘点计划、通知生产线在盘点前退料，然后做好各项清理活动，制作盘点卡，进行盘点培训，最后进行初盘和复盘工作。同时，你还要准确统计盘点结果，确认盘点差异，找出产生差异的原因，并做好盘盈盘亏的处理工作。

第一节　仓库盘点的作用与方法

155　仓库盘点的目的

仓库盘点是指为确定仓库内或其他场所内现存物料的实际数量，而对物料的现存数量加以清点。一般来说，盘点工作由仓库主管主导，生产部和其他相关部门要予以配合。

仓库盘点的目的如图9-1所示。

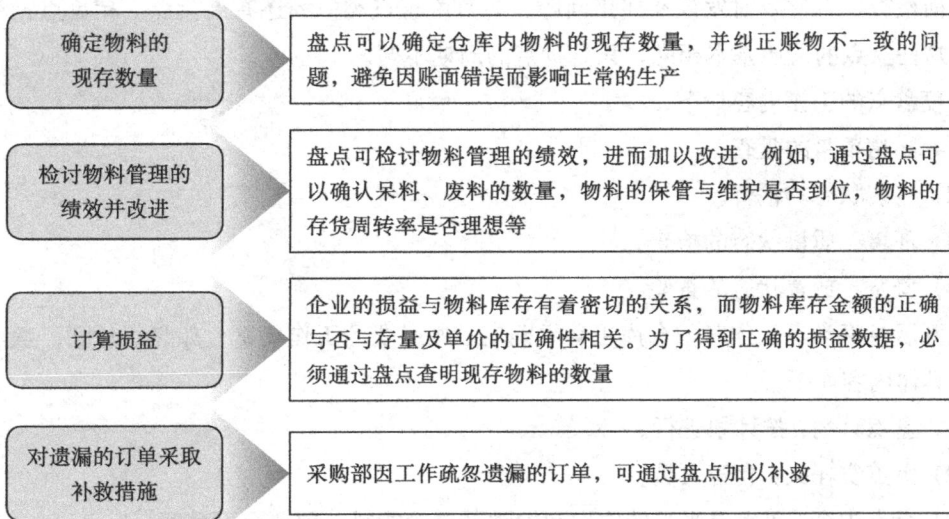

确定物料的现存数量	盘点可以确定仓库内物料的现存数量，并纠正账物不一致的问题，避免因账面错误而影响正常的生产
检讨物料管理的绩效并改进	盘点可检讨物料管理的绩效，进而加以改进。例如，通过盘点可以确认呆料、废料的数量，物料的保管与维护是否到位，物料的存货周转率是否理想等
计算损益	企业的损益与物料库存有着密切的关系，而物料库存金额的正确与否与存量及单价的正确性相关。为了得到正确的损益数据，必须通过盘点查明现存物料的数量
对遗漏的订单采取补救措施	采购部因工作疏忽遗漏的订单，可通过盘点加以补救

图9-1　仓库盘点的目的

156　仓库日常盘点的工作要素

仓库主管通过盘点可以发现操作中的失误，也可以确认工作效果。日常盘点是指每日工作结束时进行的账物确认，其目的是确认一天的工作结果，实现物料收发账目的平衡。日常盘点的工作要素包括以下七个。

（1）盘点计划：一般作出规定即可，无需单独制订计划。

（2）盘点责任人：仓管人员。

（3）盘点内容：仅限当日收发和搬动的物料。

（4）盘点时间：当日工作结束之后。

（5）盘点方法：不限。

（6）盘点确认人：仓管人员。

（7）盘点记录：一般不作要求。

157 仓库月度盘点的工作内容

月度盘点是指每月工作结束时进行的账物检查和确认，其目的是对当月的工作结果进行一次全面检查，以便及时发现并纠正问题。与月度盘点类似的还有周盘点、旬盘点、季度盘点等，这些盘点的性质基本相同，只是盘点的周期不同。

月度盘点的工作内容如下。

（1）账物数量的盘查。

（2）包装状态的检查。

（3）环境、质量状态的检查。

（4）安全、放置状态的查验。

在开展月度盘点工作时，仓库主管要确定一些必要的工作要素，如盘点计划、盘点责任人等，具体内容如下。

（1）盘点计划：按计划进行。

（2）盘点责任人：仓管人员。

（3）盘点内容：重点是当月的收发和搬动部分的物料，但要全面兼顾。

（4）盘点时间：当月月末适当时间，一般选择夜班进行。

（5）盘点方式：采用封闭式盘点与半封闭式盘点均可。

（6）盘点确认人：仓库主管。

（7）盘点记录：按表单格式记录。

158 仓库年度盘点的工作内容

年度盘点是指每年工作结束时进行的账物检查和确认，其目的是对本年度的工作结果进行一次全面检查，以便及时发现并纠正问题。

年度盘点的工作内容如下。

（1）库存物料总账及数量的盘查。

（2）包装状态的检验。

（3）环境、质量状态的检查。

（4）物料安全、存入状态的查验。

（5）盘点结果的分析与工作评价。

（6）提出企业工作改进措施。

159　定期盘点和循环盘点

定期盘点和循环盘点的内容如图9-2所示。

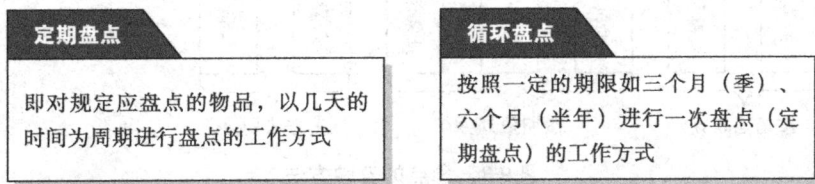

定期盘点	循环盘点
即对规定应盘点的物品，以几天的时间为周期进行盘点的工作方式	按照一定的期限如三个月（季）、六个月（半年）进行一次盘点（定期盘点）的工作方式

图9-2　定期盘点和循环盘点的内容

160　账簿盘点和实地盘点

1．账簿盘点

账簿盘点是以记录每天的物品出入库数量及单价的库存总账簿或库存卡为依据，再依照理论计算并且掌握库存数量的一种盘点方法。

2．实地盘点

实地盘点也称实盘，是以实际调查仓库的库存数计算出库存额的一种盘点方法。在实际工作中，记录在账簿上物品的库存量与实际库存量并非完全一致，这就需要仓库主管定期确认物品的实际库存量。

实地盘点的分类如下。

（1）按场地可分为仓库盘点和半成品盘点。

（2）按期限可分为定期盘点、平日盘点和不定期盘点。根据企业的规定，在每个月月末、每半个月或每个星期进行的盘点就是定期盘点，而属于一般性事务的每月盘点即平日盘点，后者是诸多企业最常使用的盘点方法。另外，还有一种只在需要时才进行的盘点，那就是不定期盘点。

（3）按方法可分为统一盘点和循环盘点。

盘点的各种方法如图9-3所示。

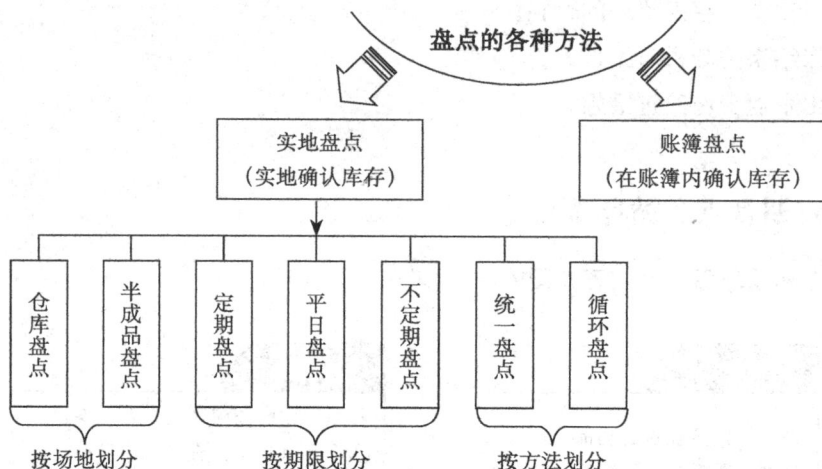

图9-3　盘点的各种方法

第二节　仓库盘点作业流程

161　明确划定仓库盘点日期

从账物一致的观点来说，盘点的次数越多越好，但是实施盘点总会耗费一定的人力、物力和财力，有时还会影响生产进度，所以不能频繁盘点。一般物料的盘点每半年或每年进行一次。容易毁损且盘点手续简单的物料可每月盘点一次。

为了正确计算损益及反映财务状况，盘点最好在财务决算前进行。在淡旺季很明显的行业里，盘点工作应在淡季进行，因为在淡季物料的储存量最少，容易盘点，而且停工带来的损失较少，调动人手也方便。

若盘点时间过长，则会造成极大的浪费，所以，盘点的时间应尽可能缩短，通常利用假期在两三日内盘点完毕。

162　制订仓库盘点计划

仓库主管根据仓库管理及生产的需要制订仓库盘点计划，依该计划对库存物料实施盘点。下面是某公司制订的仓库盘点计划，供大家参考。

【实用案例】

××公司配件库（2号仓库）3月末盘点计划

盘点时间：2018年3月9日。

地点：配件库各库房。

盘点程序：

1. 初盘：由配件库自行安排相关人员对本库房物料进行盘点。

2. 复盘：由盘点小组指定专人进行盘点，并核实账、卡记录。

3. 盘点工作总结：由仓库根据本次盘点情况出具书面总结。

4. 盘点结果分析：由仓管人员组织配件库工作人员对本次盘点的仓储状况、安全库存、盈亏结果等进行书面分析。

盘点小组负责人：王××、李××、张××、刘××。

工作人员：万××、敬××、周××、袁××。

工作要求：

1. 各类库存物料的台账、标志卡、物料卡、盘存单一定要在盘点前登记完成，并由仓管人员完成初盘。

2. 各种计时器具、卡量工具和检测仪器仪表及盘点登记用的各种表格应提前准备妥当，以备使用。

3. 复盘结束后，应尽快查清盈亏原因，做好盘点工作总结，完成盘点结果分析，并报总部批准。

4. 将报批后的盘点盈亏结果分析报告交财务部门。

盘点领导小组

2018年3月2日

163　盘点前生产线退料

在盘点之前，生产线必须做好退料工作。生产线的退料对象如下。

（1）规格不符的物料。

（2）超发的物料。

（3）不良的物料。

（4）呆料和废料。

（5）不良半成品。

生产线的退料工作在平时就要进行，若在准备盘点时才进行退料工作，工作就会变得繁杂而不易进行。生产线退料工作必须彻底进行，生产线所属工作场所（如生产线上下附近、工作桌抽屉、通风管等）都应彻底退料。

164　盘点前的清理工作

盘点前仓库的清理工作内容如下。

（1）供应商运送来的物料还未办理完验收手续的，物料所有权归供应商所有，这时仓管人员必须将这些物料与企业的物料分开存放。

（2）已验收合格的物料应及时整理归仓。

（3）关闭仓库之前，必须通知各用料部门预领关闭期间所需的物料。

（4）清理、清洁仓库，使仓库井然有序，同时也便于计数与盘点。

（5）预先鉴定呆料、不良物料和废料，将其与合格物料分开存放，以便正式盘点时作最后的鉴定。

（6）将所有单据、文件、账卡整理好，未记账、销账的单据均应结清。

（7）仓库的物料管理人员应于正式盘点前找合适的时间自行盘点，若发现问题，则应进行必要且适当的处理，保证正式盘点工作顺利进行。

165　制作盘点卡

1．双联式盘点卡

"双联式盘点卡"（见表9-1）广泛应用于大多数企业，其特点是在盘点工作结束后将盘点卡撕开，作为"物料盘点票"留存于物料上。

表9-1　双联式盘点卡

编号：_____

料号	
品名	
数量		单位	
料号	
品名	
数量		单位	
存储场所	
盘点日期	
盘点者	
记账调整员	

盘点期间的收支		
__月__日	收入	支出
(备注)		

2．单联式盘点卡

表9-2所示的"单联式盘点卡"制成后可重复使用，其优点是可以反映在库记录的持续变化，其缺点是常年使用会发生污损，不耐用。

表9-2　单联式盘点卡

盘　点　卡

品名：_____ 　　　　　　　　　　　　　　　编号：_____

盘点日期	单位	盘点数量	库存数量	差异	记事	检数	记账	调整	承认

制表人：_____ 　　　　　　　　　　　　　　　审核人：_____

3．一联式盘点卡

许多仓库在盘点时都会使用"一联式盘点卡"（见表9-3）。盘点处理的全过程以一张盘点卡即可表示，非常便利。

表9-3　一联式盘点卡

<table>
<tr><td colspan="4" align="center">盘　点　卡</td></tr>
<tr><td colspan="2">编号：_____</td><td colspan="2" align="right">填表日期：_____年__月__日</td></tr>
<tr><td>料号</td><td></td><td>物料区分</td><td></td></tr>
<tr><td>品名</td><td></td><td>包装单位</td><td align="center">____个</td></tr>
<tr><td colspan="4" align="center">仓库名称</td></tr>
<tr><td colspan="2" align="center">盘点实数</td><td colspan="2" align="center">理论库存</td></tr>
<tr><td colspan="2"></td><td colspan="2"></td></tr>
<tr><td>单价（元）</td><td></td><td>盘点金额（元）</td><td></td></tr>
<tr><td rowspan="2">调整</td><td colspan="2" align="center">数量</td><td></td></tr>
<tr><td colspan="2" align="center">金额（元）</td><td></td></tr>
<tr><td rowspan="2">备注：</td><td>盘点者</td><td>记账</td><td></td></tr>
<tr><td>调整</td><td>承认</td><td></td></tr>
</table>

166　开展盘点培训工作

为了顺利开展盘点工作，每次开展定期盘点时，仓库主管都需要对从各部门抽调过来的人员进行合理配置，并对他们进行短期培训，使每一位人员熟悉盘点流程和相关注意事项。

人员的培训分为两部分：一是认识物料的培训；二是了解盘点方法的培训。

1．认识物料的培训

认识物料的培训重点是对复盘人员与监盘人员进行必要培训，因为复盘人员与监盘人员不熟悉各种物料。加强复盘人员与监盘人员对物料的认识有以下两种方法。

（1）分配易于认识的物料给对物料认识不充分的复盘人员和监盘人员（如财务人员和行政人员）。

（2）对物料认识不充分的复盘人员与监盘人员，每次盘点的物料最好相同或相似，不要每次变更。

2．了解盘点方法的培训

盘点程序与盘点方法经过会议讨论通过后，就成了企业的制度。参加初盘、复盘、抽盘及监盘的人员必须了解盘点的程序、盘点的方法、盘点使用的表单等，这样才能在盘点过程中做到得心应手。

167　盘点前的其他准备工作

1．检查物料料号

若物料与料号不符，即实物与料号不符，则不管点数正确与否都会发生错误，甚至将影响两种物料盘点的正确性。因此，在盘点前，应由仓管人员或有经验的人员组队到盘点区，先抽样检查物料与料号的准确程度，若发现错误，则要及时修正。

2．校正度量仪器

除了可以计数的物料，磅秤是计量性物料盘点的重要工具，因此，磅秤的精确与否至关重要。现场盘点常用的磅秤有地磅、台秤、弹簧秤等。按过磅物料的轻重采用合适的磅秤；在称物料前应注意将磅秤归零，同时秤锤要与秤台的规格匹配，以免出现差错；要加强对磅秤的日常维护与保养，以免影响盘点的准确性。

3．停止进料供应

盘点期间或盘点前若干日，除了急用物料，一般不应再收货进库，确保库房的物料有序并易于盘点。因此，在盘点前应以正式信函通知所有供应商予以配合，除了急用物料，其余暂停送货。

4．储备足够原料

该项准备工作主要是针对制造型企业而言的。在盘点前，仓库要先预估盘点时间，通知生产部门储备足够的原料，以免发生停工待料的情形。

5．准备盘点工具

在盘点前，仓库主管需要组织仓储部员工准备好盘点过程中需要使用的计量用具，以及盘点票、盘点记录表和盘点盈亏表等单据。

168　开展初盘作业

初盘作业的内容如下。

（1）指定停止仓库物料进出的时间。

（2）各初盘小组在负责人的带领下进入盘点区域，至少每两人一组，在仓管人员的指导下开展各项物料的清点工作。

（3）初盘人员在清点完物料后应填写"盘点卡"，做到一物一卡。

（4）"盘点卡"一式三联，一联贴于物料上，另两联交复盘人员。

（5）初盘负责人组织专人根据"盘点卡"内容填写"物料盘点清册"。"物料盘点清册"一式三联，一联存被盘仓库，另两联交复盘人员。

169 开展复盘作业

复盘作业的内容如下。

（1）初盘结束后，复盘人员在负责人的带领下进入盘点区，在仓管人员及初盘人员的指导下开展物料复盘工作。

（2）复盘可采用100%复盘，也可采用抽盘，由企业盘点领导小组确定。一般复盘比例不低于30%。

（3）复盘人员可根据实际情况采用由账至物的抽盘或由物至账的抽盘开展作业。

①由账至物的抽盘，即在"物料盘点清册"上随意抽出若干项目，在现场逐一核对，同时检查"物料盘点清册"（见表9-4）、"盘点卡"与实物三者是否一致。

②由物至账的抽盘，即在现场随意指定一种物料，将实物与"物料盘点清册""盘点卡"进行核对，以检查三者是否一致。

（4）对于核对无误的项目，复盘人员在"盘点卡"和"物料盘点清册"上签字确认；对于核对有误的项目，复盘人员应会同初盘人员、仓管人员修改"盘点卡""物料盘点清册"中所载的物料数量，并签字确认。

（5）复盘人员将两联"盘点卡"及两联"物料盘点清册"一并上交财务部。

表9-4　物料盘点清册

编号：＿＿＿＿＿

部门				盘点日期			＿＿＿年＿＿月＿＿日			
盘点卡号	料号	单位	实盘数量	账面数量	差异数量	单价（元）	差异金额（元）	差异原因	储存位置

（续表）

盘点卡号	料号	单位	实盘数量	账面数量	差异数量	单价（元）	差异金额（元）	差异原因	储存位置
合计									
说明			会计			复盘人		盘点人	

制表人：_____　　　　　　　　　　　　　　　　　审核人：_____

第三节　盘点结果处理

170　统计盘点结果

"盘点卡"是盘点实际库存数的原始记录，在盘点结束后要用计算机打印出各仓位区域内所有仓位编号的盘点记录单，以免遗漏。同时，还要填写如下表单。

1．盘点差异分析表

"盘点差异分析表"的内容包括物料编号、原存数量、实盘数量、差异数量、差异原因及建议对策等（见表9-5）。

表9-5　盘点差异分析表

编号：_____　　　　　　　　　　　　　　　　　　填表日期：____年__月__日

物料编号	仓位号码	单位	原存数量	实盘数量	差异数量	差异比例（%）	单价（元）	金额（元）	差异原因	累计盘盈盘亏数量	建议对策	累积盈亏金额（元）
合计										合计		

制表人：_____　　　　　　　　　　　　　　　　　审核人：_____

2．盘点异动报告表

"盘点异动报告表"的格式如表9-6所示。

表9-6 盘点异动报告表

编号：_____   填表日期：___年__月__日

盘点日期	物料编号	物料名称	盘盈数量	盘亏数量	盘盈（亏）金额（元）	原存数量	实盘数量	累计盘盈（亏）数量	单价（元）	累计盘盈（亏）金额（元）

制表人：_____   审核人：_____

171 确认盘点差异

将盘点所得资料与账目进行核对，若发现料账不符，仓库主管应追查原因，具体可以从以下五个方面着手。

（1）料账不符是否确实，是否存在因料账处理制度存在缺陷而造成料账无法确切反映物料数目的现象。

（2）盘盈、盘亏是否存在由于料账员记账错误或将进料、发料的原始单据丢失造成料账不符的现象。

（3）盘点人员是否不慎多盘或对存放数处的物料漏盘；是否存在对盘点人员的事先培训工作不到位而造成料账不符的现象。

（4）盘点与料账的差异是否在规定的范围内。

（5）找出盘盈、盘亏的原因，看日后是否可以事先预防或缓和料账差异的程度。

查明以上事项的同时，仓管人员也要将相关信息填入"库存盈亏明细表"（见表 9-7）。

表9-7 库存盈亏明细表

编号：_____   类别：_____   填表日期：___年__月__日

项次	品名	物料编号	单位	账面数量	盘点数量	差异	差异产生原因

制表人：_____   审核人：_____

172　盘点差异原因分析

产生盘点差异的原因如表9-8所示。

表9-8　产生盘点差异的原因

差异原因	具体说明
账目错误	（1）登记账簿错误。 （2）数量计算错误。 （3）登账时漏记，造成盘亏或盘盈。 （4）对于物料的数量统计，在登记时发生笔误
储存作业错误	（1）接收及拨发物料时清点错误。 （2）接收物料时未按规定开箱检验，事后才发现原装箱的数量超出或不足。 （3）物料储存的过程中原挂签损坏或遗失，导致物料名称及料号等无法确定，很可能与其他相似物料混淆。 （4）物料编号错误
物料本身发生变化	（1）在拨发原装箱物料时发现物料变质或损坏。 （2）保管不当，物料遗失或意外损坏。 （3）接收物料时，检验人员对物料的鉴别错误。 （4）基于需要变更物料类别
盘点方法选择不合理	如存在重盘、漏盘、误盘

173　处理盘点差异

1．修补改善工作

（1）依据管理绩效对分管人员实施奖惩。

（2）"料账卡""物料管制卡"的账面纠正。

（3）及时采购不足料。

（4）及时处理呆料与废料。

（5）加强整理、整顿、清扫与清洁工作。

2．预防工作

（1）若呆料比例过大，则应分析原因，找到解决办法，以减少呆料。

（2）当存货周转率极低、存料数量过多而造成财务负担过大时，应降低库存量。

（3）当物料供应过多时，应强化物料计划与库存管理，以及加强仓储部与采购部的配合。

（4）料架、仓储、物料存放地点影响物料管理绩效的，必须改进。

（5）成品成本中物料成本比例过大时，应分析采购价格偏高的原因，并降低采购成本或寻找价格较低的替代品。

（6）物料盘点工作结束后，应分别处理呆滞、盈亏、损耗等问题，以防此类问题再次发生。

174　处理盘盈和盘亏

物料盘点结束并将盘盈、盘亏的原因查明之后，仓库主管应安排仓管人员做适当调整与处理。除了物料数量的盘盈、盘亏，有时因物料存放过久，物料品质受影响而形成呆料、不合格品、报废品，物料自然也就随之减价了，这种减价也应该与盘亏一并处理。

物料盘盈、盘亏与价格的增减必须经上级主管认定，认定完毕后填写"物料盘点数量盈亏及价格增减更正表"（见表9-9），将其作为改正账簿记录的依据。

表9-9　物料盘点数量盈亏及价格增减更正表

填表日期：____年__月__日

物料编号	单位	账面			实存			数量				价格				差异原因	责任归属	备注
								盘盈		盘亏		增价		减价				
		数量	单价（元）	金额（元）	数量	单价（元）	金额（元）	数量	金额（元）	数量	金额（元）	单价（元）	金额（元）	单价（元）	金额（元）			

175　严格调整账面存量

根据盘点后的差异分析结果，仓管人员要调整库存账目和保管卡，确保账、物、卡三者一致。

1．调整库存账目

仓管人员根据盘点结果，在库存账页中对盘亏数量作发出处理，对盘盈数量作收入处理，并在摘要中注明盘盈（亏），具体如表9-10所示。

表9-10　盘盈（亏）库存账目调整

编号：_____　　　　　　　　　　　　　　　　　　　　　填表日期：____年__月__日

___年		凭证		摘要	收入	发出	结存
月	日	种类	号码				
12	30	领料单	06123005			5000	146 000
1	1	盘点单	070101	盘亏		5000	141 000

制表人：_____　　　　　　　　　　　　　　　　　　　　　审核人：_____

2．调整保管卡

调整保管卡时，仓库主管应该在收发记录中填写变更后的物料数量，具体如表9-11所示。

表9-11　盘盈（亏）保管卡

编号：_____　　　　　　　　　　　　　　　　　　　　　填表日期：____年__月__日

收发记录							
日期	单据号码	发料量	存量	收料量	退回	订货记录	备注
12月30日	06123005	5000	146 000				
1月1日	070101	5000	141 000				盘亏

制表人：_____　　　　　　　　　　　　　　　　　　　　　审核人：_____

第十章　物品出库管理

导读 >>>

物品出库是指物料发放、成品出库、物料调拨等。仓库主管要积极督促相关人员做好这些工作，避免出现差错。

Q先生：前几天生产部的一位领料人员超领了一些物料，我们部门的人员当时没有发现，后来在核查账目时才发现。我们如何才能有效、准确地发放物料呢？

A经理：物料发放是仓储部的一项关键工作，不能疏忽大意。你必须了解你们公司的领料制与发料制，明确领发料流程，并对限额发料、非限额发料、外协加工用料、备料等进行有效管理，同时也要注意做好登记工作。

Q先生：成品出库有哪些注意事项呢？

A经理：你要明确成品出库的各项要求，做好成品出库的各项准备工作，并做好记录。

第一节 物料发放管理

176 领料制

领料是指由生产部相关人员在生产之前填写"领料单",据此向仓库领取物料。物料控制必须从领料着手。企业应根据自己的生产情况确定领料方式。

1．确定各车间和各部门的领料员

领料由各班组或各车间的专门人员(即领料员)负责。在规模小的企业中,一般不设专人领料,而是由班组长或车间主任负责领料,但应尽量杜绝员工个人领料,这样不便于物料数量的控制和物料的协调。

2．规定合适的领料时间

领料员根据生产的实际进度,提前12小时或1~2天将物料领回并分发给各道用料工序的员工手上。

3．配置相应的领料工具

如果领料数量较大,应配备杂工和必要的铲车、叉车、箱子等工具,保证物料在运输过程中不会损坏。

4．明确填写"领料单"的格式和方法

领料员应按照订单的物料计划填写"领料单"(见表10-1)。需要填写的项目全部按要求填写,应该填写的项目一个也不能少,尤其要正确地填写物料编号。

表10-1 领料单

编号：_____　　　　　　　　　　　　　　　　　　填单日期：____年__月__日

制单号	料号	品名	规格/型号	数量	实发数量	备注
仓库主管		发料人			领料人	

制表人：_____　　　　　　　　　　　　　　　　　　　　　　审核人：_____

说明：本单一式四联,第一联交会计留存,第二联交仓储部留存,第三联交主管留存,第四联交领料部门留存。

5．明确物料领用的审批权限和办法

车间负责人在审批"领料单"时要检查需要填写的项目是否都按要求填写了，物料编号是否填写准确了，这些内容是进行物料控制和按单发料的依据。

下面是某公司的领料单作业流程，供大家参考。

【实用案例】

××公司领料单作业流程

程序	PMC部门	货仓	生产部门	财务部门	作业说明
制单	四联单				1．本单共四联
发料		2.3.4			2．PMC部门开单后，留存第一联进行计算机处理
点收			2.3.4		3．其他联交货仓
计算机处理	1				4．货仓发完料并与生产部门点收后，签回第二联，第三联交生产部门留存，第四联交财务部门核算
存查	1	2	3	4	

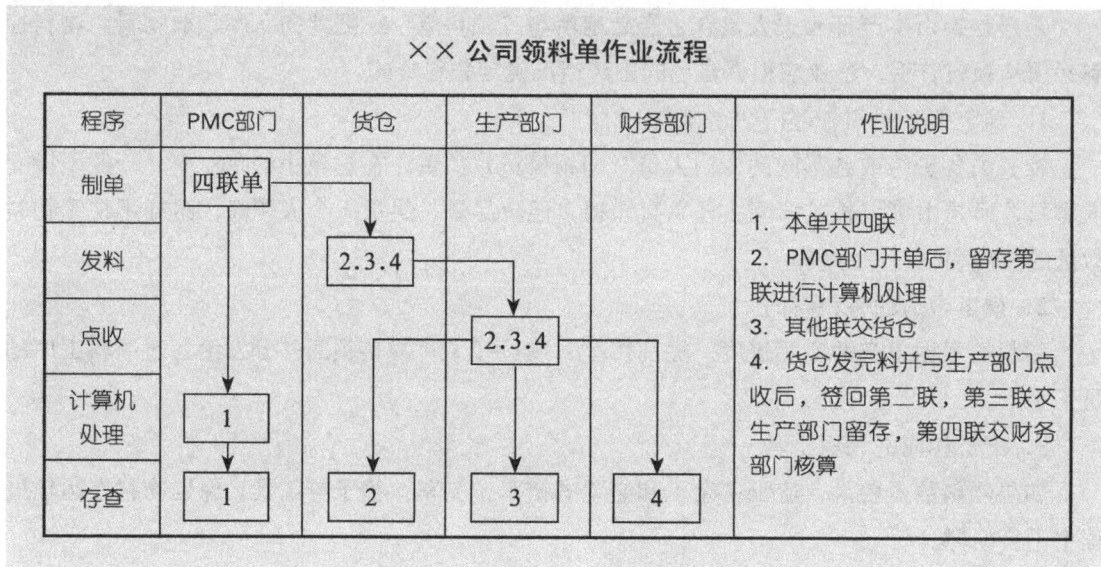

6．确定合适的物料日领用限额及批量限额

各班组或各车间要把握好领料时间，过早领料会造成车间物料暂存区堆积过多物料，而过迟领料则影响生产进度。

177 发料制

发料是指仓库将各种生产所需的物料按规定数量分配给各用料部门。发料是仓储部的日常工作之一，也是物料管理的重要内容之一。

1．确定可发料和拒绝发料的情况

当出现以下五种情况时，仓库主管应拒绝发料。

（1）不是规定的领料员领料。

（2）领不在"生产计划单"中的物料。

（3）生产还未进行，过早地领料（囤料）。

（4）"领料单"填写不完整、不规范。

（5）"领料单"未按有关规定交主管领导审批。

2．实行专人发料制

专人发料有两个含义：一是发料要"账物分开"，管账的人不管物，管物的人不管账；二是不同的物料由不同的人负责。

企业的物料种类很多，要每个人熟悉所有物料很难，也没有必要。仓库主管要对仓储部员工进行合理分工，让每一位员工负责几种或几类物料，以便更好地管控物料。

3．认真审核"发料单"

货仓管理员接到"发料单"后，首先将其与BOM核对，若二者不一致，则应及时通知开单人员，直至确认无误后再将"发料单"交仓库物料员发料。

填写规范的"发料单"不仅是发料的依据，还是进行物料控制的依据，也是进行发料统计及订单、产品的物料消耗统计的原始凭证。"发料单"（见表10-2）必须注明所有物料的规格、物料编号等。

表10-2　发料单

填单日期：＿＿＿年＿月＿日

物料编号	品名	规格/型号	单位	单机用量	需求数量	标准损耗	实发数量	备注

生产领料员：＿＿＿＿＿＿＿　　　　仓管人员：＿＿＿＿＿＿＿　　　　发料员：＿＿＿＿＿＿＿

4．要认真清点物料数量，防止错发

发放物料时最好两人一组进行，这样可以互相监督，防止错发物料数量。

5．在"物料管制卡"上做记录

仓管人员清点完物料数量后，须及时在"物料管制卡"上做好记录，并检查"物料管制卡"的内容正确与否。确认无误后方可在"物料管制卡"上签字。

6．做好物料交接

仓管人员负责将物料送往生产备料区，并与领料员办理交接手续。若无误，双方应在"发料单"上签字，并各自取回相应联单。

7．认真、及时记入仓库账簿

仓管人员应将"发料单"上的实际发出数量及时记入仓库账簿。仓库账簿是进行物料储存控制的依据，不能有任何差错，在发料之后须认真登记。

8．做好表单的保存与分发

仓管人员应将当天所有单据分类、整理好之后存档或集中分发给各相关部门。

178　领发料管制的流程

为了确保顺利开展领发料工作，仓库主管须制定标准流程，让仓管人员据此实施。图10-1为领发料管制的流程。

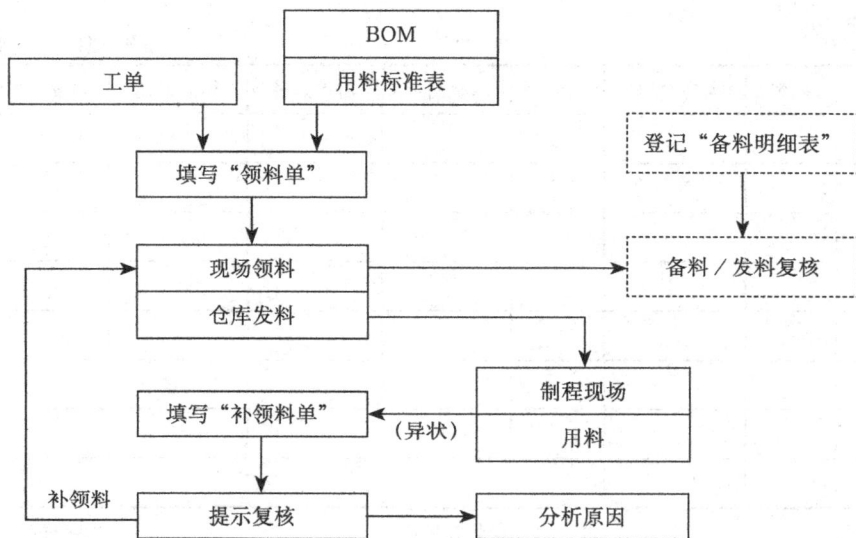

图10-1　领发料管制的流程

说明：此图仅展示了领发料的基本流程，若现场出现用料异常，则须填写"补领料单"才能领料。

179　发料的基本要求

仓库主管须明确物料的发放要求，确保对物料进行有效控制。

1. 物料实现先进先出的方法

物料实现先进先出的方法如表10-3所示。

表10-3　物料实现先进先出的方法

方法	具体内容
双区法	同种物料分别存放于两个区，如A区和B区，先入库的物料存放于A区，后入库的物料存放于B区。发料时，发完A区物料后再发B区物料，这样可以确保物料按入库顺序发放
移区法	将某一种物料全部存放于同一存储区，存放的顺序按照物料入库的顺序由一端向另一端推移。发料时可以先发放早入库的。此方法的缺点是每次发料完毕后都要移动物料，大大增加了工作量
编号法	将每一批入库的物料按自然数顺序进行编号，不管物料存放于何处，每次都按最小数号进行发料。采用此方法发料时物料应分层放置或平放，不能将后入库的物料放置于先入库的物料上
重力法	此方法适用于散装物料的发放，如水泥、散装塑胶原料。具体的做法是将物料从上部入库，从下部出库

2. 小料优先

生产产品时裁下的边角余料（在皮具业、家具业、制衣业很常见）可用于生产其他产品。例如，生产大型衣柜时裁下来的边角余料可用于小型的妆凳。仓库在发料时，应优先发放小料，然后再发放大料。小料不宜长期储存，既占用空间，也会造成物料的长期搁置甚至浪费。

3. 综合发料

综合发料便于用料部门综合利用物料，提高物料的利用率。综合发料的情形主要有以下四种。

（1）不同的产品使用相同的物料时，同时发放该物料。

（2）同一笔订单有若干使用同种物料的产品时，同时发放该物料。

（3）综合发放不同规格的物料，以便用料部门将其用于不同的零部件上。

（4）综合发放不同等级的物料，以便用料部门根据产品的特点将这些物料用于产品的不同部位。

180　限额发料

限额发料也称定额发料，是由企业生产部门根据生产计划和物料消耗定额，事先为各车间的产品规定领用物料的数额。仓库主管应按规定的数额内向各车间或各部门发放物料。超过规定数额时，除非另经批准，否则不再发料。

实行限额发料时，仓库主管必须做好以下四项工作。

1．确定发料限额

发料限额由生产部门同仓库根据已经批准的生产计划和消耗定额，分别按产品品种和物料品种予以确定。发料限额确定后应及时通知领料车间或部门。

2．填写"限额发料单"

"限额发料单"（见表10-4）也称"限额发料卡"，由生产部门同仓库根据发料限额填写。"限额发料单"一式两联，一联交领料部门凭单领料，另一联交仓库据单发料，并在发料后作为记账的依据，在月末加以汇总后交财务部门。

表10-4　限额发料单

编号：_____　　　　　　　　　　　　　　　　　　填单日期：____年__月__日

物料编号	品名	规格/型号	单位	单机用量	需求数量	标准损耗	领用限额	调整后限额	实发数量	备注

生产领料员：_____　　　　　　仓管人员：_____　　　　　　发料员：_____

3．严格执行发料限额

实行限额发料后，仓库主管必须按照发料限额准备物料，并严格按照限额发料。各车间或各部门必须在限额以内用料，如果由于生产任务超过原计划或其他原因，需要在限额以外领料时，必须在原来确定的限额的基础上提出申请，未经批准不能发料。

4．尽可能做到送料上门

在实行限额发料的情况下，各车间或各部门的物料需用量应事先通知仓库主管，这样仓库主管就可以按照各车间或各部门的用料需要，将物料及时送到用料车间或部门。

181　非限额发料

非限额发料适用于临时需用及无法确定限额的物料。实行非限额发料时，应由领料车间或部门填写"领料单"（一式三联），其中一联在仓库发料后退回领料部门；一联留存仓库，用于登记物料明细账；一联交财务部门，作为核算的依据。

182　外协加工发料管制

外协加工的发料作业与企业内部生产部门的领发料是一样的，即由生产部门提出用料申请，依照"制造命令单"上的生产批量、产品与制程，计算其标准需用料量，然后开立"外协加工定额领料单"（见表10-5）。

表10-5　外协加工定额领料单

编号：＿＿＿＿＿＿＿　　　　　　　　　　　　　填单日期：＿＿＿年＿＿月＿＿日

厂商代号：＿＿＿＿＿＿＿＿　　　厂商全名：＿＿＿＿＿＿＿＿＿＿＿＿＿
发料日期：＿＿＿年＿＿月＿＿日　　外协加工订单号：＿＿＿＿＿＿＿＿＿＿
生产批号：＿＿＿＿＿＿＿＿　　　（半成品／零件）料号：＿＿＿＿＿＿＿＿
外协加工批量：＿＿＿＿＿＿＿＿

序号	料别	料号	品名	规格/型号	单位	标准用量	应用总量	实领料量	备注

说明：

厂商签收		核准人		仓库	主管		生产部门	主管	
					发料人			填表人	

有了定额用料量，就可能会有超耗领用量。为了严格控制发料，应该由外协加工厂商通过生产部门以手工方式开立"外协加工补料单"，再向仓库要求发料，其核准权限也要提高层次。

183　发料登记

物料发放完毕后，仓管人员要根据"领料单"调整库存账目，使账、物和卡重新达到平衡的状态，并编制"物料收发日报表"（见表10-6）及"出货台账"（见表10-7），以为日后的统计工作奠定基础。

表10-6　物料收发日报表

编号：_____　　　仓库名称：_____　　　填表日期：___年__月__日

品名	前日进货累计	本日进货	进货累计	未进货量	前日出货累计	本日出货	出货累计	库存	本日退货	累计	备注

制表人：_____　　　审核人：_____　　　填表人：_____

表10-7　出货台账

编号：_____　　　仓库名称：_____　　　填表日期：___年__月__日

编号	名称	规格/型号	单位	单价（元）	出库数量	质量等级	销售清单号	交货人	检验人	收货人	储存位置	备注

制表人：_____　　　审核人：_____　　　填表人：_____

仓库主管必须安排相关人员做好物品的登记作业，以便日后对账目进行管理和追溯。

184　建立个人领料台账

建立"个人领料台账"（见表10-8），即为各部门的领料员设立单独的领料记录账簿，进行专门的管理。例如，车间的模具工人会因工作需要经常领用一些供自己使用的材料和工具，因为这些材料具有特殊性，不好归类，也不方便让其他人代领，所以建立这个台账对于这部分物料的领用控制很有必要。

表10-8　个人领料台账

编号：＿＿＿＿＿＿　　　　　领料人员：＿＿＿＿＿＿　　　　　　　　　领料部门：＿＿＿＿＿＿

序号	领料日期	领料单号	品名	料号	数量	备注

制表人：＿＿＿＿＿＿　　　　　　　　　　　　　　　　　　　　　　审核人：＿＿＿＿＿＿

185　处理发料问题

在发料的过程中，经常出现无单领料、单料不符、包装损坏等情况，仓库主管和仓管人员需要合理处理这些问题。

1．无单领料

无单领料是指没有正式领料凭证而要求领料，如打电话领料。遇到这种情况，仓管人员应拒绝发料。

2．凭证问题

发料前验单时，若发现领料凭证有问题，如抬头、印鉴不符，有涂改痕迹或超过了领料有效期，仓库主管应立即与物料需用部门联系，并向上级主管反映这一情况。备料后复核时若发现领料凭证有问题，仓管人员应立即停止发料。总之，手续不符，仓管人员就不能发料。

3．单料不符

发料前验单时，仓库主管若发现领料凭证所列物料与仓库储存的物料不符，则应将领料凭证退回开单部门，更正及确认后再发料。遇到特殊情况，如某种物料马上要断料，需用部门要求先发料，然后再更改领料凭证时，上级主管批准后仓管人员可以发料，但应详细记录这一情况，并在事后及时补办更正手续。若备料后复核时发现所备物料与领料凭证上所列的物料不符，仓管人员应立即更换物料。

4．包装损坏

物品外包装有破损、脱钉、松绳的，应予以整修加固，确保物品搬运过程中的安全。若发现包装内的物品有发霉、变质等质量问题或数量短缺，不得以次充好，以盈余补短缺。

5．料未发完

物料发放原则上应按"领料单"当天一次发完，如确有困难，不能当日领取完毕，应办理分批领取手续。

6．料已错发

如果发现错发了物料，仓管人员应首先尽快将此情况通知物料需用部门，同时报告上级主管，然后查明物料已到什么环节或地方，能追回的要及时追回；不能追回的，仓管人员应在物料需用部门的帮助下采取积极措施，尽量挽回损失，然后查明原因，防止日后再次出现类似情况。

186　开展备料作业

一般的作业程序是在开立"生产进度预定表"之后，由生产部人员开具"制造命令单"，确定某产品（或产品下属展开的零件）的生产批量，必要时包括投产时间指令，交代现场主管挂在派工板上，作为派工的依据。

生产部人员根据用料标准开立"备料指令单"（见表10-9），要求仓管人员事先拣料。仓库根据"制造命令单"确定用料项目与数量，准备好物料并将其放置在备料区，待现场人员领用。

表10-9　备料指令单

编号：＿＿＿＿＿＿　　　　　　　　　　　　　　　　填单日期：＿＿年＿月＿日

制程部门：＿＿＿＿＿＿		大制程代号：＿＿＿＿＿＿		指令日期：＿＿年＿月＿日			
生产批号：＿＿＿＿＿＿		工单号码：＿＿＿＿＿＿		应投产日期：＿＿年＿月＿日			
产品（零件）号：＿＿＿＿		单位：＿＿＿＿＿＿		排程量：＿＿＿＿＿＿			
用料料别	料号	品名	规格/型号	单位	单位用量	应备料量	备注
核准					生管		

制表人：＿＿＿＿＿＿　　　　　　　　　　　　　　　　　审核人：＿＿＿＿＿＿

187　物料不足造成的补料

补料是指原来发放的物料数量不足，需要再次申领物料。物料不足造成的补料是一种正常的补料。造成补料的原因主要有物料计划遗漏，生产计划改变，生产量增加，物料的利用率低等。相关部门或人员在申请补料时须填写"补料单"（见表10-10），并按有关程序进行补料。

表10-10　补料单

填单日期：____年__月__日

物料编号	品名	规格/型号	单位	单机用量	标准损耗	实际损耗	损耗原因	补发数量	备注

生产领料员：_____　　　仓管人员：_____　　　发料员：_____

说明：本单一式四联，一联交领料员留存，一联交货仓留存，一联交生产部门留存，一联交财务部门留存。

188　超计划领料控制

超计划领料往往是因损耗预留不足，物料品质差而导致利用率低，操作及加工过程中损坏，物料丢失，出现品质问题，物料挪用，加工错误造成物料报废，工艺更改，产品更改等引起的。

1．填写"物料超领单"

当"领料单"上核定数量的物料领用完毕后，生产部需要追加物料时，生产部人员须填写"物料超领单"（见表10-11）。"物料超领单"上须注明超领物料所用的工单号码、批量、超领物料编号、名称等，并详细说明超领原因。

表10-11　物料超领单

领用部门：_____　　　　　　　　　　　　　　填单日期：_____年__月__日

| 工单号码： | | | 批量： | | |
超领物料编号	名称	规格/型号	超领数量	超领原因	超领率

生产领料员：_____　　　　　　仓管人员：_____　　　　　　发料员：_____

说明：本单一式四联，一联交生产部门留存，一联交仓库留存，一联交发料员留存，一联交财务部门留存。

2．明确规定超领权限

（1）确定可领用数量。可领用数量的计算公式为：

$$可领用数量＝制造命令批量×每单位产品用量×（1＋损耗率）$$

其中，每单位产品用量及损耗率根据"产品用料明细表"确定。

（2）超领率小于1%时，由生产部主管审核后方可领用物料。

（3）超领率大于1%而小于3%时，待生产部主管和生产部人员审核后方可领用物料。

（4）超领率大于3%时，除了上述人员审核，还需经生产副总审核，方可领用物料。

3．建立奖惩制度

企业应完善对于超领料一事的处罚措施，一追到底，绝不放任姑息；制定节省物料表彰奖励制度，鼓励员工爱惜公物，大力提倡节约、反对浪费。

189　补料差异分析追踪

若发生补料，不仅要控制，仓库主管还要在事后分析追究原因及责任所在，并提出防治对策。

1．制程不良，造成用料浪费（重制）

制程不良的原因有很多，有因作业员操作不熟练导致的，有因作业员的工作疏忽导致的，也有因前制程不良而沿续下来的，也可能是因机台精确度（精密度）不足而造成超出规格界限的。

如果是因作业员操作不熟练导致制程不良，那么可通过作业标准与工作指导预防；如果是因作业员的工作疏忽导致制程不良，就要依赖防呆措施才能真正解决；如果因机台精确度问题导致制程不良，就须通过制程能力管理解决。

2．进料不良，若在加工前发现，则应及时换用良料

进料不良有时是因购料入库时进料检验的疏忽造成的。尤其是来料品质检验大多采取抽样检验，抽样难免会出现差错，再加上忙中出错，以及检验者的个人因素，难免会有不良品掺入。

有时作业员比进料检验人员还"内行"，作业时一上手就知道不良所在，当然要准予换料。在这种情况下，一方面要强化来料品质检验，另一方面要选择可靠的供应商。

当然，如果生产制程很长，也可能是因前制程不良，未经查验，而流入本制程的（沿续下来的不良），一旦查明，应准予换用良料。一旦发生了这种情况，就要加强各制程的自主检查，或者加强生产线中的制程稽核，以便及早发现不合格品。

3．仓库发错料，需要换用正确的料项

在进行备料作业时，如果因仓管人员一时疏忽，或者工作经验不足，就有可能发错料，或者发放"设计变更"后已不可再使用的料项。为了防止发生这种情况，仓库主管既要加强对仓管人员的培训，也要通过条码式的出入库控制及储位的标示来明确各物料。

190　仓库退料管理

退料是指需用部门在使用领用的物料时遇到物料质量异常、用料变更或盈余等情况，将已办理发放手续的物料退回仓库。物料退回缴库的对象包括规格不符的物料、超发的物料、不良的物料、呆料和废料。

1．退料补货的控制程序

退料补货涉及各个部门。例如，仓库须负责退料的清点与入库，品质部负责退料的品质检验，生产部负责物料退货与补料等，所以仓库主管须明确物料退料补货的控制程序，具体如图10-2所示。

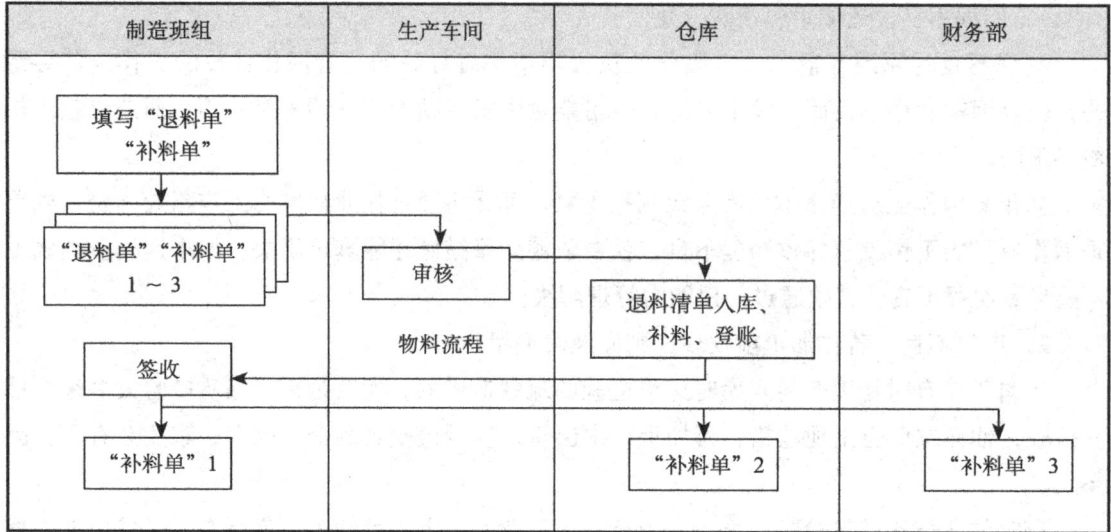

图10-2　退料补货的控制程序

"退料单"的样式如表10-12所示。

表10-12　退料单

退料部门：_____　　　　　退料部门编号：_____

收料库：_____　　　　　　收料库编号：_____

原发料编号：_____　　　　　填单日期：____年__月__日

物料编号	品名	规格/型号	单位	金额(元)	数量		品管鉴定	退料原因	备注
					退货	实收			

仓管人员：_____　　　　品管员：_____　　　　退料员：_____

"坏（废）料退库单"的样式如表10-13所示。

表10-13　坏（废）料退库单

编号：_____　　　　　　　　　　　　　　　　填单日期：____年__月__日

工作命令号			退料部门		退料日期	____年__月__日
组件编号			入库部门		会计科目	
元件编号	名称和规格/型号		退库数量	单位	发现损坏制度	发现损坏原因
						□物料不良 □外出加工不良 □本厂加工不良
退库原因 及处理	□物料不良，退回供应商 □物料不良，不退回供应商 □外协加工不良，退回外协加工企业商 □外协加工不良，不退回外协加工企业商 □本厂损坏，可重修 □本厂损坏，可报废				重修部分说明	
管理部	仓库	收料组		品质部	组长	班长

制表人：_____　　　　　　　　　　　　　　　　审核人：_____

说明：本单一式三联。第一联：退库单位→品质部门→仓库→管理部；第二联：退库单位→品质部门→仓库（如重修）→生产部门；第三联：退库单位存查。

2．退料的注意事项

仓管人员在进行退料作业时应注意以下三个事项。

（1）对于退回的物料，仓管人员应尽量保持其完好无损，如主机及附件、工具、技术资料、包装等应齐全。

（2）在进行退料登账时，仓管人员应在物料明细账的"发出"栏内用红颜色笔填写，从而增加库存数量和金额。同样，在"仓库统计表"中，也应将其作为减少发出量计算，但在任何情况下，都不得重新验收入账。

（3）仓管人员在接收退货时，应认真检查，待维护与保养后再存入仓库。凡残损的退料应收入"第一料库"，价款由原部门负责；无使用价值的退料按废品处理。

第二节　成品出库管理

191　成品出库时需要确认的事项

发给客户的产品必须是品质部OQC检验合格的库存合格品。在成品出库时，仓管人员需要确认以下五个事项。

（1）确认"出库单"是否填写完整、内容正确。

（2）确认出库的实物与"出库单"的内容是否一致。

（3）确认出库的产品包装状态是否完好。

（4）确认出库的产品的运送方式是否符合要求。

（5）确认出库的产品的账目是否记入账簿。

192　成品出库准备工作的内容

成品出库准备工作的内容如表10-14所示。

表10-14　成品出库准备工作的内容

准备工作	具体内容
包装整理	有些物品经过多次装卸、堆码、翻仓和拆检，部分包装可能受损，不适宜再次运输，这时仓管人员应视具体情况予以整理、加固或更换包装
组配、分类	根据客户需求，有些物品需要拆零后出库，这时仓管人员应事先做好准备，配备足够的零散物品，以免因临时拆装而延误发货时间；有些物品需要拼装后出库，这时仓管人员应做好挑选、分类、整理和配套等准备工作
用品准备	对于拆装、拼箱或改装的物品，仓管人员在发货前应根据物品性质和运输部门的要求，准备各种包装物料及相应的衬垫物，以及用于粉刷包装标志的用具、标签、颜料、钉箱等相关工具
设备调配	当物品出库时，应留出足够的理货场地，并准备装卸搬运设备，以加快物品的出库速度
人员组织	发货作业是一项涉及人员多、处理时间紧、工作量大的工作，进行合理的人员配置和机械协调安排是完成发货的必要保证

193 成品出库装车工作

仓管人员在安排成品出库装车时需要确认以下六个事项。

（1）确认出库的文件，如"出库通知单"。

（2）确认出库数量、产品流水号码、箱号等。

（3）确认产品包装状态、标签、其他标识。

（4）确认出库地点。

（5）确认托运企业的车、船发出时刻及装运工作。

（6）确认回条。

194 成品出库记录与记账

仓管人员要做好成品出库记录工作。仓库主管要经常检查这些记录，确保所有成品都能够按时出库。

（1）确认运单内容，主要包括运输企业的名称、运单号、车牌号，出库的产品、型号、订单号、批号、数量，转运地和目的地。确认时要仔细辨别运单的真伪。

（2）确认装箱的数量和包装状态，确认内容主要包括产品的流水号，码垛放置的层数与行数，货与货柜壁之间的间隙，货物受挤压的程度，是否装满或装载的程度。

（3）确认装箱后锁闭状态，确认内容主要包括门闩是否已经拴好，铅封的封闭状态是否良好。

（4）其他需要确认的内容包括装车的起止时间，有关运输的保险事务，通关资料的准备情况，相关的经手人、见证人、监督人员的姓名等。

（5）必须让拉货的司机或运方负责人在该记录上签字确认。

出库记录应制成表单，其格式如表10-15所示。

表10-15 成品出库记录表

编号：_____   填表日期：____年__月__日

车牌号		转运国家/地区	
货柜号/材积		转运城市/港口	
运输企业		目的国家/地区	
运单号		目的城市名	

(续表)

序号	品名	规格/型号	数量	单位	订单号	包装状态	箱数	货盘数	流水号	备注
进入时间				开始时间			完成时间			
特别事项说明										

经手人：_____   批准人：_____   驾驶员：_____

成品出库后，物品实物、保管卡、账目和档案等都发生了变化，仓库主管应当督促仓管人员及时更新所有相关库存账目。

195　编制成品出库报告

成品出库报告是在物品完成出库后由仓库主管编制的证实性记录文件。成品出库报告编制完成后，由仓库主管将其发放到财务部、市场部、生产部等部门。成品出库报告要及时发出，最好是在出库的当天完成。

成品出库报告要能准确地反映本次出库的详细情况，如出库产品类别、名称、规格、型号，出库产品的批号、批量和数量，出库日期，出库地点等。

成品出库报告可以用表单的形式展现，具体如表10-16所示。

表10-16　成品出库报告

编号：_____   填表日期：___年__月__日

序号	品名	规格/型号	批号	订单号	出库数量	箱数	箱号	目的地	集装箱号	承运企业	备注

（续表）

特别事项说明：			
出库地点		完成时间	
生管确认		OQC确认	
备考：			
担当：	检讨：		批准：
分发：□市场部　□财务部　□生产部　□其他部门 签收人：			

196　出库凭证异常的处理

在成品出库的过程中，由于各种原因可能会出现一些异常。有些异常可能在出库后才被发现，这时仓库主管应掌握处理异常的方法。

（1）若出库凭证超过提货期限，客户前来提货必须先办理手续，按规定缴纳逾期仓储保管费后方可发货。任何非正式凭证都不能作为发货凭证。提货时，若客户发现出库凭证开错，则应及时联系仓管人员处理。

（2）若发现出库凭证有误，以及出库凭证有假冒、复制和涂改等情况时，客户应及时与仓库保卫部门及开具库单的单位或部门联系，妥善处理。

（3）物品入库未验收，或者发现未入库物品的出库凭证，一律暂缓发货，并通知客户待货到并验收后再发货，提货期顺延。

（4）若客户遗失了出库凭证，则须及时与仓管人员和账务人员联系挂失；如果挂失时货已被提走，仓管人员不承担责任，但要协助客户找回货物；如果货物还未被提走，经仓管人员和账务人员查实后，做好挂失登记并将原凭证作废，暂缓发货。仓管人员必须时刻警惕，如再有人持作废凭证要求发货，应立即联系仓库保卫部门处理。

197　提货数与实存数不符的处理办法

若出现提货数与物品实存数不符的情况，一般是实存数小于提货数。出现这种情况的原因及处理办法如下。

（1）如属于入库时记错账，可以采用"报出报入"方法进行调整。

（2）如属于仓管人员串发、错发，应由仓库负责解决库存数与提货数之间的差数。

（3）如属于客户漏记账而多开提货数，应由客户开具新的提货单，重新组织提货和发货。

（4）如属于仓储过程中的损耗，则需考虑该损耗是否在合理范围内。若在合理范围内，则由客户承担；若超过合理范围，则由仓储部负责赔偿。

198　串发货与错发货的处理

串发货和错发货是指仓管人员因对物品种类、规格不熟悉，或者因工作疏忽把错误规格、数量的物品发出库的情况。

如果物品尚未离库，仓管人员应立即组织人力重新发货；如果物品已经离开仓库，仓管人员应及时向主管部门和客户通报串发货和错发货的品名、规格/型号、数量、提货单位等情况，并同客户和运输单位协商解决。

在无直接经济损失的情况下，由客户重新按实际发货数冲单（票）解决；如果已造成直接经济损失，应按赔偿损失单据冲转调整保管账。

199　出库后异常情形的处理

成品出库后异常情形处理措施如下。

（1）物品出库后，有客户反映规格混串、数量不符等问题，若确属仓管人员的差错，则应予以纠正并致歉；若不属仓管人员的差错，则应耐心向客户解释清楚，请客户另行查找。对于易碎物品，发货后客户要求调换，应以礼相待，婉言拒绝。

（2）凡属客户原因，如型号、规格开错，制票员同意退货后，仓管人员应按入库验收程序重新验收入库。如属包装或产品损坏，仓管人员不予退货，待修好后，按有关入库质量要求重新入库。

（3）凡属产品的内在质量问题，客户要求退货或换货，应由质检部门开具检查证明、试验记录，物品主管部门同意后方可退货或换货。

（4）退货或换货产品必须达到验收入库的标准，否则不得入库。

（5）物品出库后，仓管人员若发现账实（结存数）不符，属于多发或错发的，要派专人及时追回，以减少损失，不可久拖不予解决。

第三节　物料调拨、宽放与代用

200　物料调拨的处理方法

物料调拨是指将一部分物料缴库后再发放到其他部门，包括物料的借入、借出、委外加工、特殊物料的领发、仓库之间物料的转移，以及其他需要采用调拨方式进行物料转移的情形。请求调拨的物料主要有以下六种，不同类型的物料有不同的处理方法，具体如图10-3所示。

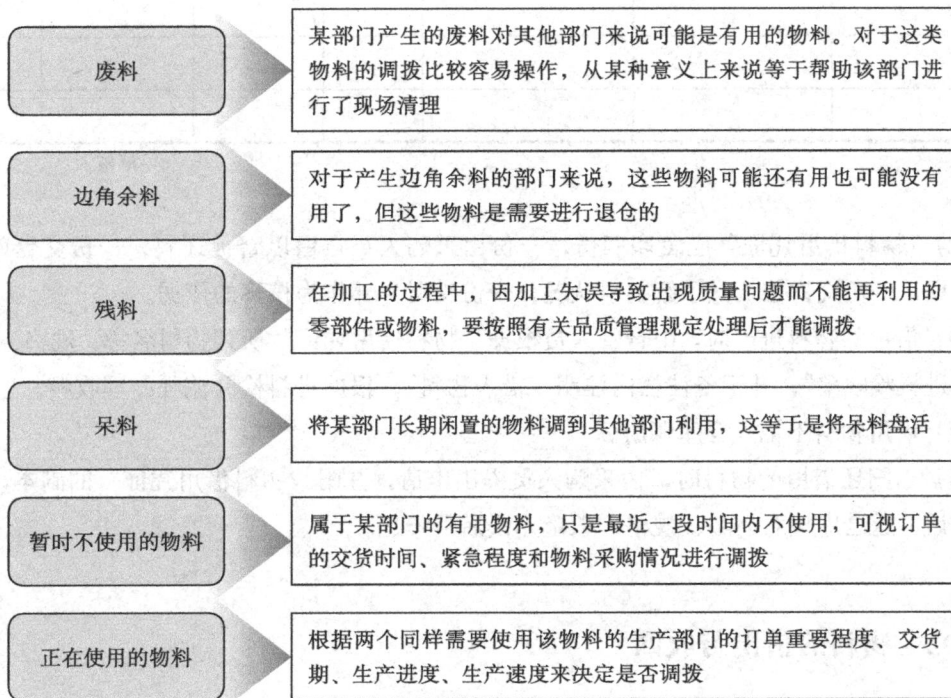

废料	某部门产生的废料对其他部门来说可能是有用的物料。对于这类物料的调拨比较容易操作，从某种意义上来说等于帮助该部门进行了现场清理
边角余料	对于产生边角余料的部门来说，这些物料可能还有用也可能没有用了，但这些物料是需要进行退仓的
残料	在加工的过程中，因加工失误导致出现质量问题而不能再利用的零部件或物料，要按照有关品质管理规定处理后才能调拨
呆料	将某部门长期闲置的物料调到其他部门利用，这等于是将呆料盘活
暂时不使用的物料	属于某部门的有用物料，只是最近一段时间内不使用，可视订单的交货时间、紧急程度和物料采购情况进行调拨
正在使用的物料	根据两个同样需要使用该物料的生产部门的订单重要程度、交货期、生产进度、生产速度来决定是否调拨

图10-3　物料调拨的处理方法

201　物料的借入与归还

若物料无法如期供应，仓管人员可以通知采购人员与供应商洽谈，借用部分物料，具体程序如下。

（1）采购人员提出借用申请，说明借用理由、库存状况、借用数量、最近交货日期及归还日期，报总经理核准后拟借据一份，经负责人审核后加盖企业业务章，然后据此向该厂商借料。表10-17为"物料借用凭证"。

表10-17 物料借用凭证

编号：_____   填表日期：____年__月__日

产品型号		借用单位			借用日期	____年__月__日
品名	规格/型号	编号	单位	借用数量	用途说明	备注

制表人：_____   审核人：_____

（2）"物料借用凭证"应复印四份，一份由采购人员自留以督促还料，一份交仓库作为收料依据，一份交物控员以了解物料状况，一份交财务部作为核算的依据。

（3）借用的物料进厂时，由仓管人员根据"物料借用凭证"所列物料名称、规格、数量，填写"进料验收单"，并于备注栏内注明"借入物料"，根据进料检验流程办理收料。

（4）借用物料不记入仓库账册。

（5）当归还借用的物料时，由采购人员提出申请，并附"物料借用凭证"的副本，总经理核准后，送仓库核对品名、规格、数量无误后再归还。

202　物料的借出与收回

物料的借出与收回作业流程如下。

（1）相关联厂商向企业借用物料时，本企业生产部及总经理核准后方可借出。

（2）借用厂商须出具借据，加盖其企业印章，待本企业总经理核签后方可向仓库借用物料。

（3）仓库应保留借据原件，并将其复印三份，分别交企业物控部门、采购部门及财务部门留存，并在"物料管制卡"备注栏内注明"借出"字样。

（4）借用厂商归还借用的物料时，仓管人员须填写"进料验收单"并备注"借出料收回"，然后交品质部按进料流程验收。

（5）如果这些物料经检验为不合格，那么仓管人员应立即同物控员或采购人员洽请借用厂商处理。

（6）如果这些物料经检验为合格且如数归还的，那么仓库应将借据归还借用厂商。

203　委外加工物料的调拨

企业物料交由相关联厂商加工后，再返回本企业使用的物料，一般适用企业物料领发管理规定，如果该物料在相关联厂商加工时极易产生不良品而导致物料超用或造成其他管理不便时，可适用物料调拨规定。

相关联厂商每次向仓库领用物料时应采用借用方式，待其送料入厂时，根据所送物料数量抵扣借用物料，以便随时确认相关联厂商仍持有本企业物料的数量，供盘点、对账之用。

204　特殊物料的调拨

生产部门向仓库领用的物料属"不易分割性"物料，如整捆的内配线，适用物料调拨方式。其作业流程如下。

（1）将多出的发料视同物料调拨到生产部门，待该批完工后，生产部门将多出的物料调拨退回。如果是生产部门连续使用的物料，可在下批发料中扣除上批调拨数量。

（2）生产部门完工后，因物料超用而无法全部或部分退回物料时应补开"物料超领单"。

（3）调拨至生产部门的物料在账目管理上仍属仓库物料，仅在"物料管制卡"内备注调拨即可。若采用计算机管理，可沿用上述方式，或者虚拟现场仓并将调拨物料挂账于现场仓。

205　仓库之间的物料转移

企业内分属不同账目的两个仓库之间，将某种物料由一个仓库转移至另一个仓库，采用此调拨方式时应由收料仓库开具"内部物料调拨单"（见表10-18），注明调拨物料的编号、品名、规格/型号、数量后，负责人核准后方可调拨。

表10-18　内部物料调拨单

编号：＿＿＿＿＿　　　　　　　　　　　　　　　　　　　填单日期：＿＿年＿月＿日

品名	物品编号	规格/型号	单位	数量	单价（元）	金额（元）	备注

调入仓库		调出仓库		财务部	
仓管人员	仓库主管	仓管人员	仓库主管	负责人	财务主管

说明：本单一式三联，物料调入仓库、调出仓库及财务部门各留存一联。

206　控制物料特采

特采是指进料经来料品质检验，品质低于允许水准，品质部虽提出退货要求，但企业由于生产的原因而做出"特别采用"的决定。

1．可特采的情况

（1）制造或生产的过程中容易发现并可忽略的缺陷。

（2）有轻微或次要质量缺陷，且不会对产品功能造成影响或不会出现在产品表面上。

（3）有某些缺陷，这会对产品功能产生重要影响，但可以通过重新全检或挑选后使用，且已与供应商协商好条件。

（4）原物料计量值管制特性的 CPK 值比目标值小一点，但不影响产品的关键特性。

2．不可特采的情况

（1）规格完全不符或送错来料。

（2）出现严重质量缺陷，且在后续工序生产及制程中不易发现的来料。

（3）新供应商发来的物料，且为本企业产品的关键原料。

（4）有一种以上主要缺陷，且在整批物料中普遍存在的来料。

（5）供应商送来的同类物料曾被本企业的客户投诉，并且缺陷类似。

207　处理特采物料

1．偏差

送检批物料全部不良，但只影响生产速度，不会造成产品最终品质不合格。在此情况下，可在特批后予以接收。此类货品应由生产部、品质部按实际生产情况估算出耗费工时数，并对供应商作扣款处理。

2．全检

送检批不合格品数超过规定的允收水准，特批后进行全数检验，不合格品退回供应商，合格品则接收入库或投入生产。

3．重检

送检批全部不合格，但处理后货品即可接收，这时由企业抽调人力对来料进行再处理。品质部须对加工后的货品进行重检，接收合格品，对不合格品开具"退货报告"，并将其交相关部门办理退货手续。此类货品由品质部统计加工工时，并对供应商作扣款处理。

208　控制紧急放行

紧急放行是指因生产急需来不及验证就放行产品的做法。一般只有出现下列情况时才允许紧急放行：发现的不合格品能在技术上加以纠正；不会产生较大经济损失；不会影响连接、相配的零部件质量。

仓库主管要加强管理紧急放行，且须明确紧急放行的具体要求。

（1）应在进货检验程序中对紧急放行作出规定，明确紧急放行情况的审批人、责任人，做可追溯性标示的方法，识别记录内容如何传递、由谁保存。

（2）应按规定认真填写"紧急放行产品质量记录表"，并保证在保存期内不会丢失或被擅自销毁。

（3）当供应商运送来的产品进厂后，仓库根据实际情况由责任部门（采购部或生产部）的责任人提出紧急放行申请，并报授权人审批。

（4）对紧急放行的产品做可追溯性标示，同时也要做好识别记录，记录中应详细记载紧急放行产品的规格、数量、时间、地点、标示方法和供应商的名称及其提供的证据。

（5）在紧急放行的同时，也要留下规定数量的样品进行检验，且必须尽快出具检验报告。

仓库主管应设置适当的紧急放行的停止点（停止点是指相应文件规定的某点，未经指定组织或授权人批准，不能越过该点继续活动）。对于流转到停止点上的紧急放行产品，在接到证明该批产品合格的检验报告后方能放行。若发现紧急放行的产品为不合格品，仓库主管要立即根据可追溯性标示及识别记录追回不合格品。

209 物料的代用管理

物料代用是指用现有的其他物料代替缺少的物料，以实现物料的配套供应。物料代用不能背离企业的品牌战略、成本政策和生产技术能力。物料代用可能是临时的，但通过代用也可能会发现更好的物料。

物料代用由用料部门提出申请，并填写"代用物料申请单"（见表10-19），相关管理人员批准后，由仓库予以提供。

表10-19　代用物料申请单

编号：_____

申请部门		产品料号		材质/型号	
申请日期	___年__月__日	申请代用物料料号		材质/型号	
附件		样品承认号码			
代用原因					
□ 准予永久代用,ECN列入物料单 □ 仅能代用此批订单			□ 不准代用 ※ 此三项由CEC认可		
开发室承认：					

批准人：_____　　　　　　确认人：_____　　　　　　申请人：_____

说明：本单一式四联，第一联交申请部门留存，第二联交工程部门留存，第三联交品质部门留存，第四联交仓库留存。

第十一章　企业库存控制

导读 >>>

　　库存控制对企业的运营非常重要，若库存过少，则会影响生产和销售；若库存过多，则会导致资金周转速度慢，有可能影响企业的整体运营。所以，仓库主管必须想办法控制库存，确保库存保持在合理的水平。

　　　Q先生：最近货品和物料积压都比较严重。我应该怎样做好库存控制工作呢？

　　　A经理：你首先要了解企业库存的类别、库存成本的构成，分析库存产生的原因，然后充分掌握库存控制的方法，如ABC分析法、复仓法等。尤其是应用非常广泛的ABC分析法，你要熟练掌握该方法并将其运用到实际工作中。

　　　Q先生：除了ABC分析法，还有其他方法能帮助我做好库存控制工作吗？

　　　A经理：当然有。例如，确立库存控制作业流程时要设置前置时间、库存基准点和订购点等，避免入库时间过早，库存过多，同时要注意合并尾数。

第一节　了解库存

210　库存类型

库存涵盖产品、物料及生产过程中堆积的在制品，可按以下方式对库存进行分类。

1．按库存性质分类

按库存性质分类的库存如表11-1所示。

表11-1　按库存性质分类的库存

分类	具体内容
物料	从大自然开采出来的物料（如铁矿、石油、煤）或企业里尚待加工的货品
在制品	物料经过加工但还未成为产品，也称半成品
成品	即企业的产品，其成本是工资、材料费和管理费三者的总和
组合件	组合件可分为简单零件和复杂零件（如马达、发电机）及其他配件等
间接材料	即在生产过程中消耗的材料，但并不存在于末级产品之中，如润滑油、机器的修理零件、清洁剂、亮光剂，以及其他间接成本项目

2．按库存功能分类

（1）批量库存。批量库存可分为成品批量库存、在制品批量库存和物料批量库存，其产生的原因如表 11-2 所示。

表11-2　批量库存产生的原因

分类	产生的原因
成品批量库存	为了节省生产成本，生产一批大于销售部门所需数量的成品所产生的库存
在制品批量库存	为了节省设施准备成本或减少仓库发料的负荷，制造一批大于当时生产所需的在制品所产生的库存
物料批量库存	为了节省采购成本或检验成本，订购一批大于当时生产所需的物料所产生的库存

（2）需求变动库存是指由客户需求变动或预测误差所造成的库存。

（3）供应变动库存是指由供应或购备时间的变动所造成的库存。

（4）预期库存是指从国外采购的材料，由于预期可能发生变化而必须储存待用的库存，或者因更换供应商，为了满足预期需求储存待用的库存。

（5）运输库存是指将物料运送到其他地区，在途中所产生的库存。

（6）投机库存是指为了节省材料成本，在低价时大批买进所产生的库存。

211　了解采购成本

采购成本是指由买价和运杂费构成的成本，其总额取决于采购数量和单位采购成本。由于单位采购成本在一定的采购批量内不会随着采购数量的变化而变化，因此从采购批量决策的角度来看，采购成本属于无关成本。若不同的采购批量对应于不同的单位采购成本，采购成本就变成相关成本了。

212　了解订货成本

订货成本是指为订购存货而发生的相关成本，包括因每次订货业务而发生的文件处理费、邮电费、验收费、付款费、采购人员的差旅费、采购部门的管理费、采购人员的工资等。从订货成本与订货次数的关系来看，订货成本可分为变动订货成本和固定订货成本两部分。其中，变动订货成本是与订购次数有关的成本，例如，与各次订购有关的文件处理费、邮电费、验收费等；固定订货成本是与订购次数无关的成本，这部分成本是为维持采购部门的正常活动而必须支出的费用，如采购部门的管理费。

213　了解储存成本

储存成本是指因储存物料而发生的成本，具体包括以下五类费用。

（1）如果企业租用储运企业的仓库，就需要支付给储运企业仓储费。

（2）物料在储存过程中发生的物料保险费。

（3）物料占用资金应计利息。

（4）物料损坏、变质、陈旧带来的损失。

（5）仓库、房屋、设备的折旧费和维修费，仓库照明费，仓库员工工资及办公费等。

储存成本分为两部分，一部分是总额相对固定，且与储存数量的多少及储存时间长短无直接关系的固定储存成本，如办公费、折旧费等；另一部分是总额与储存时间和数量有关的变动储存成本，如物料变质损失。

降低储存成本是仓库主管的主要工作目标之一。

214 了解缺货成本

缺货成本是指未能保持足够的物料所造成的损失，具体体现为下列支出或损失。

（1）因物料不足而造成的停工待料损失。

（2）因临时性紧急购买而产生的额外采购成本，为补足拖欠订货而加班加点生产所发生的额外成本支出。

（3）因对客户延期交付产品而支付的罚金，以及因未能及时交货所造成的企业信誉方面的损失等。

可见，缺货成本具有较大的不确定性。一般来说，缺货成本的多少与物料储存量有关：当物料储备充足时，发生缺货的可能性较小，缺货成本就低；当物料储备不足时，发生缺货的可能性较大，缺货成本就高。

215 计划性或策略性库存

随着企业生产计划或经营策略的确定，某些物料就会产生库存。交货期的缩短或投机性的购买都是产生策略性库存的主要原因。例如，企业预测到某种物料价格将会上涨，于是大量购进该物料，这种投机性的购买实际上是规避风险的方式之一。

对于很多企业来说，季节性变动对生产情况的影响较显著，因此必须通过增加库存来缓解季节性生产高峰的压力。

另外，大批量生产零部件可以降低生产成本，出于此目的，供应商通常希望企业能大批量进货，这也会增加库存。

216 失误性库存

管理工作中的失误也会造成库存的增加。企业经营计划对市场估计不足、订单与客户管理的衔接失误、安全库存量设定事实依据不准确、仓储管理不善、生产产能不均衡等各方面的因素都会对库存产生影响。

　　另外，由于担心供应商产能不稳定而影响企业的正常生产计划，企业通过增加库存来规避风险也会对库存产生影响，导致库存增加或减少。

　　造成库存的失误性原因如表11-3所示。

表11-3　造成库存的失误性原因

造成库存的失误性原因	具体说明
营销管理失误	(1) 市场预测错误。 (2) 市场变化超出预期。 (3) 订单管理和客户管理衔接失误
生产管理失误	(1) 生产批量与计划不吻合。 (2) 安全库存量基准太高。 (3) 安全库存量设定事实依据不准确。 (4) 生产计划本身衔接不良，造成半成品流通不畅。 (5) 仓储管理不善
生产管理问题	(1) 生产流程产能不均衡。 (2) 各道生产工序的合格率不均衡。 (3) 产品加工时间较长，如外加工
物料供应来源问题	(1) 供应商前置时间过长，供应不及时。 (2) 供应商产能不稳定。 (3) 担心供应商的供应能力，通过增加库存以规避风险

217　库存的积极意义

　　企业如果没有一定的库存，遇到一些无法预测的订单时就无法满足客户的要求。也就是说，库存产生的最大原因就是企业不想错失销售的机会，即库存可以改善服务质量，预防不确定的需求变动，帮助企业把握住销售机会。

　　1. 平衡企业物流

　　在企业采购材料、生产用料、在制品及销售物料等环节中，库存起着重要的平衡作用。对于采购的材料，仓储人员要根据库存能力（如资金占用等）协调来料收货入库。对于生产部门的领料，仓储人员应考虑库存能力、生产线物流情况（如场地、人力等）平衡物料发放，并协调在制品的库存管理。

2．平衡流通资金的占用，提高人员与设备的利用率

库存材料、在制品及成品占用了企业大部分的流通资金，因而库存的控制实际上也是流通资金的平衡。例如，加大订货批量会降低企业的订货费用；保持一定量的在制品库存与材料会节省生产切换次数，提高工作效率，但这两方面都要寻找最佳平衡点。

218　高库存的弊端

1．占用大量资金，影响资金周转

库存不仅仅是沉睡的金钱（资金）。如果为了采购而借钱，除了会产生利息，还会产生保管费及仓库费，这会成为企业沉重的负担。此外，库存管理不善还会造成大量资金沉淀，使企业周转更困难，很可能会阻碍企业的正常运营。

2．抬高了企业的产品成本与管理成本，即库存成本

库存材料成本的增加会抬高产品成本，而相关库存设备、管理人员的增加会进一步抬高企业的管理成本。

3．造成呆料、废料，造成损失

若库存不合理，就会产生呆料、废料，进而导致企业收益情况恶化。

4．掩盖了企业众多管理问题

库存管理不善，往往会掩盖企业众多管理问题，如计划不周、采购不力、生产不均衡、产品质量不稳定及销售不力等。

第二节　库存控制的方法

219　ABC分析法

ABC分析法也称重点管理法，它把被分析的对象分成A、B、C三类，因此而得名。企业完成分析后，对发挥决定性作用的A类物料进行重点管理。

ABC分析法的分析过程如下。

1．计算物料的资金占用率

按一定的标准，如占用资金的多少，将库存物料按顺序列出，计算出每种物料占用资金占全部库存物料占用资金的比率。

2．将全部库存物料分为A、B、C三类

将全部库存物料分为A、B、C三类，A类物料项数约为10%，资金占用率约为70%；C类物料项数约为70%，资金占用率约为10%；其余为B类物料，其项数与资金占用率均为20%。

3．绘制ABC分析图

以累积品种百分数为横坐标，累计资金占用百分比为纵坐标，按ABC分析列示的对应关系在坐标图上取点，并绘制出曲线，即可得到ABC分析图（见图11-1）。

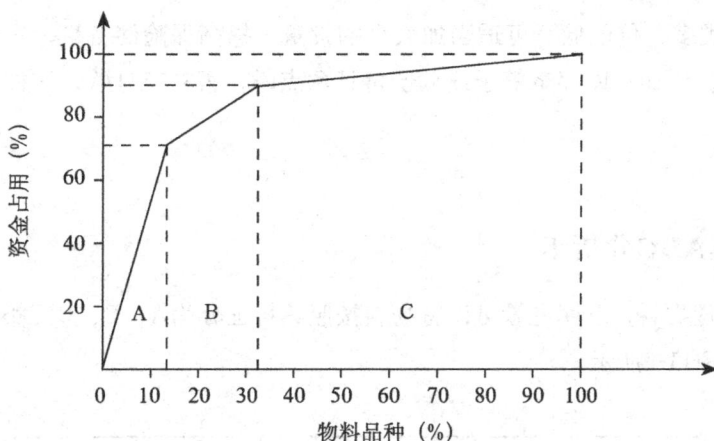

图11-1　ABC分析图

从图11-1中可以看出，累计品种占比不足20%，而资金占用率约占70%的是A类物料；累计品种达60%以上，而资金占用率约为10%的是C类物料；介于A类和C类之间的是B类物料。

220　ABC物料管理法

1．A类物料管理方法

A类物料占用资金最多，仓库主管要重点管理，具体管理方法如下。

A类物料种类少，价值高，库存过多会造成大量资金积压，因此要严加控制A类物料，尽可能降低订购量，降低库存，一般采用定期库存控制法进行管理。

A类物料的购备时间非常短，交货期非常紧，最好不要有库存。对于A类物料要有一套完整的记录，一定要在有需求时再订购，并且要充分利用好购备时间和前置时间，使交货不影响生产计划，也不过早进厂，同时应尽量降低库存，避免把大量资金积压在仓库中。

2．B类物料管理方法

B类物料介于A类物料和C类物料之间，其种类占物料种类总数的比例与其占用资金占资金总额的比例基本相同。

对于B类物料，可以不必像A类物料一样跟单订货，也不必像C类物料那样一次性大批量采购。一般可采用补充库存控制法进行管理，设置安全库存量，到达订购点时以经济采购量进行采购即可。

3．C类物料管理方法

C类物料种类多，价值低，可适当加大订购批量，提高保险储备量，一般采用定量库存控制法进行管理。例如，库存量等于或低于再订购点时，再补充订购，这样可以减轻日常的管理工作。

221　制作ABC分析卡

为了便于管理物料，仓库主管可以将物料按照其特征分为A、B、C三类，并制作相应的分析卡，具体如图11-2所示。

编号：_____	
品号	
品名	
单价（元）	
单位	
期间总消耗量	
期间总消耗金额（元）	

图11-2　ABC分析卡

仓库主管利用库存管理账册或计算机列出的报表，查出各项物料在过去一年或一段时期内因生产而消耗的实际数量，并将其填入ABC分析卡"期间总消耗量"栏内。所有项目的期间总消耗量填写完毕后，通过下列公式计算出期间总消耗金额，并填入ABC分析卡的"期间总消耗金额"栏内。期间总消耗金额的计算公式如下：

单价×期间总消耗量＝期间总消耗金额

222 对ABC分析卡进行排序

仓库主管将相同物料的所有卡片上的期间总消耗金额按数值高低排序，将期间总消耗金额最高的卡片排在最上面，金额最低的排在最下面。ABC物料分析表如表11-4所示。

表11-4 ABC物料分析表

编号：_____ 填表日期：____年__月__日

区分	品目		品号	(a) 单价（元）	(b) 期间推定消耗量	期间消耗金额		
	百分数	顺位				金额 (a×b)	累计金额 （元）	累计 (%)
A	7%	1						
		2						
		…						
		7						
B	13%	8						
		9						
		…						
		20						
C	80%	…	（21～91省略）					
		92						
		93						
		…						
		100						

制表人：_____ 审核人：_____

仓库主管应重点管理排在前面的物料，因为它们的期间总消耗金额较高。

223 复仓法

复仓法适用于ABC物料管理法中的C类物料，即该物料到订购点时再进行订购，这种方法简便易行，但应遵循先进先出的原则。

复仓法的原则为：每项物料准备两个储位或两个储存箱，一箱用完开始使用第二箱时再购进一箱。这种方法的特点是货品不易发生短缺，但有时会增加库存。

对于不规则物料，可用"袋"作为单位。另外，物料耗用量很大时可使用储仓进行管理。

224 定量订货法

当库存量达到某一基准（订购点）时，便发出请购单以着手补充库存量，这种"订购量一定而请购时间不定"的库存控制方法就是定量订货法。

定量订货法的操作步骤如下。

1．确定每天平均消耗量

按物料的实际消耗量计算出单位期间的消耗量（一个月），从而确定每天平均消耗量。

2．确定订货前置时间

根据供应商的生产周期（备料、生产）、运输时间、验收时间等因素，确定订货前置时间（订货周期）。

3．计算出安全库存量

根据每天平均消耗量及紧急订货周期（从订货至到货），计算出安全库存量（最小库存量）。其计算公式如下：

$$安全库存量＝紧急订货周期（天）×每天平均消耗量$$

4．计算出订货点

根据每天平均消耗量、正常订货周期和安全库存量，计算出订货点。其计算公式如下：

$$订货点＝正常订货周期（天）×每天平均消耗量＋安全库存量$$

5．计算出订货量

根据正常订货周期和每天平均消耗量，计算出订货量。其计算公式如下：

$$订货量＝正常订货周期（天）×每天平均消耗量$$

6．计算出最大库存量

有了安全库存量和订货量，就可以计算出最大库存量。其计算公式如下：

最大库存量＝订货量＋安全库存量

225　定量订货入库监控

当企业采用定量订货法时，仓库主管要对物料实施定量入库监控，其目的是防止供应商多送物料。如果企业给供应商的订货批量太少，供应商未必会按照订货合同的数量送货，因为供应商知道该物料是常规物料，即使多送也不会导致退货。企业实施定量入库监控的主要目的就是为了消除供应商的这种念头。仓库主管应督促仓管人员在收货时按照合同要求的数量收货，绝对不能提前收货或多收货。

定量订货入库的注意事项如图11-3所示。

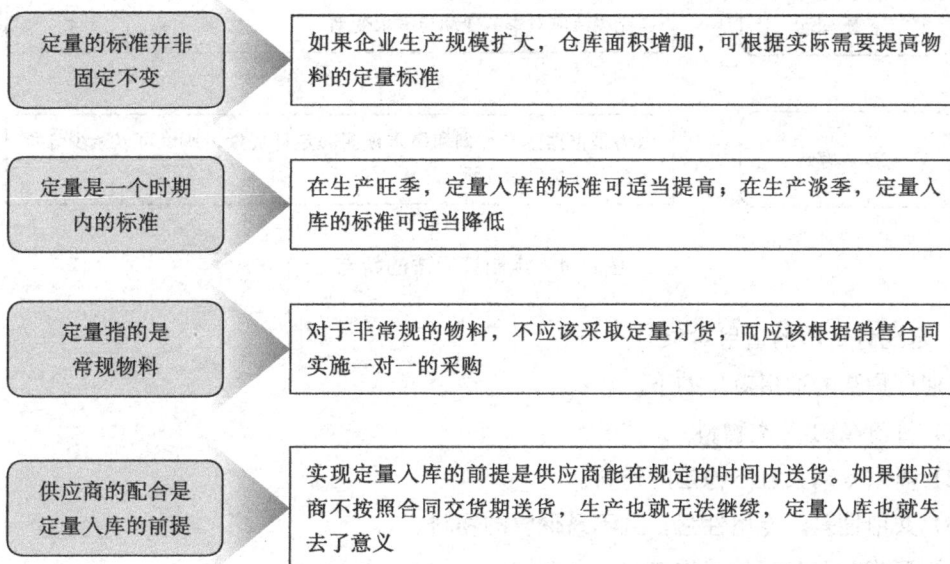

定量的标准并非固定不变	如果企业生产规模扩大，仓库面积增加，可根据实际需要提高物料的定量标准
定量是一个时期内的标准	在生产旺季，定量入库的标准可适当提高；在生产淡季，定量入库的标准可适当降低
定量指的是常规物料	对于非常规的物料，不应该采取定量订货，而应该根据销售合同实施一对一的采购
供应商的配合是定量入库的前提	实现定量入库的前提是供应商能在规定的时间内送货。如果供应商不按照合同交货期送货，生产也就无法继续，定量入库也就失去了意义

图11-3　定量订货入库的注意事项

226 定期订货法

定期订货法是事先确定固定的时间，然后补充库存量的一种方法。该方法的请购期是固定的，但订购量不是固定的。该方法适用于ABC物料管理法中的A类物料。

1. 定期订货法的特点

定期订货法的特点如图11-4所示。

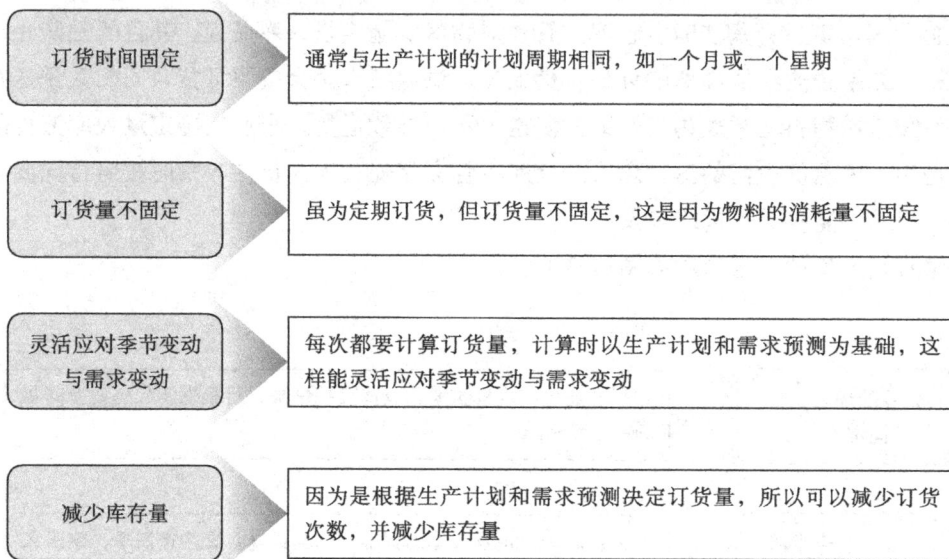

订货时间固定	通常与生产计划的计划周期相同，如一个月或一个星期
订货量不固定	虽为定期订货，但订货量不固定，这是因为物料的消耗量不固定
灵活应对季节变动与需求变动	每次都要计算订货量，计算时以生产计划和需求预测为基础，这样能灵活应对季节变动与需求变动
减少库存量	因为是根据生产计划和需求预测决定订货量，所以可以减少订货次数，并减少库存量

图11-4 定期订货法的特点

2. 定期订货法的适用对象

定期订货法的适用对象如下。

（1）价值高的A类物料。

（2）需求变动大且不稳定的物料。

（3）共用性差，专用性强，且不易保管的物料。

（4）订货前置时间长的物料。

（5）可以预测需求量的物料。

第三节　库存控制作业要点

227　库存控制的核心问题

通常库存控制涉及以下三个核心问题。

1．何时补充库存

也就是决定订购点的问题。如果订货时间过早，就会增加库存和物料的储存成本，并占用资金；如果订货时间过晚，物料用完时新料还未进厂，就会造成停工待料或错失销售时机，进而给企业带来不必要的损失。

2．必须补充多少库存

也就是决定订购量的问题。如果订购数量过多，就会增加物料的储存成本，并造成资金积压；如果订购数量过少，就会增加订购次数和订购成本，并且可能引起物料供应中断。

3．应维持多少库存

也就是决定库存量基准的问题。库存量基准包括最低库存量与最高库存量，每家企业可视自己的实际情况确定。

228　库存控制作业流程

科学合理的库存控制作业流程是实现安全库存的基本保障。库存控制作业流程（见图11-5）包括基准设定、用料差异分析、库存管制及需要日变更等环节。下面简单介绍一下影响库存的三个主要环节。

1．基准设定环节

物料的安全库存量基准是控制物料库存量的关键。只有设定好安全库存量基准，才能更好地控制库存量。采购作业等都需要根据设定的安全库存量基准进行操作。如果某个产品的安全库存量基准设定为100～300件，那么当该产品的库存数量高于300件时就应该停止进货，从而保证其库存量处于基准水平。

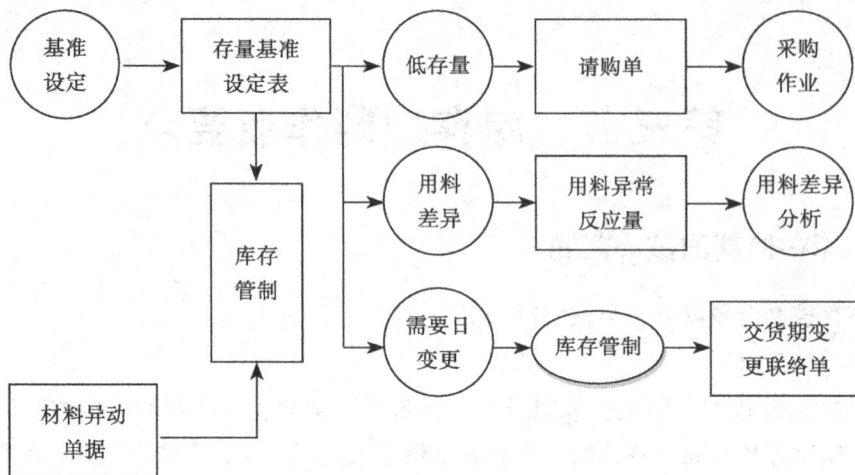

图11-5　库存控制作业流程

2．用料差异环节

在许多企业中，生产过程并不是一成不变的。生产部门在生产产品时使用的物料也可能会出现变化。因此，仓库主管应该时刻关注生产线上的变化，注意生产过程中的用料差异，及时调整库存量，防止因用料差异导致物料积压。

3．需要日变更环节

生产部门根据生产计划向仓库提出用料需求，由于销售和生产等计划可能发生变化，所以物料需要日可能会发生变更。例如，生产部门对某产品的需要日为25号，由于赶时间需要将需要日提前至12号。

物料需要日的变更将直接影响企业的安全库存量。因此，仓库主管要根据需要日的变更来调整库存量。

229　确认前置时间

前置时间是指从采购产品的原材料和外购零部件开始，到生产流水线正式投产时所需的原材料和外购零部件进入仓库所花费的时间。因此，前置时间也是真正投产之前物料的准备过程。前置时间也称备需时间或购备期间，其英文为Lead Time，通常简写为LT。

前置时间是投产前的物料准备过程，如果企业在生产计划中没有考虑前置时间，那么很可能会因为物料未能及时到位而导致生产陷入停顿，从而延误交货。例如，如果客户要求的交货时间是两个月后，而企业采购物料的前置时间就需要两个月，很显然是来不及生产的，因此确定交货时间之前首先应该确定前置时间。

为了解决前置时间与交货时间之间的冲突，一般可以采取以下两种措施。

（1）自制零部件做成半成品作为库存，这些半成品的供应量至少要有半个月的库存量，而直接投入生产流水线进行装配的零部件至少要有一个半月的库存量。

（2）半成品不需要库存，而自制零部件至少要有两个半月的库存量。

230 设定库存基准点

确定前置时间之后，接下来就需要进一步设定库存基准点。不同的行业，其库存基准点也有所不同。例如，对于食品行业来说，库存少、周转速度快，其库存基准点较低；对于生产大型设备的企业来说，生产周期长，其库存基准点很高。

库存基准点的设定因物料而异。例如，对于品质容易受仓储运输环境影响的物料，其库存基准点要尽可能设定得低一些。另外，库存基准点要符合企业的管理制度，随着生产过程改善程度的不同，库存基准点也应随之做出相应的调整。

实际库存构成图如图11-6所示，仓库主管必须保证及时供应生产所需的物料，图中锯齿的最高点代表库存量的最高点，当它下降到一定程度时仓库就需要发出订购单。

由于从采购物料到物料进入仓库需要一段前置时间，再加上仓库中存在废料、呆料等问题，实际上库存量在一段时间内还会继续降低。仓库主管在设定库存基准点时要充分考虑上述各种因素。

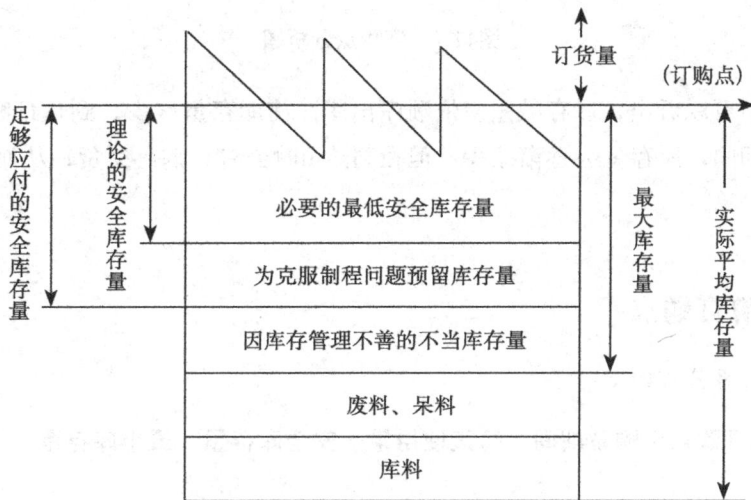

图11-6 实际库存构成图

231 了解订购点

当库存消耗到一定程度时，仓库主管须立即通知采购部开展采购工作，否则就会因为缺料而影响生产，这时的库存量即所谓的"订购点"。

假设仓库最大库存量为M，最小库存量为m，经济订货量为M－m，从订购开始到交货为止（购备期间）所需要的物料数量可作为决定订购点的依据，具体如图11-7所示。

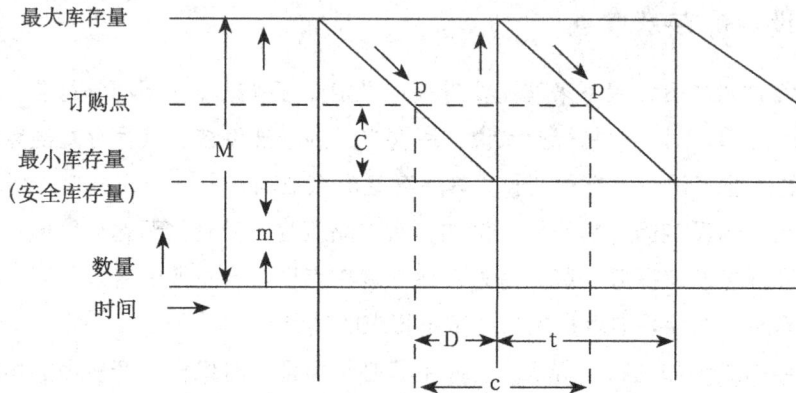

M表示最大库存量　　　　　　　c表示循环订购
m表示最小库存量（安全库存量）　C表示购备期间使用量
p表示订购点　　　　　　　　　t表示经济预订量的使用期间
D表示购备期间　　　　　　　　↑表示库存量的推移

图11-7　订购点分析图

从图11-7中可以看出，库存数量M依顺序出库而使库存量减少，到达订购点P时即定量订购。在购备期间，库存量会逐渐减少，但在到达m时会有订购品交货，从而使库存量恢复到M。

232 计算订购点

订购点的计算公式如下：

订购点＝购备期间×每天使用量＋安全库存量（最小库存量）

例如：

（1）某种物料在过去一个月的总耗用量为2400个；

（2）物料供应商的交货能力为一天 300 个；

（3）一个月的工作天数为 24 天；

（4）时常维持 300 个作为最小库存量。

计算：

（1）一天平均耗用量 = 2400 ÷ 24 = 100（个）；

（2）购备期间 = 2400 ÷ 300 = 8（天）；

（3）购备期间的耗用数量（C）= 100 × 8 = 800（个）；

（4）订购点 P = 300 + 800 = 1100（个）。

因此，当库存量降到1100个时就要下单订购2400个。

图11-7中的库存在从M到m每天平均消耗量相同的情形下用直线表示，但实际上会出现阶段式消耗，也可能不会按计划进行。实际耗用量比计划的多时，订购点会提前；反之，订购点则会延后。

233　避免货物过早入库

仓库主管在管理仓库的过程中要避免物料过早入库，主要原因如下。

1. 可能会影响资金流转

例如，企业与供应商约定的付款期为交货后下一个月的25日。如果供应商于9月29日交货，那么付款日期为10月25日；如果供应商于9月30日交货，那么付款日期为10月25日；如果供应商于10月1日交货，那么付款日期为11月25日。

若企业要求供应商于10月3日交货，则付款日期为11月25日。但是，供应商为了能尽早拿到货款，赶在9月30日将货送到。根据合同约定，企业应该在10月25日付款。付款时间整整提早了一个月。若该笔货款金额较小，则对企业影响较小；若金额较大，则会对企业的资金流转造成很大影响。

2. 可能会造成成本转移

供应商将货物送到企业仓库，这既增加了企业的库存，也增加了企业的管理成本。例如，原本企业需要两个人管理仓库，由于原来的货物没有按计划出库，而供货也没有按计划入库，因此企业至少需要安排四个人管理仓库，这既增加了人工成本，也增加了空间成本。

3. 可能会造成风险转移

例如，气象部门预报有一场台风可能于6月10日至14日在某市沿海地区登陆。企业本来要求供应商于13日交货，但供应商担心台风可能会对货物造成损坏，于是在9日就把货运送到了企业。只要企业收货，风险就被转嫁到了自己身上。

货物交付之后，企业要承担很多义务和风险。所以，仓库主管要严格控制交货时间，避免货物过早入库。

234　确定物料入库时间

物料入库时间要视企业的生产需求而定，由采购部进行调整，仓储部随时跟进。下面是某公司确定物料入库时间的流程，供大家参考。

【实用案例】

××公司确定物料入库时间的流程

第一步：确定物料需求，详见下表。

2月份出货安排表

填表日期：2月1日

订单号	订单名称	需求物料	出货时间	数量
01	波兰1单	A物料	2月1日	100
02	波兰1单	B物料	2月3日	100
03	波兰1单	A物料	2月10日	150
04	波兰2单	B物料	5月3日	200

第二步：确定生产时间。假设A、B物料均为从外部购进原件，然后装配的物料，详见下表。

生产安排表

填表日期：1月1日

订单名称	需求物料	装配时间	出货时间	数量
波兰1单	A物料	1月29日	2月1日	100

订单名称	需求物料	装配时间	出货时间	数量
波兰1单	B物料	2月1日	2月3日	100
波兰1单	A物料	2月8日	2月10日	150
波兰2单	B物料	5月1日	5月3日	200

第三步：确定采购需求。从上表可知，共需采购A物料250，需要B物料300。但是，如何安排采购时间呢？依照原始计划的排序看何时需要物料，再根据仓库提前备货的原则，预估物料到库的最佳时间，详见下表。

物料到库的最佳时间

订单名称	需求物料	最佳到库时间	装配时间	数量
波兰1单	A物料	1月27日	1月29日	100
波兰1单	B物料	1月30日	2月1日	100
波兰1单	A物料	2月6日	2月8日	150
波兰2单	B物料	4月29日	5月1日	200

最佳到库时间就是供应商送货的时间吗？显然不是，站在供应商的立场上，从成本的角度出发，更好的办法是在1月27日将所有的物料一起送来。

但是，仓库接收所有物料将导致物料总数大大超出仓库容量，如果要求供应商按最佳到库时间送货，供应商就会调整价格，从而将成本转嫁给企业。那么，如何才能找到最佳方案呢？某公司采购安排表如下。

采购安排表

订单名称	需求物料	采购到库时间	装配时间	数量
波兰1单	A物料	1月27日	1月29日	100
波兰1单	B物料	1月27日	2月1日	100
波兰1单	A物料	1月27日	2月8日	150
波兰2单	B物料	4月29日	5月1日	200

由上表可知，企业应要求供应商将大约一个星期内的物料于1月27日全部送到，将超出一个星期的物料按规定时间送到。

供应商送货并不是越早越好，企业应根据生产计划确定物料的入库时间。

如果不同的物料由同一家供应商供应，企业应从成本的角度出发，要求供应商将一个星期内使用的物料全部运送到仓库，供应商要确保不耽误交货期。

235 做好尾数管理

1. 了解物料尾数合并

（1）物料尾数。在通常情况下，物料的包装应该是标准包装。下面举例说明。

某种物料一共有198个，分20箱包装。设定标准包装数为10个/箱。按照定量包装原则，前19箱为10个/箱，第20箱为8个。显然，第20箱为尾数箱，8这个数即为尾数（见图11-8）。

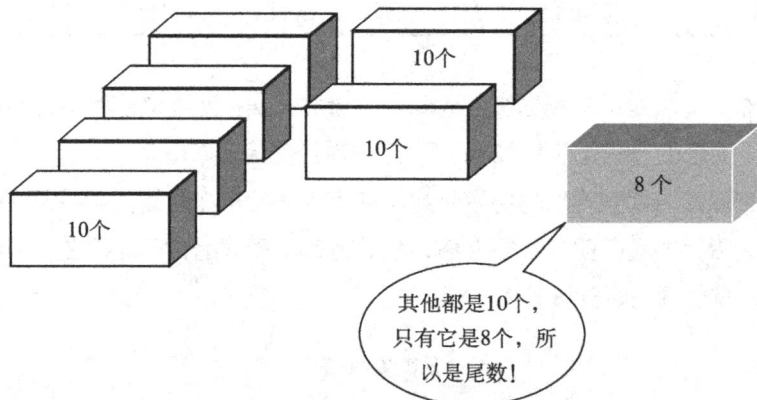

图11-8 物料尾数示意图

（2）合并尾数。由于每一批量的物料并非每一箱都是标准装箱数，所以可能会出现尾数。也就是说，在入库的物料里面存在着尾数，在仓库内的物料也存在着尾数。把新旧物料混放在一起时首先要合并尾数，确保合并后的物料仅有一个尾数。

以上面的例子为例，某种物料的入库数量为198个，共装20箱，尾数为8。原在库数量为36个共装了3箱，尾数为6个。当新旧物料混放后，该如何合并呢？

正确的做法是：原标准箱中的物料不变，入库标准箱为19箱，而仓库内的标准箱为2箱，共计21箱。入库尾数为8个，在库尾数为6个，两个尾数箱合并后为14个。所以可以重组一个标准箱，留下一个尾数箱。重组后多出一个标准箱（10个/箱），标准箱共计22箱。另外，还有一个尾数箱，箱中物料数量为4个。

2．设置物料尾数管理负责人

由于仓库每天物料出入库数量很大，所以很难保证每次都能够做好尾数管理。仓库主管应设置尾数管理负责人来负责某一类物料或某组货架物料的尾数管理工作，如尾数物料的清点、装箱、检查等。一旦发现该类物料或该组货架物料的尾数管理出现问题，仓库主管就能立即找到负责人，协助其解决问题。

3．实施入库物料尾数合并

仓库主管可以将入库物料与在库物料的尾数合并，如果合并后的数量超过标准数，那么将标准数取出放入标准箱储存，其余放入尾数箱储存；如果合并后仍不足标准数，可直接将其作为尾数箱。

4．发货时应先发尾数

在发货时，仓库主管应监督仓管人员首先发尾数箱的物料，然后再发其他标准箱的物料，具体如图11-9所示。

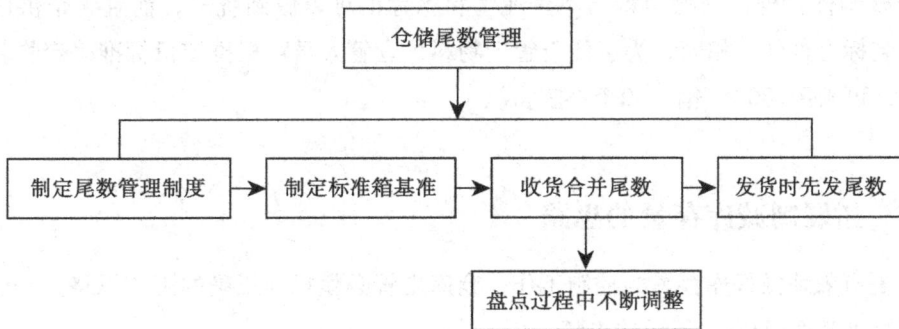

图11-9　仓储尾数管理示意图

236 确定物料箱的定量标准

1．根据物料箱容量确定定量标准

在制造型企业中，所有的物料箱容量都有确定的规格和容量。为了充分利用好物料箱，企业应根据物料箱容量确定定量标准（见图11-10）。

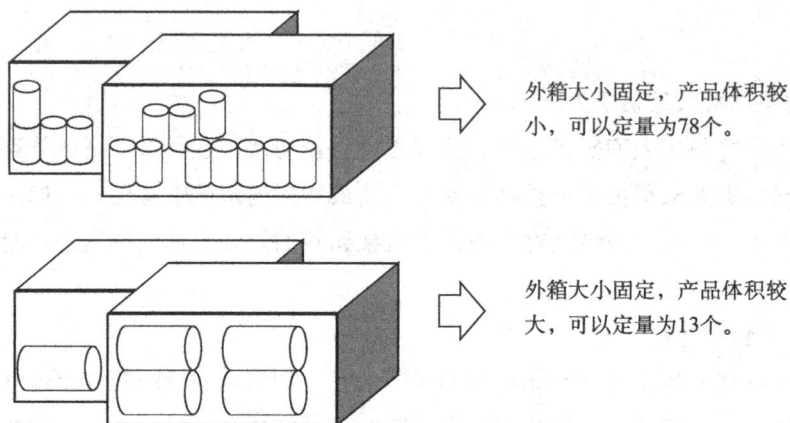

外箱大小固定，产品体积较小，可以定量为78个。

外箱大小固定，产品体积较大，可以定量为13个。

图11-10　根据物料箱定量确定定量标准

从图11-10中可以看出，为了充分利用仓库内已有的物料箱，可以根据物料箱的容量确定定量标准。

2．根据定量标准确定物料箱容量

对于外购件，外厂的物料箱与本企业物料箱标准难以做到统一，而且各个供应商之间的物料包装标准也各不相同。为了便于管理物料，仓管人员可根据定量标准确定物料箱的容量，例如，可采用100个/箱、50个/箱等。

237 拓展削减库存量的思路

为了更有效地做好库存量的控制工作，仓库主管必须找到正确的工作思路。一般来说，削减库存量可遵循图11-11所示的步骤。

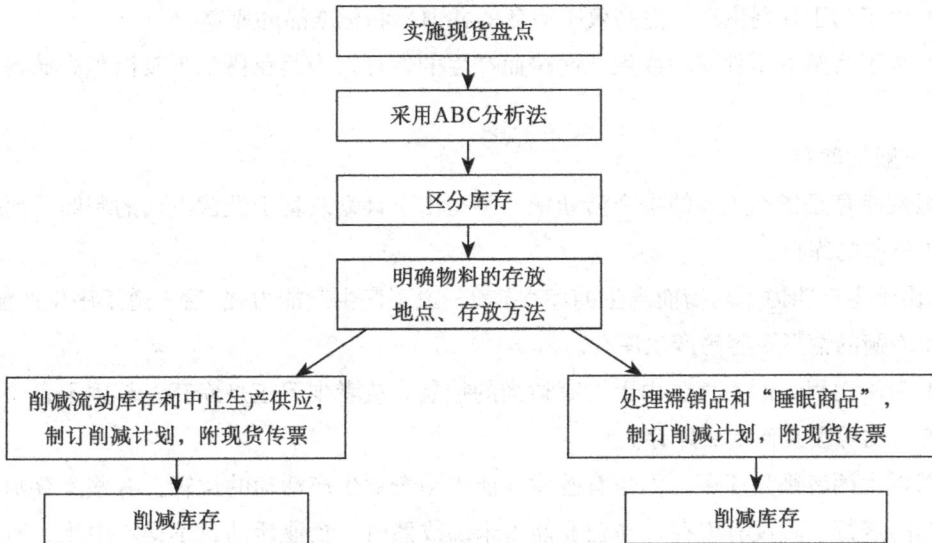

图11-11　有效削减库存量的步骤

控制库存的首要任务是通过盘点了解当前库存的规模和价值，并采用ABC分析法对库存进行区分，随后采用定置管理法明确各种物料的存放地点、存放方法。之后，仓库主管可以采用削减流动库存和中止生产供应两种方法控制库存。

在通常情况下，对于比较容易采购的物料，更好的库存控制方法就是随买随用，甚至可以跳过仓库储存环节，采购回来后直接送到生产线。对于仓库中已经存在的商品或物料，仓库主管可以通过清仓处理、降价销售两种方式处理滞销品和"睡眠商品"，从而尽可能地减少库存量。

238　去除不必要的库存

企业的库存分为两类：一类是在当前经营策略下产生的，属于计划性的政策性库存；另一类是在无意识下不得已产生的，属于非计划性的一般性库存。

1．政策性库存

政策性库存是指在生产活动中，因下列原因而产生的库存。

（1）为了缩短交货时间而产生的库存。

（2）基于投机动机和政策购入的库存（一般多为原料）。

（3）为补给售后服务或为应对急需服务而产生的库存。

（4）为了利于计划生产、提高效率而备的共通品和标准品的库存。

（5）为了缓解季节性变动或生产高峰而产生的库存，为避免措手不及而预先储备或生产的库存。

2．一般性库存

一般性库存是指在企业的生产活动中，不是出于计划或基于经营方面的判断，而是在不知不觉中累积的库存。

（1）由于生产能力不均衡而产生的库存。前一道工序生产能力强，后一道工序生产能力弱，在这种不均衡的情形下容易产生库存。

（2）派不上用途的库存。由于没有适当的控制，或者本不应是库存，却因不良、机械故障、生产异常等因素而变成库存。

虽然以上两者都是库存，但是有些库存能推动企业生产活动的运转，有些库存则会阻碍生产活动的进行。若没有库存，当企业能力未臻成熟时，企业活动就不得不中止。所以，企业首先要清除一般性库存。

239　减少在制品库存

仓库主管可以联合其他部门主管采取以下五项措施，以减少在制品库存。

（1）设定标准库存水准。

（2）设定与改善作业水准。

（3）控制物料投入与产品产出。

（4）开发动态制程管理技术。

（5）审核管理报表的运用与绩效。

240　减少半成品库存

减少半成品库存的措施主要有以下六项。

（1）利用 MRP 计算出各种半成品每个星期的实际需用量。

（2）降低批生产量，确定标准生产批量。

（3）为每种半成品确定其标准库存水准。

（4）制定制程，计算出每种半成品每个星期的预期库存水准。

（5）比较预期库存水准与标准库存水准，若前者合理的接近于后者，则接受此制程。

（6）根据每个星期的预期库存水准及标准库存水准绘制半成品库存趋势图，并由生产部门会同仓库定期报告实际库存状况，再将其与预期库存水准对比，若二者有显著差异，则应及时找出原因，并采取纠正措施。

241　减少成品库存

仓库主管可以与销售部门和生产部门采取以下七项措施，以减少成品库存。

（1）销售部门根据"销售预测表"编制"成品运交计划表"，详细列出三个月内的每个星期产品运交类别及数量。

（2）盘点成品仓库，正确反映成品库存状况。

（3）根据成品清点资料及"成品运交计划表"，找出库存过高项目，由销售部门与生产部门找出原因，并提出及时减少成品库存的合理化建议。

（4）生产部门按照修正后的"成品运交计划表"与"年度销售预测表"重新拟定"生产计划表"。

（5）按照修正过的"成品运交计划表"及"产出计划表"计算出每个星期每个产品的库存量。

（6）高层主管、销售部门与生产部门共同审核成品库存预期水准，在获得各部门及高层主管的认可后，生产部门负责绘制成品库存趋势图。

（7）生产部门每个星期都要报告实际产出、运交及库存状况，并将其与预期数据对比，若二者有显著差异，则应及时找出原因，并采取纠正措施。

第四节　做好料账管理

242　料账的基本架构

料账的基本架构（见图11-12）包括三个部分，一是"管制核心"，即"库存管制卡"和"库存管制簿"；二是"异动登录"，也就是入库、出库作业，使物料存量增或减的记账作业，当然包括库存调整；三是"库存信息报表"，负责提供一切用于满足管理需求的账面报表。

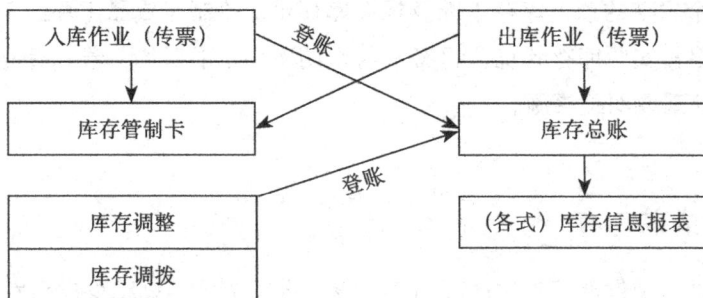

图11-12 料账的基本架构

1．库存管制卡与库存管制簿

为了强化料账管制功能，企业应该从以下两方面着手。

（1）在储位料架上悬挂"库存管制卡"，确保一物一卡。

（2）在仓库料账管理员办公桌上设置"库存管制簿"，每页（用量多，尤其是通用品时，多页连接）用于记录一种物料，根据编号顺序（有时一个类别一本账），联结活页成一本（或同一类）管制账簿。

2．异动登录

物料库存是为了及时满足生产需求，因此，一定会有出库的异动，而物料也必然有"来处"。凡是入库或出库，一定会造成库存量的变动，而对于这些异动，相关人员要及时做好账目处理。

有些出库并没有具体的使用目的，而是管理过程中的"附生结果"，如报废、退货给供应商等。不过，因为它也影响库存量，所以也要记账。同样，有些入库异动的来源，例如，现场把已发料的不良物料退回仓库，这也要记账。

3．库存信息报表

如前所述，很多部门的管理工作要根据库存料账信息作出判断，或者对其进行再次处理，使其变成更高阶的管理信息。要想获得这类信息，其他部门的人员是不会亲自到仓库现场来看"库存管制卡"的，而是由仓库料账人员通过一定的程序和方法，运用手工或计算机作业编制报表。

243 库存管制卡的使用

"库存管制卡"（见表11-5）是一种很重要的库存管制工具，必须精心设计。"库存管制卡"分为两部分：一部分是"表头"，如储位、卡号等；另一部分是"异动记账内容"，如入库量、出库量等。

表11-5 库存管制卡

储位：＿＿＿＿＿		卡号：＿＿＿＿＿				
料号：＿＿＿＿＿		品名：＿＿＿＿＿				
规格/型号：＿＿＿＿		单位：＿＿＿＿＿				
订购点安全库存量：＿＿＿＿＿		最低安全库存量：＿＿＿＿＿			最高库存量：＿＿＿＿	
日期	凭单号码	摘要	入库量	出库量	结存量	备注

244 置卡的时机与负责人

由于"库存管制卡"是一种重要的库存控制工具，因此仓库主管要严格监控它的发出与收缴。

1．新"物料管制卡"的发出

在新产品设计完成、新的物料规格产生时，由仓库主管与设计人员制定料号。仓库主管在订购单发出后，取出一份已印妥卡号的空白管制卡，在其上面填写好料号、品名、规格/型号后交给仓管人员，待入库时一并处理。

2．副卡的暂设

如果某种物料入库数量很多，原来的储位无法完全容纳，必须分开放置时，就必须设置副卡。这时，相关人员应向仓库主管说明情况，由其发出空白管制卡，并注明为副卡，交由仓管人员处理。一旦储位存量用完，或者在仓储整顿时予以归位，则必须废弃副卡，并将其交给仓库主管销账。

3．盘点时置换新卡

有些管理严格的企业常常要求在实地盘点时一律重新设置"库存管制卡"。盘点负责人根据"预盘明细表"的内容要求仓库主管安排人员制作各料项的新的"库存管制卡"，再交给盘点人员，由盘点人员在盘点时一并挂上；或者在盘点完成时，盘点负责人根据盘点结果要求仓管人员重置新卡。

4．更换新卡

当原"库存管制卡"的"异动内容"栏位已填满或原卡已破损或模糊不能使用时，仓管人员可以向仓库主管说明，更换新卡。新卡上应该注明原卡的号码，原卡上也要注明新卡的号码。

245　库存管制卡的保管要求

所有空白"库存管制卡"一律由仓库主管安排专人保管。凡是已被置换的原卡，一律交由仓库主管审核，其存放期为一年，供稽核时使用。在"库存管制卡"的保存期限届满时，其稽核功能就会失效，这时可将其废弃销毁。

246　出入库单的设计

出入库单是库存料账记账的基础，也是管理控制与稽核的依据，更是整理各项统计数据的依据。

1．出入库单表头的设计要求

出入库单表头的设计要求如表11-6所示。

表11-6　出入库单表头的设计要求

栏位	具体要求
出入库的对象	出入库的对象要明确。例如，"验收单"的对象一定是供应商，"领料单"的对象一定是生产制造部门，或者外协加工商。在计算机作业中，应留有"代号"，以便对照
表单编号	此项必须填写清楚，大多位于表单右上角处。记账时，一定要把表单编号填入料账的"凭单No．"栏位，互为对应
异动性质	必须予以明确。例如，必须明确是"物料购入验收"还是"外协加工验收"，是"定额领料"还是"超损耗领料"。最好加上"异动代号"，因为在计算机作业中，这是一个很关键的栏位
辅助栏位	最好也要具备。例如，"领料单"一定要有"生产批号"或"工单No．"栏位，这样才可以核对、控制其重复性，而且成本也才可归入

2．出入库单主体的设计要求

出入库单主体的设计要求如表11-7所示。

表11-7　出入库单主体的设计要求

栏位	具体要求
料项对象	应予以明确。例如，"料号"与"品名规格"是真正过账到入库存料账的栏位。在计算机作业中，"料号"是绝对必要的，有时"品类"也是不可缺少的
单位与数量	要周全。有些材料是以"千克"为单位计算应付账款的，但以"个"为单位记账与生产领料，这时最好区分"计价单位"与"计量单位"，并设定与之相对应的"数量"栏位，在物料验收单上这一点最为明显
应该的量与实际的量	将应该的量与实际的量对照。从"定额领料单"的格式可以看出，某种物料根据用料标准换算，应发料量为250个，但由于当时库存量不足，因此实际发料量为230个。在记账时，当然是以230个记账
核签	按顺序保留核签栏。这就要求所有表单必须经过管理流程中相应负责人的核准方可出入库或记账

247　分析料账不准确的原因

要想解决料账不准确的问题，就必须分析料账不准确的原因。一般而言，料账不准确的原因主要有以下六个。

1．传票表单设计与流程上的缺失

许多企业为节省间接事务人力工时，因陋就简，有时没有应用必要的表单，有时混用合并表单，致使料账人员记账时没有准确的依据。而且很多表单没有经过严密的设计，缺乏必要的栏位，导致现场人员乱填，料账人员只能凭猜测记账。此外，有些流程模糊、不明确，也会导致不同部门之间的料账互相矛盾。

2．没有形成正确填写传票表单的习惯

在规范的凭证作业中，关键栏位（如数量、料号、生产批号等）是不能填写错误的。若填写错误，则原单作废，必须重新开立。如果在原单上更改信息，就一定要加盖更改者的印章，并注明更改时间，以便追踪责任，避免发生记账错误。

另外，填写表单与记账时，必须复查凭证是否连号，这是因为即使只是遗漏少数单据，也会造成实料与账面产生差异。

197

3．记账作业延误、错乱

记账应该"今日事今日毕"，甚至要达到"即时作业"的程度。在入库与出库时，若账面没有及时跟进，就一定会产生差异。从实务方面来说，必须在物料上下架的同时在料架储位上的"库存管制卡"上记账，料账管理员可以把所有出入库单暂留到当日下班前一并记账。

但是，许多仓管人员往往拖延到次日或数日，结果越积越多，越多越乱，而记账时又疏忽大意，没有确认表单内各栏位的合理性与正确性，表单有没有连号也不复查（不连号意味着表单有遗漏），这样就很难确保料账的准确性。

4．储位与料号缺失

如果储位乱了，在储位上标示（或库存管制卡上标明）的物料与实际料号规格不符，就会造成料账上的双向错误。例如，领出（购入）A料，却把账记到B料上。尤其是一些经验不足的仓管人员，对规格认识不清，常常"乱点鸳鸯谱"。

5．包装容器存在问题

有些供应商为了节省成本，送料时使用了非标准容器，甚至是其他用途"转用"的瓦楞纸箱，而只在纸箱上注明物料数量。

此时，进料点收与验收的人员不易准确掌握物料的实际数量。当然，领料出库时也是一样。如果平时仓管人员工作不够细心，再加上没做好整顿工作，就很难保证料账的准确性。

6．仓库与现场没有隔离

如果仓库任由生产现场（或其他部门）的人员自由进出，甚至出库、入库料品不必根据凭证表单自行搬取，或者以现场急需为借口而到仓库抢料，也就无法要求仓管人员形成正确的意识和承担明确的责任。

248　使料账准确的对策

1．出入库时必须验证相关表单

首先，要设计适用且内容周全的出入库单，交由仓库及现场人员正确填写使用。其次，要培养现场人员正确填单的观念与习惯，不允许事后补单及乱填乱改。

2．即时或当日的记账作业绝不拖延

仓管人员必须在出入库的同时记账。如果是采用计算机作业，也要即时记账。同时，仓库人员最好在每日记账后，针对当日异动的料项，再到储位料架上确认其异动明细及库存量。

3．运用标准容器有利于准确复点物料出入库数量

对于重要的料项，最好使用标准容器，使每箱内的数量一致，以便根据箱数掌握准确总数量。对于其他非重要的物料，应要求在入库时与发料后强化复点工作，以便更准确地掌握库存量。

4．强化仓库的储位整顿

每月定时轮流整顿各储位，同时复查其料账，即时予以调整。如果出入库频繁，且生产形态又属多批小量生产，就必须每周对本周内经常出入库的料项强化整顿工作。

5．时常盘点补足

为了达到料账复查调整的目的，仓管人员可每日抽出一小时（多在下班前后），针对当日出入库量较大的物料，在储位上进行简单的目视盘点。

249　物料类别库存量表

"物料类别库存量表"（见表11-8）可供生产现场主管在生产投料前查询，不仅可以作为其细部排程前的参考，也可以作为采购人员确定采购量的依据。

表11-8　物料类别库存量表

编号：_____　　　　　　　　　　　　　　　　　　　填表日期：____年__月__日

物料类别代号：_____　　　　　　　　　　　　　　　物料类别简称：_____

料号	品名	规格/型号	单位	现有库存量	存料状态

制表人：_____　　　　　　　　　　　　　　　　　　审核人：_____

250　多储位料项明细表

"多储位料项明细表"适用于一种物料储放于多个储位，或者有时间性（或零星量）地先进先出的情形，其样式如表11-9所示。

表11-9 多储位料项明细表

编号：_____   填表日期：____年__月__日

| 物料类别：_____ | 料号：_____ | |
| 品名：_____ | 规格/型号：_____ | 单位：_____ |

管制卡号	入库日期	现有库存量	储位号	状态
合计				

制表人：_____   审核人：_____

251 物料库存值统计表

对于财务部门而言，库存量不是重点，库存值才是重点。库存值的关键在于单价。根据会计规定与管理需求，一般有标准单价法、加权平均单价法、最新时价法及先进先出法等计价方式。"物料库存值统计表"的样式如表11-10所示。

表11-10 物料库存值统计表

编号：_____   填表日期：____年__月__日

料号	品名	规格/型号	单位	现有库存量	标准单价（元）	标准库存量	加权平均单价（元）	加权平均库存值
合计					/		/	

制表人：_____   审核人：_____

252 库存异动统计表

"库存异动统计表"用于统计每一料项在某一特定期间内的出入库数量。这里说的期间可能是日，也可能是周与月，甚至是年。"库存异动统计表"有"出入存"报表和各项异动的加总数量（必要时为总值）两种形式。

各项异动的加总数量经常会列出出库与入库的下属异动，如购入验收、外协加工验收、余料退库、盘盈、其他入库，以及定额领料、外协加工领料、退回厂商、报废、盘损、超耗用料、其他出库，个别予以加总，供各部门根据各自的管理需求参阅，可以替代原表单多联的通知功能，具体如表11-11、表11-12和表11-13所示。

表11-11 物料库存日报表

编号：_____   填表日期：____年__月__日

物料名称	物料编号	昨日结存	今日进库	今日出库	今日结存	安全库存量	订购点	备注

制表人：_____   审核人：_____

表11-12 物料领用月报表

编号：_____   填表日期：____年__月__日

料名	规格/型号	单位	前月结存量	本月领料	本月耗用		本月结存量	备注
					耗用量	他用		

厂长：_____   经理：_____   主办方：_____   填表人：_____

表11-13　物料收支月报表

编号：_____　　　　　　　　　　　　　　　　　　　　　　　　填表日期：____年__月__日

名称	规格/型号	单位	上期结存	本期领入	本月发出		本月结存	备注
					用途	数量		

厂长：_____　　　　　　　　主管：_____　　　　　　　　填表人：_____

说明：本表一式三份，一份由仓库留存，一份交财务部门保管，一份交行政部门保管。

253　特别功能报表

"呆料分析表"和"安全库存量警示表"是具有代表性的特别功能报表。"呆料分析表"用于区分时间性呆料、设计变更性呆料、不良性呆料等，其样式如表11-14所示。

表11-14　呆料分析表

编号：_____　　　　　　　　　　　　　　　　　　　　　　　　填表日期：____年__月__日

料别	料号	品名	规格/型号	单位	现有库存量	标准单价（元）	库存值	呆料状态
五金类								
料别小计								
电子元器件类								
料别小计								
合计								

制表人：_____　　　　　　　　　　　　　　　　　　　　　审核人：_____

"安全库存量警示表"按"日"或"周"编制，供查核库存管制账中现有库存量是否低于安全库存量水准，也可作为采购的决策依据，其样式如表11-15所示。

表11-15　安全库存量警示表

编号：＿＿＿＿＿　　　　　　　　　　　　　　　　　　　　填表日期：＿＿＿年＿＿月＿＿日

料别	料号	品名	规格/型号	单位	现有库存量	安全库存量水准	差量水准	建议采购量
五金类								
塑胶料								
电子元器件类								

制表人：＿＿＿＿＿　　　　　　　　　　　　　　　　　　　　　　　审核人：＿＿＿＿＿

表11-15中的"建议采购量"一般为虚栏，由使用单位或决策主管填写，填写完毕后直接交给采购主办人员凭此订购。

254　库存异动明细表

为了保证料账的准确性，仓库主管有时必须进行稽核。具体的做法是选取近期异动较频繁的物料，先到储位上检查"库存管制卡"记载的异动较频繁的期间（某月某日到某月某日），再在"库存管制簿"上（或运用计算机程序）列出此期间内的各笔出入库明细，借此核对记账的准确性，从而了解仓管人员记账作业的情况。"库存异动明细表"的样式如表11-16所示。

表11-16　库存异动明细表

编号：＿＿＿＿＿　　　　　　　　　　　　　　　　　　　　填表日期：＿＿＿年＿＿月＿＿日

料别：＿＿＿＿＿＿＿＿＿＿	料号：＿＿＿＿＿＿＿＿＿＿	
开始日期：＿＿＿年＿＿月＿＿日	截止日期：＿＿＿年＿＿月＿＿日	
品名：＿＿＿＿＿＿＿＿＿＿	规格/型号：＿＿＿＿＿＿＿＿＿	单位：＿＿＿＿＿＿＿

（续表）

日期	表单号	入库量	出库量
合计			

制表人：_____   审核人：_____

第五节　完善库存控制

255　零库存目标

零库存是日本丰田汽车公司最先采用的库存控制方法。该方法强调通过严格管理，杜绝生产待工、多余劳动、不必要搬运、加工不合理、不合格品返修等方面的浪费，从而实现零故障、零缺陷、零库存。

1．零库存的核心

零库存的核心是"在需要的时候，按需要的量生产所需的产品"，通过对生产进行规划和控制，使各种相关物料的储存量降至最低，直至零库存。

2．零库存的效果

实施零库存的目的是减少资金占用量，提高仓库物料的运输配送速度和经济效益。

在库存结构、库存布局不合理的情况下，即使某些企业的库存物料数量趋于零或等于零（不存在库存物料），但由于仓储设施重复存在，用于设置和维护仓库的资金占用量并没有减少。

因此，从物流运动合理化的角度来看，零库存包含以下两层意思。

（1）库存物料的数量趋于零或等于零。

（2）库存设施、设备的数量及库存劳动耗费同时趋于零或等于零。

256　零库存的管理方式

仓库主管可以联合其他部门做到零库存，具体的管理方式如表11-17所示。

表11-17　零库存的管理方式

管理方式	具体说明
看板供货	(1) 在生产线上的各道工序之间使用固定格式的看板，用于记录何时生产、生产多少、运往何地等作业指令。 (2) 每一道工序按照看板的指示向先行工序一次索取组件，然后依次送达后续工序。 (3) 仓库根据生产要求配送物料，而生产线上基本不产生任何多余物料。这样一来，仓库可以减少库存量，并最终实现零库存
寻找合适、稳定的供应商	(1) 仓库的物料主要来自各供应商，其供应的质量、速度直接影响仓库的管理。 (2) 制造型企业与供应商建立稳定的协作、配套生产关系，可以减轻仓库的管理工作，减少库存量，甚至可以消除供应品库存，实现零库存
零库存方式（即时供应）	(1) 在物料需求产生时立即订购，以减少库存。 (2) 仓库不需要有过多的库存，甚至可以实施零库存。但是，采用这种方式是以供应商拥有一定的库存和及时、有效的供应系统为前提的。一旦供应系统有所变化或配送出现差错，就会影响生产进度

257　将企业看作一个大仓库

仓库主管可以把整个企业看作一个大仓库，如实掌握"进"和"出"。这是库存控制最简单的做法，其最大特征是不必使用物料流动传票，只用会计上的传票就能掌握库存。

该方法以采购传票为依据开展物料入库管理工作，以产品的出货传票来管理物料，只要减去出库部分，便可掌握库存。它不考虑内部物料的移转，无论是物料还是在制品，都可以将它们当作库存。利用计算机进行进、出库存处理的话，扣除出库部分时须考虑以下两点。

（1）不要弄错单位的转换。对于一个产品的消耗物料量，不应以1个、2个来计算，须换算成千克、平方米等与产品不同的单位，然后予以扣除。

例如，用一张钢板可生产五个产品，基本单位应定为0.2张，若出货100个产品，就要消耗100×0.2=20张钢板。

（2）考虑耗损率之后再予以扣除。之所以产生耗损率是因为操作失误或其他原因造成了损失或因某些特定因素使物料的利用率无法达到100%，如果这部分费用没有被预先扣除，会使账面的库存逐渐增加，导致其与实际库存不符。

在购进物料时不会产生这个问题，但在产品交货时很可能发生此问题，所以必须事先扣除这部分费用。

258　区分物料库和产品库

对于生产企业来说，"进"是物料仓库，"出"是产品仓库。

若把企业当作一个大仓库，由于时间差、扣除等因素，会导致账面库存和实际库存存在差异；把企业分成物料库和产品库，不仅可以准确掌握库存，而且对客户查询产品、接单等业务也有促进作用。

完成传票是物料的出库传票，同时也是产品的入库传票。有了这个传票，当产品制造完成，从物料库扣除时，要作产品库存的入库处理。因此，这种做法能更好地控制库存。

如果把半成品及部分零件当作预备库存保管在仓库中，也要将其视为产品在入库时作为完成传票，出库时将其作为出库传票。

259　分离在制品

在掌握了"进"和"出"之后，仓库主管接下来就需要正确地掌握在制品库存。把生产涉及的各个工程作为一个整体管理，当物料从物料库向工程转移时，一定要开立传票，且把开立传票的责任部门及流程标准化。

采用这种运作方式时必须注意以下三个事项。

（1）确定物料存放场所，并安排出入库的负责人。

（2）如果没有出示"出库申请单"，即使是特急，也不能出库。

（3）多余的物料不得堆放在工程现场，须开立退回传票。

企业对现金的收付，肯定都有专人负责（财务部门人员），而对物料的收付，就可能不会有专人（仓管人员）负责。企业应树立物料和现金同等重要的观念，必须明确仓管人员收付物料的责任。

260　管理好外部在制品

在制品库存并不局限于企业内部，向外订购的物料和在制品库存的性质是一样的。因此，仓库主管要把在制品库存分为企业内和企业外两种。

　　将在制品库存分为企业内和企业外两种，在外的应按放置场所和供应商分别掌握其库存。企业可依供应商的物料支付传票入库，并从交货时的验收传票中予以扣除，以此管理供应商的库存。

　　提供给供应商的材料要加以管理，有偿提供时，在会计上相当于销售了一次，因此要在资产上予以扣除。这些物品迟早会成为产品的一部分得以回收，在管理上，可当作供应商的在制品。

第十二章　仓库安全管理

导读 >>>

一旦仓库发生安全事故，就会影响仓管人员的人身安全，造成企业财产的损失，因此，仓库主管必须做好仓库安全方面的预防及维护工作：一是日常安全管理；二是消防安全、设备安全管理。

Q先生：请问我该如何做好仓库的安全管理工作呢？

A经理：你要从日常工作的每一个方面着手，如建立仓库值班制度、进行安全检查、严格限制外员入仓等；你还可以建立仓库安防监控系统，以便开展防盗工作。

Q先生：我该怎样开展消防安全管理工作呢？

A经理：你首先要了解火灾的基本类型、掌握灭火的各种方法，同时要合理配置各种灭火器，并学会正确使用各种灭火器。另外，你要定期或不定期地进行消防检查、演练，并消除消防安全隐患，这样才能做好消防安全管理工作。

第一节 日常安全管理

261 仓库意外事故发生的原因

仓库发生意外事故的原因主要有以下六个。

(1) 工作环境不安全。

(2) 作业方式不恰当。

(3) 物品堆放方式不合理。

(4) 超量存放。

(5) 警戒与防护不当。

(6) 其他原因,如运输作业不当。

262 制定仓库值班制度

企业应制定仓库值班制度,明确仓库安全员的职责权限,具体内容如下。

(1) 仓库安全员主要负责库房上下班、加班时的开门、关门,照明、电气等电源的开关等工作。

(2) 仓库安全员由各仓管人员担任,如遇请假,须交由其他库房人员代为执行,值班期间由值班人员负责,指定的值班人员须履行安全员一切职责,安排临时安全员须报主管审批。

(3) 仓库安全员须在每天早上 9∶00 对门、窗、料架、库房设施等设备的完好程度进行例行检查并记录,发现安全隐患要及时报告。

(4) 仓库安全员要检查消防通道是否通畅,物品的存放是否合理,若发现不合理之处要及时处理。

(5) 下班时,仓库安全员要检查门、窗等是否关闭、上锁,办公设备、照明、电气等电源是否关闭。

(6) 仓库安全员应于每天早晚各登记一次"仓库安全自检表",并将其放在仓库进门处,仓库主管应对此表进行检查。

263 进行安全检查

安全检查是仓库主管做好安全管理工作必不可少的手段。仓库主管要经常对库区进行安全检查。

（1）仓库主管是库区安全检查的主要负责人，每天都应对库区的安全性进行抽查。

（2）仓库主管要检查"安全检查表"的记录是否完整，如记录不完整，要记录责任人的姓名及违规事实。

（3）仓库主管要检查出入库区的外来人员的手续是否齐全。对出入库区的外来人员，查看其是否有准入许可证，如果没有应劝其离开；对有准入许可证的外来人员，要抽查其是否进行了登记，对违反规定的人员要记录其姓名。

（4）要及时清理库区内的垃圾，垃圾箱不许压黄色地标线，垃圾箱内的废弃物要用手翻查，如果发现里面有物品或未拆开的包装盒／箱，应马上找责任人整改。

（5）仓库主管要检查物品的存放是否符合规定要求。如果发现垃圾箱内物品的存放超高，应马上找责任人整改。

（6）仓库主管须将检查情况记录在"仓库安全检查表"（见表12-1）中，并向部门负责人汇报检查结果。

表12-1　仓库安全检查表

检查项目、内容或标准	存在问题记录	结果（×或√）
制定仓库安全管理目标和相应的措施，如奖惩规定等		
至少指派两名兼职安全管理员，并赋予他们相应的职责与权利		
对新员工进行安全培训		
定期进行安全检查，并留存检查、整改记录		
员工上班不准穿拖鞋/凉鞋，不得赤脚、赤膊、敞衣，要按规定穿着工服		
员工不准在工作期间饮酒，禁止在仓库内嬉闹。作业时要精力集中，杜绝疲劳作业		
入仓货物应分堆、分垛存放整齐，并按规定留出间距		
货物的储存与搬运要做到防火、防蚀、防倒塌、防撞、防变形		
栈板上货物存放过久时，应采取必要的防倒措施；出货装车时要做到上轻下重、存放稳固；货物堆放不得有倾倒的危险		

（续表）

检查项目、内容或标准	存在问题记录	结果（×或√）
禁止抽烟、使用明火，禁止携带火种和易燃物品进仓		
进入库区的所有机动车辆须安装防火罩，各种机动车辆装卸物品后，不准在库区、库房、货场内停留		
禁止推叉车在仓库内奔跑或载人；禁止在行驶中的机动车辆上爬上、跳下		
栈板、叉车要定位存放；仓库、办公区域要符合5S要求		
人行通道两侧不得有突出或锐边物品		
日光灯和其他防燃型照明灯具应采取隔热、散热等防火保护措施；照明灯具垂直下方与储存物品水平间距不得小于0.5米		
设置醒目的防火标识；消防器材应当设置在明显和便于取用的地点，其周围不准堆放物品和杂物，并指定专人管理，确保其始终处于良好状态；全体员工应掌握消防设施的分布状况，并能够熟练使用消防器材		
库区的车道和仓库的安全出口、疏散楼梯等消防通道要有明显的标志，并严禁堆放物品		
安全出口、疏散通道和楼梯口处应当设置灯光疏散标志		
凡发生工伤事故，均须按规定进行报告、调查、处理		
严格执行交接班制度。下班前必须切断电源、熄灭火种、清理场地，并关闭好门窗		
企业安全巡查、抽查所提出的问题应及时改善		
其他		

检查人：_____　　　　审批人：_____　　　　检查日期：____年__月__日

264　限制非仓管人员入仓

企业应做出明确的规定，严禁非仓管人员进入仓库，具体规定如下。

（1）非仓管人员严禁进入仓库储存区域。

（2）物品人员在仓库物品交接区域内与仓管人员进行物品交接。

（3）送货人员在卸货区域内与仓管人员进行物品交接。

（4）必须进入仓库物品储存区的相关业务人员（如来料品质检验员、品质复检员、稽查审核员等）在获得库房的同意后，须填写"外来人员登记表"（见表12-2），由仓库人员陪同进入，严禁携带与仓库物品无关的物品进入；离开时须在该表中填写"出库时间"，如需携带物品离开，须接受仓库人员的检查。

（5）对物品进行筛选、维修的供应商指派人员应在指定的接待区域作业，不得进入仓库物品储存区域。

（6）清洁人员只能在正常工作时间进入仓库区域。

（7）进入仓库区域的外来人员有义务接受仓管人员的监督与检查。

（8）"外来人员登记表"须放置于仓库门口处。

表12-2　外来人员登记表

编号：_____

序号	日期	入库时间	姓名	性别	有效证件号码	部门/单位	联系电话	到库原因	出库时间	值班人签字	备注

制表人：_____　　　　　　　　　　　　　　审核人：_____

265　及时处理安全事件

在发生安全事件时，仓库主管为第一责任人。对于重大安全事件，责任人在知情后应及时报企业总经理处理，并保护好现场。

266　库房的安全管理

仓库主管要经常检查库房结构情况，对于出现地面裂缝、地基沉陷、结构损坏，以及仓库周围山体滑坡、塌方，或者防水防潮层和排水沟堵塞等情况，应及时维修和排除。

库房钥匙应集中存放在仓库控制区门卫值班室，实行业务处、门卫值班和仓管员三方控制。对于存放易燃易爆、贵重物品的仓库，要严格执行两人分别掌管钥匙和两人同时入库的规定。有条件的库房应安装安全监控装置，并合理使用、严格管理。

267　起重驾驶安全管理

仓库的机械化、自动化程度日益提高，为了避免在使用机械设备的过程中发生事故，仓库主管须采取有效的安全防护措施，督促驾驶员遵循安全作业操作规程。

1．对于起重驾驶人员的要求

操作起重运输机械的驾驶人员必须经过专业的技术培训，待有关部门考核合格后持证上岗。驾驶人员应熟悉运输机械的结构和性能，并掌握其保养方法，严格遵守安全操作规程。在使用机械设备前，须对各零部件进行检查；如发现问题，须及时进行修复。

2．巷道式堆垛起重机的安全装置

巷道式堆垛起重机在又高又窄的巷道内快速运行，对此，相关人员必须遵守安全作业操作规程。除了一般起重机常备的一些安全保护装置和措施，如各种机构的终点限位开关、缓冲器、紧急停车、电机过电流和过热保护、控制回路的零位保护等，还应根据实际需要增加以下五种安全保护措施。

（1）货叉与运行、起升机构的连锁。当进行堆垛和高速升降时，堆垛机的运行和高速升降电路要闭锁。

（2）入库时要进行货物虚实探测。自动堆垛机到某货格进行入库作业时，应在伸叉存入货物之前，先探测该货格内有无货物，以防双重入库，造成事故。探测器可以是反射式光电开关，也可以是机械式探杆。若探测到货格内已有货物，应立即停止入库作业，并发出"双重入库"的报警信号。

（3）钢丝绳松绳过载时弹簧变形过大，碰压行程开关后即刻发出报警信号，使堆垛机停止运作，也可用压力传感器和电子线路代替行程开关作为负载限制器。

（4）载货台断绳保护。一旦钢丝绳断裂，载货台连同司机室就会自由下落，这时保护装置的安全挂钩和楔块可迅速把载货台夹在立柱导轨上。

（5）声光信号。堆垛机开动前，应先用电铃或闪光灯发出信号，以警告机上或巷道内的检修人员及过往人员。

268　电器设备安全管理

仓库主管对仓库电器设备进行安全管理须满足以下十点要求。

（1）各种用电系统的设计、用电装置的选择和安装，都必须符合相关的技术规范或规程。

（2）经常检查电器线路有无破损、漏电现象，电线是否出现年久失修的现象。

（3）电源开关应设置在距离地面 1.5 米处，灯泡与地面的距离应高于 2 米，与可燃物之间的距离应大于 0.5 米。灯泡正下方不准堆放可燃物。

（4）仓库内的灯泡严禁用纸、布或其他可燃物遮挡。仓库内可使用 60 瓦以下灯泡，不准用日光灯及 60 瓦以上的灯泡，最好使用防爆灯。

（5）仓库内禁止使用电炉等电热器具，不准私拉乱接电线。

（6）仓库内不准设置移动式照明灯具，必须使用时须报消防部门批准，并有安全保护措施。

（7）仓库内铺设的配电线路须穿金属管或用非燃性硬塑料管保护。

（8）仓库内不准使用电炉、电烙铁、电熨斗、电热杯等电热器具和电视机、电冰箱等家电用品。对使用电刨、电焊、电锯、各种车床的部门要严格管理，必须制定安全操作规程和管理制度，并报消防部门批准，否则不得使用。

（9）仓库电器设备的周围和架空线路的下方严禁堆放物品。对输送机、升降机、吊车、叉车等机械设备易产生火花的部位和电机、开关等受潮后易出现短路的部位要设置防护罩。

（10）仓库必须按照防雷规定设置防雷装置，并定期检测。对影响防雷装置效果的高大树木等要按规定及时清理。

269　运用颜色管理

在仓库中运用颜色管理是防止人员和物品发生意外的有效措施之一。企业在平时就应培训仓管人员了解各项安全法则及各种颜色的意义。

（1）红色标志代表警告及禁止，危险标志、装有危险品的容器及禁止烟火等标志都用红色。

（2）黄色标志代表特别注意。

（3）绿色标志代表安全。

（4）白色或黑色相间颜色标志用以指示目标物。

（5）紫色标志代表物品有放射性危险等。

270　安全作业管理

安全作业管理是指物品在装卸、搬运、储存、保管的过程中，为了防止和消除过程中的事故，保障员工安全，减轻体力劳动而采取的措施。对此，仓库主管要做好以下三个方面的工作。

1．树立安全作业意识

企业应定期对仓管人员进行安全作业培训，使仓管人员从思想上重视安全作业。

2．提高员工的操作技能

通过提高仓储设备的技术水平，减少手动装卸、搬运，更多地采用机械设备和自动控制装置，以提高作业的安全性，有效降低事故的发生率。企业要对仓管人员开展岗位培训和定期技能考核，这样既能提高企业的生产效率，也能保障员工的人身安全。

3．认真执行安全作业操作规程

仓库作业的安全操作规程是经过实践检验的、能有效减少事故发生的规范化的作业操作方法。仓管人员应严格执行安全作业操作规程，并对不遵守安全操作规程的行为进行及时且严厉的制止。

271　一般物品安全管理

一般物品要分区分类储存，仓库主管应根据相关要求对不同的物品进行分区存放。一般物品在库储存时必须安排专人负责，仓库主管和仓管人员都要经常对其进行检查。

272　特殊物品安全管理

特殊物品是指稀有贵重金属材料及其成品、珠宝玉器及其他贵重工艺品、贵重药品、仪器、设备、化工危险品、特需物品等。储存此类物品时除了要遵循一般物品的管理制度和相关法律法规，还要根据这些物品的性质和特点制定专门的储存管理办法，具体内容如下。

（1）设专库（柜）储存。储存场所必须要具备防盗、防火、防爆、防破坏等条件。企业可根据实际情况安装防盗门、监视器、报警器等装置。外部人员严禁进入仓库。

（2）保管特殊物品应指定有业务技术专长的人员负责，并且必须是两人以上，一人无收发权。

（3）要严格执行审批、收发、退货、交接、登账制度，预防在储存、运输、装卸、堆码、出入库等流转过程中发生丢失或错收、错发事故。

（4）特殊物品要有特殊的保管措施，企业要经常进行盘点和检查，保证账物相符。

（5）对于过期失效和报废的易燃、易爆、剧毒、腐蚀、污染、放射性等物品，企业要按照公安部门和环保部门的相关规定进行处理与销毁，不得随意处置。

273　防盗管理

盗窃事件多是由放置场所不当或仓库位置、构造、关锁不当造成的。仓库主管在防盗管理中应注意以下七个事项。

(1) 限定仓库人员出入，其他人员未经仓库主管的同意不得随意进出仓库。

(2) 进出仓库时应进行登记，登记的内容包括时间、姓名、任务等，以备日后查证。

(3) 提送货人员要进库办理业务时，必须向门卫出示送货凭证，门卫要做好入库登记，并收存入库证，指明送货地点。提送货人员一般不得进入仓库，必须进入仓库时，须由仓管人员的同意，并佩戴入库证，由仓管人员陪同出入；业务办理完毕，离开仓库时，提送货人员须交还入库证，若随身带出物品则要向门卫递交出门证，经门卫查验无误后方可离开。

(4) 容易发生盗窃事件的收藏处应告知值勤保安人员，要求其加强巡逻。

(5) 小件而高价的物品应加锁保管。

(6) 对于仓库内部人员要强化监督，如增加监督设施、提升监管水平、定时进行业务盘点、开展有奖举报等。

(7) 提高仓管人员的素质。

274　配备仓库安防系统

计算机技术、网络技术、多媒体技术的成熟与发展为仓储管理、安全防范自动化提供了强有力的技术支持。仓库主管可以考虑安装仓库安防系统，以加强仓库安全管理。

仓库安防系统的具体作用包括周界入侵报警、重要物品定位管控、烟火检测等六项，具体内容如下。

1. 周界入侵报警

仓库安防系统可在复杂天气环境中（如雨雪、大雾、大风天气）精确地对出入口、重要区域及四周围墙划定的警戒区实施监控。当发生异常情况时，系统会实时发出警报、跟踪目标运行轨迹并自动录像。该系统将传统的视频监控有人值守转变为无人值守，将事后追查录像转变为事前预防和制止，大大提升了仓库的安全系数。

2. 重要物品定位管控

当处于监控区域的物品被盗或移动时，仓库安防系统能迅速发出警报并自动录像，这有效解决了外部非法人员偷盗或内部管理人员监守自盗的问题，最大限度地降低了此类事故的发生概率。

3．烟火检测

仓库安防系统能通过视频图像自动识别火焰和烟雾，并标明烟、火的准确位置，自动输出与其他应急系统的开关量联动信号。

4．多种传感器接入与报警

仓库安防系统可实现对温湿度、烟感、门禁、红外对射、感应电缆等多种传感器的接入及报警管理，并可与视频图像进行联动与复合。

5．可视在线电子巡查

仓库安防系统可设置电子巡查计划，包括时间、路线、人员；可自动记录巡查过程并录像；可结合智能卡进行身份识别与认证；可自动分析巡查漏检事件；可进行巡查录像，以便检查巡查人员及巡检过程。

6．库门智能管控

库门智能管控取代了原有钥匙柜，节省了设备投入；从管钥匙转变成管门，极大地提高了安全性；结合智能卡进行身份识别与认证，取钥匙时撤防并录像；还钥匙时布防并停止录像；到期未还钥匙，系统会自动发出声光警报。

仓库主管可将为安防系统采购的设备明细记录在表12-3中，然后将此表提交采购部审批。待采购部审批通过后方可进行采购。

表12-3　标准设备清单配置

编号：_____　　　　　　　　　　　　　　　　　填表日期：____年__月__日

系统设备名称	规格/型号	数量	单位	单价（元）	金额（元）	备注

制表人：_____　　　　　　　　　　　　　　　　　审核人：_____

第二节 消防安全管理

275 仓库常见的火灾隐患

1．电器设备方面的隐患

（1）电焊、气焊违章作业。

（2）用电超负荷。

（3）违章使用电炉、电烙铁、电热器等。

（4）使用不符合规格的保险丝和电线。

（5）电线陈旧，绝缘层破裂。

2．储存方面的隐患

（1）对不同的物品未进行分区分类，并将易燃易爆等危险品存入一般库房。

（2）储存场所的温湿度超过规定极限。

（3）库区内的灯距不符合规定要求。

（4）易燃液体挥发渗漏。

（5）可自燃物品堆码过实，通风、散热、散潮条件不好。

3．机具方面的隐患

（1）无防护罩的汽车、叉车、吊车进入库区或仓库。

（2）使用易产生火花的工具。

（3）在仓库内停放或修理汽车。

（4）用汽油擦拭零部件。

（5）叉车内部皮线外露、油管老化漏油。

4．火种管理方面的隐患

（1）外来火种和易燃品因检查不严被带入库区。

（2）在库区内吸烟。

（3）在库区内使用明火。

（4）炉火设置不当或管理不严。

（5）未及时清理易燃物。

276　仓库常见的防火措施

仓库常见的防火措施如下。

(1) 建立健全的防火组织和消防制度。各个库房、料棚和货场要安排专人负责消防。

(2) 灭火设施要齐备。灭火器、水源和消防沙包要始终处于良好的使用状态。

(3) 定期对全体员工进行消防培训，做到人人熟悉消防知识和灭火工具的使用方法。

(4) 仓库内严禁使用明火。

(5) 经常检查仓库内的电器设备和线路，出现问题时须及时维修。

277　库存危险品的防火要点

库存危险品的防火要点如下。

(1) 防止明火引起的火灾。禁止把火种带入库区，严禁在库区、货区内吸烟。焊接金属容器时，必须在仓库外指定的安全地带操作。

(2) 防止因摩擦和冲击引起的火花。在搬运装有易燃、易爆危险品的金属容器时，严禁滚、摔或拖拉，防止物品之间相互撞击、摩擦产生火花；同时不得使用能够产生火花的工具开启容器；进入仓库内的任何工作人员都不能穿铁钉鞋，以防铁钉与地面摩擦产生火花。

(3) 防止电器设备引起的火灾。在装卸搬运易燃、易爆的危险品时使用的电瓶车、电动吊车、电动叉车及仓库内电源线路和其他电器设备时必须采用防爆式，作业结束时必须立即切断电源。

(4) 防止化学能引起的火灾。浸油的纱布、抹布等不得放置在仓库内，防止自燃。

(5) 防止阳光照射引起的火灾。用玻璃容器盛装的可燃、易燃液体，在露天搬运和储放时，须防止阳光照射而引起燃烧；易燃、易爆物品的库房窗玻璃应涂以浅色油漆，防止日光照射物品；装有压缩或液化气体的钢瓶、低沸点的易燃液体的铁桶容器、易燃易爆的物品，以及受热容易蒸发汽化的物品都不得在阳光下暴晒。

278　配置灭火器

1．明确灭火器的配置数量

仓库主管应为仓库配置灭火器。为仓库配置灭火器时，应按每100平方米一个计算，每间库房不得少于两个。当然，企业可根据实际情况适当调整。

2．明确灭火器的存放位置

灭火器应悬挂在仓库外面的墙上，距离地面的高度不得超过1.5米，并要远离取暖设备、防止阳光直射。灭火器存放于灭火器箱内，以达到被保护和美观的要求。

3．明确灭火器的配置种类

不同的场所须配置不同的灭火器，这样才能有效发挥灭火器的作用。不同场所选用灭火器配置种类见表12-4。

表12-4　不同场所选用灭火器配置种类

场所	灭火器配置种类
存储精密仪器和贵重设备的场所	灭火剂的残渍会损坏设备，忌用水和干粉灭火器，宜选用气体灭火器
存储贵重书籍和档案资料的场所	忌用水灭火，宜选用干粉灭火器或气体灭火器
存储电器设备的场所	热胀冷缩可能引起设备破裂，忌用水灭火，宜选用绝缘性能较好的气体灭火器或干粉灭火器
存储高温设备的场所	热胀冷缩可能引起设备破裂，忌用水灭火，宜选用干粉灭火器或气体灭火器
存储化学危险物品的场所	有些灭火剂可能与某些化学物品发生化学反应，有导致火灾扩大的可能，宜选用不会与化学物品发生化学反应的灭火器
存储可燃气体的场所	有可能出现气体泄漏引发火灾，宜选用扑灭可燃气体灭火效果较好的干粉灭火器或气体灭火器

279　灭火器的正确使用方法

正确使用灭火器的方法主要有冷却灭火法、拆移灭火法、窒息灭火法和抑制灭火法四种。

1．冷却灭火法

该方法是将灭火剂直接喷洒在可燃物上，使可燃物的温度降至自燃点以下，从而使其停止燃烧，水、酸碱灭火器、二氧化碳灭火器等均有一定的冷却作用。

2．拆移灭火法

拆移灭火法也称隔离灭火法，是将燃烧物与附近可燃物品隔离开或疏散开，从而使燃烧停止。例如，将火源附近的易燃易爆物品转移到安全地带；关闭设备或管道上的阀门，阻止可燃气体、液体流入燃烧区等。

3．窒息灭火法

该方法可以隔绝燃烧物与氧气。采用窒息灭火法灭火时，可采用石棉被、湿麻袋、砂土、泡沫等不燃或难燃材料覆盖燃烧物或封闭孔洞；用水蒸气、惰性气体（二氧化碳、氮气等）充入燃烧区域；用水淹（灌注）的方法进行扑救。

4．抑制灭火法

该方法是将化学灭火剂喷入燃烧区参与燃烧反应，中止燃烧反应而使燃烧停止。采用此方法可使用的灭火剂有干粉和卤代烷灭火剂。灭火时，将足够数量的灭火剂准确地喷射到燃烧区内，使灭火剂阻止燃烧反应。同时，还须采取必要的冷却降温措施，以防复燃。

280　灭火器的检查和保养

仓库主管应加强对灭火器的检查和保养，具体内容如下。

（1）每月检查一次灭火器，1～2年更换一次灭火器，并做好记录。

（2）灭火器的喷嘴要保持疏通，或者套上纸罩，以防尘土、污物堵塞喷嘴，大型灭火器的皮管要经常检查，防止昆虫和污物侵入。

（3）露天放置的灭火器应避免暴晒、雨淋，也不能放在高温的地方，防止灭火剂和水分的自然蒸发。

（4）为了防止灭火器内结冰，当室内外的气温低于5℃时，应用棉絮或其他保暖材料覆盖灭火器，但要露出喷嘴。

281　灭火器的报废年限

灭火器是有使用期限的，超出使用期限的灭火器可能会失效，从而不能发挥灭火的作用。从出厂日期算起，达到表12-5所示年限的灭火器必须作报废处理。

表12-5　灭火器的报废年限

类别	报废年限（年）
手提式化学泡沫灭火器	5
手提式酸碱灭火器	5
手提式清水灭火器	6
手提式干粉灭火器	8
手提贮压式干粉灭火器	10

（续表）

类别	报废年限（年）
手提式1211灭火器	10
手提式二氧化碳灭火器	12
推车式化学泡沫灭火器	8
推车式干粉灭火器（贮气瓶式）	10
推车贮压式干粉灭火器	12
推车式1211灭火器	10
推车式二氧化碳灭火器	12

在报废时，必须在灭火器或贮气瓶的筒身或瓶体上打孔，并且用不干胶贴上报废标志。报废标志的规格和内容如下：注明"报废"字样，其字体最小为25毫米×25毫米；注明报废日期；维修单位名称；检验员签章。企业每年要对灭火器至少进行一次维护与检查。

282 配备消防水桶

消防水桶应做成尖底的，容器漆以红色。在仓库中，每50平方米至少配备一个消防水桶。独立的仓库至少配备四个消防水桶，挂在出入口外墙明显处。无论有无消防管道，在每个仓库附近都要配置一定数量的大水桶。在储存液体燃料的仓库附近必须配有用木箱桶盛装的沙子，容器漆以红色。

283 配备消火栓箱

消火栓箱是由箱体、室内消火栓、水带、水枪及电器设备等消防器材组成的箱状固定消防装置，具有给水、灭火、控制和报警等功能。消火栓箱适用于室内消防系统的厂房、库房、高层建筑和民用住宅等。企业须每个月对消火栓箱进行一次检查，并做好检查记录，具体如表12-6所示。

表12-6　消火栓箱检查表

编号：_____　　　　　　　　　　　　　　　　　　填表日期：____年__月__日

月份	检查内容				检查人	备注
	箱体是否完好	接驳口是否漏水	水带折叠处的织线间是否有间隙	水箱内是否有水枪		
1月						
2月						
3月						
4月						
5月						
6月						
...						
12月						

制表人：_____　　　　　　　　　　　　　　　　　审核人：_____

说明：（1）每个月的16日对消火栓进行检查，若遇节假日，则提前至距节假日最近的一个工作日检查；

　　　（2）符合要求的打"√"，不符合要求的打"×"；

　　　（3）第3项打"√"表示"织线间无间隙"且完好，否则打"×"。

284　设计防火墙

仓库主管在规划仓库时应考虑防火墙的设计。确定其厚度时要考虑发生火灾时的烘烤时间，其高度应超出屋顶。

在库房、料棚和货场内应留出足够的防火隔离带，防火隔离带内严禁存放可燃物品。

防火门是用耐火材料制成的，某间库房一旦起火，扑救不及时可紧急关闭该库房的防火密封门，防止火势蔓延到另一间库房。

285　准备消防应急包

消防应急包中包含几种常用的灭火和逃生用具，通常有应急包箱一个、灭火器一个、自救呼吸器（防毒面罩）一具、防水探照灯一个、逃生绳一条、不锈钢挂钩一个、腰斧一把，企业可根据实际需要进行配置。

286 经常开展消防检查

仓库主管须通过日常的维修与保养使仓库所配备的消防设备和消防器材处于良好的使用状态，同时要设专人于每日对其进行检查，及时消除安全隐患。仓库主管也要经常进行消防检查。

287 及时整改消防隐患

仓库主管在日常消防检查中若发现设备、设施发生异常，或者发现其他违反消防安全规定的行为，要立即查明原因，及时下发"消防安全检查整改通知书"（见表12-7），并尽快采取处理措施。

表12-7 消防安全检查整改通知书

编号：_____   填表日期：___年__月__日

收件部门		库房号		联系人		电话	
消防检查异常情况描述						检查人：_____	
整改期限						检查人：_____	
整改要点						整改人：_____	
整改验收						验收人：_____	

288 开展消防安全培训

仓库主管应经常组织仓库的所有员工进行应急疏散演练，并对他们进行消防安全知识培训。

消防安全培训与演练的内容如表12-8所示。

表12-8　消防安全培训与演练的内容

项目	具体内容
了解火灾的性质与发展阶段	（1）火灾的性质：首先要明确是因电线引发的火灾，还是因其他物质引起的火灾；若为前者，一定要先切断电源，然后再灭火。室内火灾具有突发性、多变性、瞬时性的特点。 （2）火灾发展的四个阶段分别是初起、发展、猛烈和熄灭
掌握灭火的方法	灭火的方法有冷却法、窒息法、隔离法、抑制法等
了解各种灭火器的使用方法（手提式、推车式）	灭火器的种类有干粉灭火器、泡沫灭火器、二氧化碳灭火器、1211灭火器等，仓管人员必须掌握其操作方法
了解"三级教育""四懂""三会""四利用"和"五不要"	（1）"三级教育"：（消防）厂级教育、车间级教育、班组级教育。 （2）"四懂"：懂岗位火灾危险性、懂岗位预防火灾措施、懂岗位灭火方法、懂火灾报警方法。 （3）"三会"：一会报警，包括电话报警（119）、手动报警（按钮报警、击破报警）和自动报警（烟感报警、温感报警）；二会扑灭初起火灾，会使用灭火器；三会逃生和组织他人逃生。 （4）"四利用"：利用建筑物本身的疏散设施，利用缓降器，利用自救绳，利用避难空间。 （5）"五不要"：不要乘坐电梯，不要到角落处躲避，不要为穿戴衣服、寻找贵重物品而浪费时间，不要私自重返火场救人或取财物，不要轻易跳楼

289　制订仓库消防演练计划

为了使消防安全培训与演练有计划、有秩序地进行，仓库主管应事先与安全部门的主管协商制订仓库消防演练计划，具体内容如下。

（1）演练目的。

（2）演练时间、地点、参加人员（需要安全管理部门指导或其他部门人员参与的，须在此列出）。

（3）演练的步骤、要求等。

下面是某企业制订的仓库消防演练计划，供大家参考。

【实用案例】

××企业仓库消防演练计划

一、演练目的

1. 提高仓管人员在发生紧急事故时的应变能力，使仓管人员熟悉仓库内逃生路线及各种自救办法。

2. 使消警队员及仓管人员掌握灭火器材的使用方法。

二、演习主题（模拟）

假设5号仓电瓶车发生故障，导致电线插座产生火星而引发周围易燃物品（草药）着火。

三、5号仓车间工作平面图（略）

四、演习程序（模拟）

事故引发：2012年6月29日下午14:00，5号仓搬运工在搬运草药时由于操作不当，机器发生故障，引发电线插座产生火星，引燃周围堆放的草药产生烟雾。仓管人员发现后，迅速跑到仓库内左侧拿取灭火器材进行灭火，当火势有发展的趋势时，立即通知仓库领导和安保主管，呼救、组织消警队伍灭火（在紧急情况下应立即拨打119报警）。

仓库领导和安保主管接到警报后立即前往现场查看火灾情况，及时向企业安保部门和企业领导汇报，同时拨打119报警。

仓库安保主管迅速组织消警队员在现场扑救，同时仓库领导组织队伍抢险，并疏散人员和物资。

1. 应急处置组织及人员编组

救灾小组：仓库消警队伍和抢险救队伍。

通信小组：李××、张××。

紧急应变指挥小组：王××、吴××。

救灾小组职责：听到火灾警报后，由安保主管安排消警队员和抢险队伍携带消防工具迅速奔赴现场，对5号仓车间火灾进行扑救。为制止火势蔓延，在火情可控的情况下应立即将火灾现场内的易燃物搬走。

通信小组职责：保证仓库通信正常。

紧急应变小组职责：由仓库领导和安全主管领导，负责疏散、维护秩序及组织人员救灾，并把受到火灾威胁的物资疏散到安全地带。

2．紧急疏散

仓库领导和安全主管及仓管人员负责在现场指挥员工疏散，告知员工必须保持冷静，并有秩序地离开5号仓库，同时标示出疏散逃生路线（集合地点：仓库停车场）。

3．维护秩序

一旦发现火势无法控制，应及时拨打119报警，协助消防队员作业和取证，并划出警戒线，阻止围观人员进入事故现场。

4．抢救措施（模拟）

消警队员到位后，立即取出水带，连接好接头，并拉到相应位置对着火源点，另一名消防队员迅速打开消火栓阀灭火；同时，其他消防队员在就近区域取出灭火器在相应位置进行灭火，十分钟后火势得到控制。

5．善后处理（模拟）

（1）彻底消灭余火。火扑灭后，火场里往往还残留着一些没有完全熄灭的火星，所以必须进行仔细的检查，把所有的余火全部扑灭。同时，还要派人保护好现场，等候相关部门做火灾调查。

（2）查明引起火灾的原因，遵循"四不放过"原则，从中吸取教训，并向全体员工开展防火灭火教育。

（3）打扫现场，清理灭火器材及残渣。

五、总结

火灾扑灭后，消警队员要对火灾的情况、扑救方法进行研究和总结，以此不断提高消警队员灭火自救的战斗能力。常见的问题有：疏散时，员工不熟悉逃生的路线；员工对灭火器材的使用不够熟练；消警队员不熟悉操作要领，容易慌张。

今后，必须通过进一步的培训和日常训练来完善以上不足之处。

第十三章　仓库5S与目视化管理

导读 >>>

5S和目视化管理有助于提高仓库的工作效率，仓库主管应当带领仓储部员工做好这两项工作。

　　Q先生：我想在仓库开展5S工作，有哪些注意事项呢？

　　A经理：你首先要了解仓库的哪些工作在5S方面存在问题，如物品管理方面、安全管理方面、员工方面等。这样你才能有针对性地开展5S工作。当然，你要督促员工与你一起开展这项工作，否则很难获得理想的效果。

　　Q先生：我对目视化管理不是很熟悉，也意识不到它发挥的作用，您能给我一些好的建议吗？

　　A经理：你可以采用多种方法开展目视化管理。例如，制作仓位图，在容器外贴上标签、运用颜色辨识法或红线控制最高库存量或最适订购点。当然，你也可以混合使用这些方法，以获得最佳的效果。

第一节 仓库5S管理

290 仓库5S管理内容

5S是指Seiri（整理）、Seiton（整顿）、Seiso（清扫）、Seiketsu（清洁）和Shitsuke（素养），因为这五个单词的首字母都是"S"，所以被统称为"5S"。5S的具体内容如下。

（1）整理：区分必需品和非必需品，做到工作现场不放置非必需品。

（2）整顿：将寻找必需品的时间减少至零。

（3）清扫：保持工作现场无垃圾、无灰尘。

（4）清洁：将整理、整顿、清扫进行到底，并且将其制度化。

（5）素养：对于规定好的事，大家都要遵守执行。

291 物品管理5S问题点

物品管理5S问题点的具体内容如表13-1所示。

表13-1 物品管理5S问题点的内容

5S问题点	危害
物品乱堆乱放	可能造成损坏和导致通道不畅
物品外包装上没有标识	可能造成误用或错取
物品表面有灰尘	可能影响物品的品质
物品堆积过高	有跌落的危险
物品存放位置不固定	增加寻找物品的时间
物品外包装有破损	可能造成物品损坏
无用物品未处理	占用场地，增加管理难度

292　安全管理5S问题点

安全管理5S问题点的具体内容如表13-2所示。

表13-2　安全管理5S问题点的内容

5S问题点	危害
安全隐患多	可能造成火灾或安全事故
灭火装置配置不合理	发生安全事故时，可能造成应急措施的延误
安全通道不畅	
消防设备维护不良	
应急措施不明确	
设备存在安全隐患	可能造成工伤事故
未按规定的操作规程作业	

293　员工方面5S问题点

员工方面5S问题点主要表现在员工的精神面貌上，具体内容如表13-3所示。

表13-3　员工方面5S问题点的内容

5S问题点	危害
员工无精打采	工作效率低
员工穿戴不整齐	影响外观和员工士气
员工抱怨多	工作积极性低，工作效率低
现场员工无所事事	影响企业形象和生产效率
员工之间缺乏沟通	影响工作效率
员工未按标准作业	容易造成品质不良或引发安全事故

294　区域管理5S问题点

区域管理5S问题点的具体内容如表13-4所示。

表13-4　区域管理5S问题点的内容

5S问题点	危害
区域规划不合理	影响工作效率和企业形象
区域内有垃圾、灰尘	影响企业形象
区域管理责任不明确	
区域内有乱张贴现象	
区域内没有任何标识	
墙面、地面有破损	影响企业形象和员工士气
门、窗、桌、椅等有破损	

295　工作环境5S问题点

工作环境5S问题点的具体内容如表13-5所示。

表13-5　工作环境5S问题点的内容

5S问题点	危害
空气流通不畅	危害员工身体健康
温度、湿度过高	影响人体健康或产品品质
粉尘多、气味浓重、噪声大	
采光或照明不充足	
地面、楼面有破损	影响企业形象
更衣室、休息室、卫生间不整洁	员工工作积极性低
员工没有休息场所	

296　作业5S问题点

作业5S问题点的具体内容如表13-6所示。

表13-6　作业5S问题点的内容

5S问题点	危害
不必要的走动作业多	作业效率低
不必要的搬运作业多	
作业停顿次数多	
弯腰、曲背、垫脚作业多	作业效率低，且工作强度大
转身角度过大	
因难作业多	
不规范作业多	容易造成品质不良或引发安全事故

297　设备5S问题点

设备5S问题点的具体内容如表13-7所示。

表13-7　设备5S问题点的内容

5S问题点	危害
设备表面有灰尘	影响企业形象，易造成设备故障
设备表面油漆脱落	
在设备上乱张贴标识	
未处理无用设备	占用空间，造成浪费
未修复设备故障	造成设备损坏，使用寿命缩短
未明确点检标准	易造成设备不良
设备存在安全隐患	可能引发安全事故

298　仓库整理工作要领

1. 现场检查

对货仓工作现场进行全面检查，包括看得见和看不见的地方。设备的内部、文件柜的顶部、货架底部等部位要重点检查。

2．区分必需品和非必需品

管理必需品和清除非必需品同样重要。首先要判断物品的重要性，然后根据其使用频率确定管理方法。例如，采用恰当的方法保管必需品，以便查找和使用。

3．清理非必需品

清理非必需品时可以从以下四个方面着手。

（1）货架、工具箱、抽屉、橱柜中的杂物，过期的报纸、杂志，空罐，已损坏的工具、器皿。

（2）各仓库的墙角、窗台上、货架后、柜顶上存放的样品与零件等杂物。

（3）长时间不用或已经无法使用的设备、工具、原材料、半成品、成品。

（4）仓库办公场所、桌椅下面、揭示板上的废旧文具、过期文件及表格、过期的数据记录等。

4．非必需品的处理

非必需品包括无使用价值和有使用价值两类，可以对它们分别进行处理。

（1）无使用价值的非必需品的处理方法如下。

①折价变卖。

②转为其他用途。

（2）有使用价值的非必需品的处理方法如下。

①涉及机密、专利的物品应作特殊处理。

②将普通废弃物分类后出售。

③对造成污染环境的物品作特殊处理。

5．每日循环整理

整理是一个永无止境的过程。现场每天都在变化，昨天的必需品在今天可能就是多余的，今天的需求与明天的需求必有所不同。整理贵在日日做、时时做。

299　仓库整顿工作要领

1．彻底整理

（1）只留必需品。

（2）在工作岗位上只保留最低限度的必需品。

（3）正确判断出是个人所需品还是小组共需品。

2．确定放置场所

（1）对于放在岗位上的哪一个位置比较方便进行研讨。

（2）制作比例为 1∶50 的模型，以便规划布局。

（3）将经常使用的物品放在工段的附近。

（4）特殊物品、危险品应设有专门的保管场所。

（5）物品存放的位置必须固定。

3．规定物品的存放方法

（1）产品按机能或种类分别放置。

（2）物品的存放方法有架式、悬吊式等，各岗位应提出各自的意见。

（3）尽量立体放置，以充分利用空间。

（4）便于拿取和先进先出。

（5）放置于规定区域。

（6）应设有堆放高度限制。

（7）容易损坏的物品要隔开或加防护垫保管，防止相互碰撞。

（8）做好防潮、防尘、防锈工作。

4．做标示

（1）使用不同颜色的油漆、胶带、地板砖或栅栏划分物品存储区域。

（2）通道最低宽度的规定如表 13-8 所示。

表13-8　通道最低宽度的规定

通道类型	最低宽度
人行通道	1米以上
单向车通道	最大车宽+0.8米
双向车通道	最大车宽×2+1米

（3）不同区域的颜色区分如表 13-9 所示。

表13-9　不同区域的颜色区分

颜色	所代表的区域
绿色	通行道／合格品
黄色	临时区域／移动设备
白色	作业区
红色	不良区／不合格品

（4）在放置场所标明所存放的物品名称。

（5）在物品上进行标示。

（6）根据工作需要灵活采用各种物品标示方法。

（7）标签上要注明物品信息。

（8）某些物料、产品要注明储存或搬运的注意事项及其保养的时间和方法。

（9）暂放物料、产品应挂暂放牌，并注明管理责任和时间跨度。

（10）全面实施标示的内容。

300　仓库清扫工作要领

1．仓库清扫的准备工作

仓库清扫的准备工作内容如表13-10所示。

表13-10　仓库清扫的准备工作内容

工作内容	具体内容
安全教育	对于员工进行清扫方面的安全教育，对可能发生的事故（如触电、洗涤剂腐蚀、尘埃入眼、坠落砸伤、灼伤等）进行警示和预防。 清扫的主要活动或要点如下。 （1）对于区域、设备进行彻底的清扫。 （2）责任到人，保证无清扫盲区。 （3）现场无垃圾、无污垢。 （4）加强对发生源的处理
设备常识教育	对于为什么会老化，会出现什么故障，用什么样的方法可以减少人为劣化因素，如何降低损失等进行教育
了解机械设备	通过掌握设备的基本结构，了解其工作原理，绘制设备结构图；对于出现尘垢、漏油、漏气、震动、异音等状况的原因进行分析，使员工对设备有一定的了解
技术准备	编制相关作业指导书，明确清扫工具、清扫位置、加油润滑的基本要求，螺钉拆除和紧固方法及具体顺序、步骤等

2．清除一切垃圾、灰尘

（1）作业人员应亲自动手清扫，不能由清洁工代替。

（2）清除长年堆积的灰尘、污垢，不留死角。

（3）将地板、墙壁、天花板，甚至灯罩里边擦拭干净。

3．清洁、点检机械设备

（1）设备表面应该是一尘不染、干干净净的。每天都要进行清洁，使其保持良好的状态。

（2）除了设备本身，其附属、辅助设备也要进行清洁（如分析仪、气管、水槽等）。

（3）要重点检查容易发生跑、冒、滴、漏的部位。

（4）要重点检查油管、气管、空气压缩机等的各个部位。

（5）一边清洁，一边改善设备状况，把设备的清洁与点检、保养、润滑结合起来。

4．整修在清洁的过程中发现问题的地方

（1）地面凹凸不平，搬运车辆行驶在上面有可能使产品摇晃发生碰撞，导致产品品质出现问题，这时必须及时整修地面。

（2）及时紧固松动的螺栓，弥补缺失的螺丝、螺母等零部件。

（3）对于需要防锈保护或需要润滑的部位要按照规定用润滑油进行保养。

（4）更换已老化或已破损的水管、气管、油管。

（5）清理堵塞的管道。

（6）调查跑、滴、冒、漏方面的原因，并及时处理。

（7）更换或维修难以读数的仪表装置。

（8）添置必要的安全防护装置（如防压鞋、绝缘手套）。

（9）及时更换绝缘层已老化或已损坏的导线。

5．查明污垢的发生源，从根本上解决问题

如果每日都进行清扫，但现场还是有油渍、灰尘和碎屑，仓管人员就必须查找污垢的发生源，从根本上解决问题。

6．实施区域责任制

对于清扫工作，应该实行区域责任制，责任到人。

301　仓库清洁工作的要领

仓库清洁工作的要领如表13-11所示。

表13-11　仓库清洁工作的要领

项目	具体内容
教育员工	将5S的基本理念传授给员工

项目	具体内容
整理——区分工作区的必需品和非必需品	带领员工到现场，将所有物品整理一遍，查看它们的使用周期，并做好记录，然后再区分必需品和非必需品
向作业者说明相关事项	区分必需品和非必需品时，应先向作业者说明一些相关事项
清除各岗位的非必需品	及时清除各岗位的非必需品，绝不能以"等明天再说"的心态对待
整顿——规定必需品的摆放场所	根据作业者的作业习惯、作业要求，合理地存放必需品，并规定其存放场所
规定物品的摆放方式	规定好必需品的存放场所以后，必须要确认物品存放的高度、宽度及数量，便于管理。同时，将这些规定形成文件，以便日后总结与改善
做标示	以上工作都完成后，有必要做一些标示，例如，用标示规定物品的存放位置，存放的高度、宽度和数量
向作业者说明物品的放置方法和识别方法	将规定的物品放置方法和识别方法告知作业者，将工作交到作业者手中，让其进行日常维护
清扫并在地板上画出区域线，明确各责任区责任人	必须划分责任区，明确责任人。只有规定责任范围和责任人，工作才能真正得到贯彻落实

302　仓库素养工作的要领

1．持续推动5S直至全员养成习惯

通过开展5S（整理、整顿、清扫、清洁、素养），使全体员工达到工作的基本要求，即形成素养。5S可以理解为：通过谁都能做到的整理、整顿、清扫、清洁，形成素养。

2．制定相应的规章制度

仓库主管应制定相关操作规范、行为礼仪及员工守则等各项规章制度，保证员工达到基本的职业素养。

3．教育培训

仓库主管应定期对员工，尤其是新员工进行教育培训。

4．培养员工的责任感，激发其工作热情

仓库主管应不断激发员工的工作热情和工作积极性，明确他们的职责，使他们产生强烈的责任感。

303 仓库5S检查

仓库主管应定期或不定期地开展仓库5S检查工作，确保5S得到严格执行，具体内容如表13-12所示。

表13-12 仓库5S检查内容

项目	规范内容	检查结果
整理	处理呆料、废料	
	将生产计划内不用的物品存放到指定的位置	
	将生产计划内要用的物品存放到易取用的位置	
整顿	应有货仓总体规划图，并按规划图进行区域标示	
	物品按规定放置，并规划好存放位置	
	物品要摆放整齐、容易收发	
	应在物品的显著位置设置明显的标志，方便辨识	
	货仓通道要畅通，不能堵塞	
	运输工具使用后应摆放整齐	
	将消防器材存放到易取用的位置	
清扫	地面、墙面、天花板、门窗要打扫干净，表面不能有灰尘	
	物品不能裸露存放，其外包装要干净整洁	
	运输工具要定期清理、加油	
	物品储存区要定期开窗、门通风，光线要充足	
	水源污染、油污管等要及时清理	
清洁	每天上下班时花三分钟时间做5S工作	
	随时进行自检	
	及时整改不符合要求的地方	
	保持工作场所内干净、整洁	
	员工要佩戴工牌、穿着工服，整洁得体，仪容大方	
	员工言谈举止文明有礼，对人热情大方	

项目	规范内容	检查结果
素养	精神饱满	
	运输货物时要谨慎	
	有团队合作精神，互帮互助，积极参加5S活动	
	时间观念强	

第二节　仓库目视化管理

304　目视化管理的基本特点

目视化管理是指用直观的方法展示管理状况和作业方法，让仓库全体员工能够判断工作的进展状况是否正常，并迅速提出合理化意见与建议。

目视化管理以显示视觉信号为基本手段，以公开、透明为基本原则，尽可能让大家知晓管理者的要求和意图，以此推动自主管理及自我控制。仓库现场的工作人员可以通过目视化管理方式将自己的意见、成果、感想展示出来，并与领导、同事进行相互交流。

305　用于查找物料储存位置的目视管理看板

规模大的企业的仓库所存放的物料有时多达上千种，要想在这些物料当中寻找其中的一种，除非对各种物料的储存位置了如指掌，否则十分困难。这时，仓库主管可以采用目视管理看板。

具体的做法是在仓库的入口处设置一个大看板，将仓库所有物品的存放位置标示在这个看板上，任何人要到仓库内存取物料，只要站在大看板前看一眼，就能知晓某种物料的确切储存位置，具体样例如图13-1所示。

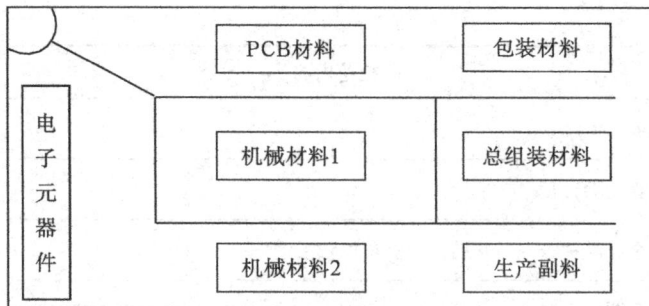

图13-1　目视管理看板示例一

　　若仓库面积大，或者存放的物料过多，一个大看板无法将整个仓库内的实景全部反映出来，则可让大看板发挥指引的功能，再用小看板来辅助大看板。也就是在仓库内的货架上或区域内再设置一个小看板，把该货架上或该区域内放置的物品标示出来，如图13-2所示。

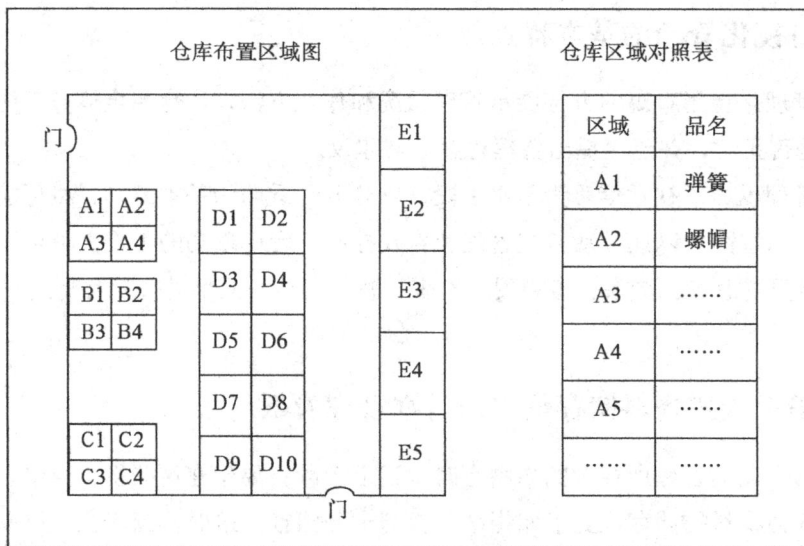

图13-2　目视管理看板示例二

306　在容器外贴上标签

　　仓库管理人员通常会在容器外张贴一个标签，用于介绍存放在容器内的物品信息。由于仓库管理人员辞职、岗位调动，这时仅凭这个标签上的说明文字，有可能无法全面了解容器内物品的状况。这时可以在每一个容器外贴上容器内物品的标签或照片，这样就能更便于查找物料。这种方法对零部件及呆滞料尤为适用。

307 运用颜色辨识法

运用颜色辨识法做好先进先出是仓库管理中非常重要的一环，因为有不少物料是有一定的保质期限的。先进先出是指按照物料生产的先后顺序发放物料，即先生产的物料先发放使用，后生产的物料后发放使用。

物料生产日期不同，其保质期也有所不同。某种物料在仓库里停留的时间越久，就意味着能向客户提供的保质期越短，所以必须把先生产出来的物料先投入使用。各种物料的有效期限如表13-13所示。

表13-13 各种物料的有效期限

物料名称	有效期限	备注
电子元器件	12个月	如铝电解电容、电阻、LED灯等
塑胶物料	12个月	如PC物料、PVC物料、ABS物料、AES物料等
五金冲压件	6个月	如镀锌板材、铝型物料、铜质物料等
包装用物料	6个月	如彩盒、纸皮箱、垫板、牛皮纸等
胶着剂	按说明书指定期限	如快干502胶着剂、UV胶着剂、混合型胶着剂等
油脂和溶剂类	24个月	如I-164润滑油、天那水、乙醇等

在通常情况下，做到先进先出并不容易，这里介绍一种简便易行的方法——颜色辨识法。

1．利用不同颜色的标签来辨识

检查仓管人员有没有做好物料先进先出工作，往往可以通过物料外包装上的标签来判断。一般进入仓库的物料的外包装上都贴着一张标签（见表13-14），内容包括品名、规格/型号、数量及生产日期等。

表13-14　标签示例

品名	
规格/型号	
数量	
生产日期	
备注	

通过查看物料的生产日期来辨识有没有贯彻执行先进先出。通过查看标签上的内容来辨识很容易出错，若将这些标签设置成不同的颜色，即标签的颜色随着生产日期的不同而变化，那么查看起来就会更便捷。例如，绿色标签代表2月生产，白色标签代表3月生产，黄色标签代表4月生产，蓝色标签代表5月生产，等等。仓管人员按照绿色、白色、黄色、蓝色等颜色的标签顺序，不用看具体内容，就可准确发料。如果现在是3月，而仓库出的是蓝色标签的物料，可是仓库内仍存放着白色、绿色、黄色等标签的物料，那么仓库就没有贯彻执行先进先出。

2．利用有颜色的打包带来辨识

有些货品不方便张贴标签，此时可用有颜色的打包带来辨识。例如，仓库要求供应商根据物料的生产日期，采用不同颜色的打包带打包，这样就可以通过打包带的颜色来贯彻执行先进先出。

3．利用有颜色的OPP胶布来辨识

仓库可以要求供应商采用不同颜色（代表不同月份）的OPP胶布来封箱，其辨识方法同有颜色的打包带。

308　运用位置代号定位

运用位置代号定位就是为每一个放置物品的位置设置一个位置代号。有了这个代号后，不仅便于拿取物料，要将物料送回仓库或要补新货时，也非常容易找到其储存位置。

1．编排方式

位置代号的编排方式没有固定的标准，但是必须遵循简单、易懂、有顺序的原则。

（1）"简单"就是不复杂，任何人都能运用自如。

（2）"易懂"是指这种用法很容易被员工掌握。

（3）"有顺序"是指很容易掌握先后顺序，有助于对全盘情况的了解与控制。

2．编码原则

编码时多使用阿拉伯数字。例如，某种物料存放在第2个货架第5层的第6个位置上，这时可用"256"表示。

309　运用物料管制卡

1．物料管制卡的作用

物料管制卡用于明确标示物料的储存位置，便于存取的牌卡，其作用如下。

（1）方便核对账目与物料信息。

（2）方便反馈物料信息。

（3）料上有账，账上有料，非常直观，一目了然。

（4）方便物料的收发工作。

（5）方便账目的查询工作。

（6）方便周、月、季度、年度的盘点工作。

2．物料管制卡的内容

"物料管制卡"（见表13-15）的内容如下。

（1）物料编号。

（2）物料名称。

（3）物料的储存位置。

（4）物料的等级。

（5）物料的安全库存量与最高库存量。

（6）物料的订购点。

（7）物料的订购前置时间。

（8）物料的出入库及结存记录（即账目反映）。

表13-15　物料管制卡

编号：_____　　　　　　　　　　　　　　　　　　　　填卡日期：____年__月__日

物料名称		料号		储存位置	
物料等级	□A □B □C	安全库存量		订购点	
		最高库存量		前置时间	

（续表）

日期	入库量	出库量	结存	签名	日期	入库量	出库量	结存	签字

制表人：_____   审核人：_____

310 运用红线控制最高库存量

大多数企业在物料的管理上都会规定一个最高库存量的上限，这样有助于掌控库存量。

许多企业运用画红线的方法来掌握库存量。那么，什么是红线管理呢？许多电影院、游泳池规定凡身高超过110厘米就要购票，所以在入口处的墙柱上，在110厘米的高度画上一道红线。售票员凭这道红线，以目视的方法判定这个人是否需要购票。这样的红线管理方法也可以应用在物料最高库存量的掌控上。

如果规定物料A的最高库存量不能超过10包，那么在放置物料A附近的墙柱或料架边，在第10包的高度处画一道红线，只要物料A的库存量超过10包，就会遮住这条红线，即表示物料A的最高库存量已超过上限。红线管理示意图如图13-3所示。

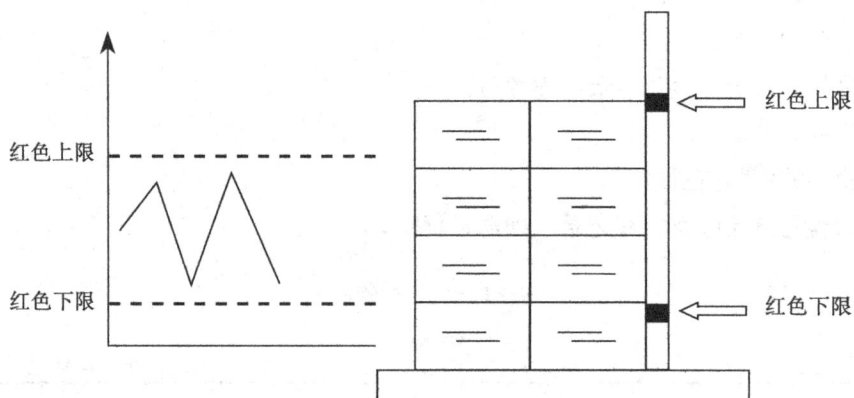

图13-3 红线管理示意图

311　运用红线管理控制最适订购点

最适订购点是指当库存量达到某一特定数量时，就是采购人员发出订单的最佳时候。下订单过早会增加库存，造成存货、资金的积压和仓储空间不够；下订单过晚很可能会因为物料无法及时供应，造成停工待料。

仓库内的物料往往有上千种，而每一种物料的最适订购点又不一样，若完全依赖仓管人员一项一项去点数的话，不仅耗费人力、物力，而且工作效率极低。更好的办法是运用红线管理法确定最适订购点，若达到这个点，采购人员即可发出订单。

下面是某公司运用红线管理控制最适订购点的案例，供大家参考。

【实用案例】

运用红线管理控制最适订购点

某公司的某种物料一个月要用10箱。该物料可随时打电话订购，从打电话订购到送货只需七天的时间。

根据以上情况，该物料如果库存量过多，就会产生浪费。因此，要想掌控该物料的库存量，将库存量的上限定为购备期的2倍即可，也就是20箱。

运用红线管理法，首先在存放该物料的位置处画一道红线，红线的高度刚好是20箱的高度。同时，告诉仓管人员，只要该物料库存量把这条红线给遮住，就表示其库存量超过了允许的最高库存量。接着，在该物料倒数第10箱上夹一张表示要采购的纸条，当这张纸条出现时，表示须立即通知采购部人员采购。

某公司每个星期要用10箱该物料，而购备期间是七天，所以，剩下的10箱，刚好足够在购备期间内使用。当物料用完时，采购人员又会补充新货，这样公司不仅不会有断料、待料之苦，还不会有超量的库存。

312　运用双箱法掌握最适订购点

将物料存放于两个货架或容器（箱子）内，先使用其中一个货架上的货，用完后再使用另一个货架上的货。第一个货架上的货用完时立即补货，补的货放置到前一个货架上，两个货架不断循环使用，即为双箱法。

仓管人员采用该方法可以一目了然地看出货物是否已达到订购点。另外，由于是轮流使用两个货架上的货，所以这种方法也有促进库存新陈代谢的优点。双箱法的运作流程如图13-4所示。

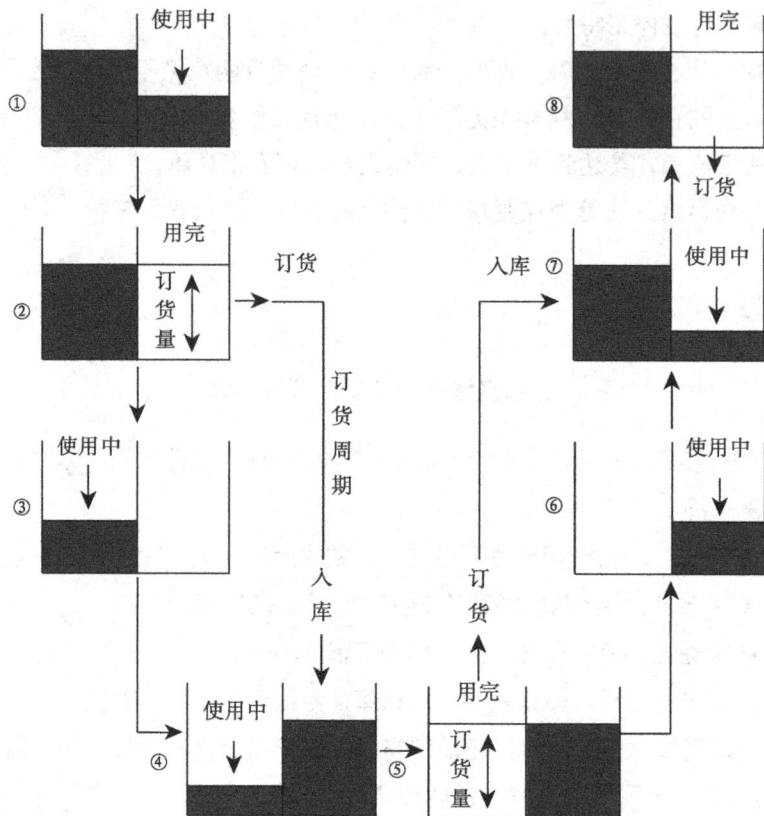

图13-4　双箱法的运作流程

双箱法的运作流程说明如下。

（1）先使用右边货架上的货，此阶段不可使用左边货架上的货。

（2）当右边货架上的货全部用完后，采购部立刻发出订购单，订货量即为左边货架的量。

（3）右边货架上的货用完后再使用左边货架上的货。

（4）订购的货送到后放置于右边的货架上，但不可使用，要继续使用左边货架上的货。

（5）当左边货架上的货也用完时，采购部立刻发出订购单。

（6）再使用右边货架上的货。

（7）订购的货送到后放置于左边的货架上。

（8）重复上述七个步骤。

313　运用三架法掌握最适订购点

将同一物品放置在三层货架上。先使用上层的货，用完后订货，然后使用中层的货，当中层的货用完，在正常情况下，订购的货已经到位并放置于上层货架上。若此时订购的货还未送到，就要立即催促。这种方法便是三架法，其示意图如图13-5所示。

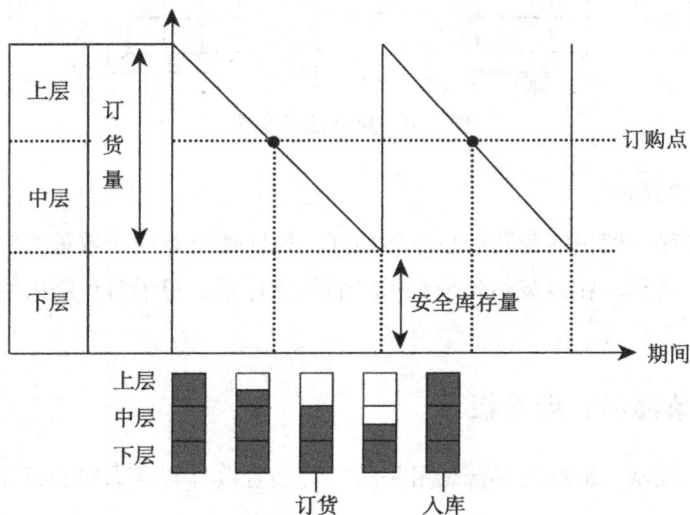

图13-5　三架法示意图

三架法实施说明如下。

（1）最下层的货架为安全库存量，很少变动，但要注意物品的保存期限。

（2）中层是订购点库存量减去安全库存量的余数。

（3）上层是最高库存量和减去安全库存量与中层库存量之和后的余数。

314　运用整体法管理小物品

对于小物品（零部件）一个一个地进行管理，既费时又费力。如果对其实施按箱（袋）管理，就省事得多。整体法就是这样一种方法。对于产品品质有保障的供应商，为了节省包装的手续及验货的麻烦，大多数企业都会采用此方法。整体法示意图如图13-6所示。

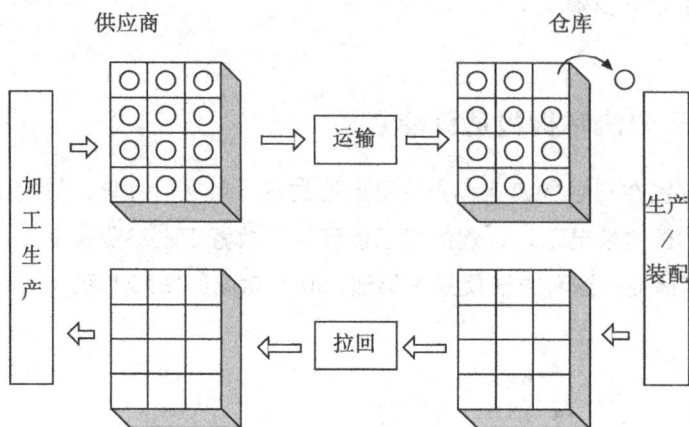

图13-6　整体法示意图

整体法实施说明如下。

（1）不同的物品，使用的包装箱也不尽相同，但应使用装固定数量的标准容器。

（2）为了便于管理，在包装箱外须有相应的颜色标示，用于辨识箱内的物品及其数量。

315　设置呆滞料管理看板

对于呆滞料的控制，最好的办法是用呆滞料管理看板，其样式如表13-16所示。

表13-16　呆滞料管理看板

呆滞料管理看板					
					填表日期：___年__月__日
顺序	品名	型号	规格	数量	有效日期

首先，将这些呆滞料集中管理，避免因分散管理导致无人管理的现象发生。其次，在

这些呆滞料前设置一个呆滞料管理看板，在这个看板上标示出该批呆滞料的品名、规格、数量、有效日期等信息，让仓管人员通过此看板就可随时掌握呆滞料的状况。

316 设置身份看板

身份看板是证明该物料归属的看板，运用它可以解决物料搬运中账料不明确的问题。它适用于体积大、不易搬运、不易做到物随账转的物料。身份看板上的标志有"待检验物料""待领用物料""待制物料"等。

317 设置缺料指示灯和随货看板

缺料指示灯可传递生产线缺料信息，仓管人员看到指示灯后可立即补料。当某一条生产线的物料快要用完时，作业人员只要按一下通知按钮，缺料的信息能立即经过缺料指示灯传达给仓库。当仓管人员接到某一条生产线需要补充物料时，就会以最快的速度把该生产线所需物料给送过去。为了节省时间，仓管人员必须根据生产计划事先把当天各生产线所需的物料备妥，以等待各生产线发出的信号。

仓库往往同时要供应厂内所有生产线需要使用的各种物料，为了避免出现差错，应在备妥的每一批货上挂上一个随货看板，把这批货的信息及生产线名称给标示出来，这样仓管人员就能通过看板上的标志准确地送货。随货看板的样式如表13-17所示。

表13-17　随货看板

随货看板	
	填表日期：____年__月__日
制品名	
批量	
批号	
生产线	

318 定量包装和组群搭配

仓库内存放的物料看上去大同小异，一不小心就会混淆；而且物料数量众多，在发货时若一个一个细数，则劳神费力，也可能因人为疏忽而导致出错。因而，宜采用定量包装和组群搭配的方式将出错率降至最低。

1．定量包装

定量包装即要求供应商及外包厂商在交货时，按照最适合的数量包装。例如，某零件在生产线上一天的使用量是1500个，分成五批生产，也就是每一批要用300个零件。考虑到该零件的体积、重量，为了满足生产线的需要，50个一包是最理想的组合，那么可要求供应该零件的供应商按50个一包的包装交货。

当生产现场的人员来领取该零件时，仓库只需发放30包即可。对于仓库人员和生产现场的人员来说，点30包总比点1500个零件方便得多，而且也不易出错。

2．组群搭配

生产现场有可能会同时生产好几组产品，而这几组产品的某些零件外观上看起来大同小异，极易发生混淆。这时可以将那些容易被混淆的零件依组别分别漆上同一种颜色，这样更容易辨识，生产现场也不会用错料。

319　交货状况看板

已经备妥的货物要送交给哪些客户？这些货是否已经如期交付？要想解决这些问题，更好的办法是在仓库内设置一个交货状况看板（见表13-18）。相关部门需要将货物的最新状况反映在这个看板上。

表13-18　交货状况看板

交货状况看板						
编号：_____				填表日期：____年__月__日		
序号	客户	品名及规格/型号	数量	排定交货期	交货状况	备注

制表人：_____　　　　　　　　　　　　　　　审核人：_____

320 看板管理和颜色管理

在多品种少量生产的情况下，出错货的情况常常发生。要想避免此类问题，仓库主管可以运用看板管理和颜色管理。

1. 出货指示看板

在仓库内悬挂一个"出货指示看板"（见表13-19），仓管人员只需看一眼看板上的说明，就能明白这一批货是要送到哪里、送给哪一位客户。

表13-19 出货指示看板

出货指示看板				
				填表日期：____年__月__日
出库货品				
订单				
出口地区／发往地区				
箱数	整箱：	尾箱：	合计：	外包装：
相关资料：			其他事项：	

2. 有颜色的打包带

使用有颜色的打包带，既可以帮助仓管人员掌握仓库的货品是否做到了先进先出，也可以用于辨识货品。仓管人员使用不同颜色的打包带来打包货品，就能知道这批货品应该发给哪位客户。

321 运用颜色、看板和虹吸管管理油料

大多数企业在生产过程中往往会使用到油料，仓库主管可以运用颜色、看板和虹吸管管理这些油料。

1. 颜色管理

在容器上漆上不同的颜色，以此代表容器内储存的是哪一种油料。例如，装黄油的桶漆成黄色，装机油的桶漆成绿色，装齿轮的油桶漆成蓝色。

2. 看板管理

在油料库的旁边设置一个看板，将什么颜色代表什么油料明确地标示出来，这样仓管人

员就能轻松、正确地掌握各种油料的储存位置。

3．虹吸管原理

大多数企业都使用密封的铁桶储存油料，这样很难掌握这些桶内油料的存量。如果在每一个油桶上割出一个长条状，装上一个玻璃视窗，就可以看到当前存量。或者，也可以外接出一条透明的管子（应使用耐酸碱的材质），利用虹吸管的原理，通过这条管子就可以知道目前容器内油料的存量。

如果在玻璃视窗或管子画一道红线，标示出最适订购点的位置，就能更轻松掌握补充油料的时机。

第十四章　自动化智能仓储管理

导读 >>>

自动化智能仓储可以提高物料周转速度和流通效率，加速仓库储备资金的周转，有效利用货物资源，并且最大限度地降低货物的破损率。自动化智能仓储能满足各种特殊要求，如低温、黑暗、防毒、防污染、防爆、防燃等，并可实现无人化。作为仓库主管，一定要跟上时势，了解最新的仓库管理技术。

Q先生：现在自动化智能仓储发展得很快，但我对这方面了解得不多。

A经理：自动化智能仓储是现代物流技术的最新发展阶段，适用于大型、大量、大流量及高速物流的自动化处理。

Q先生：嗯，我们公司发展得越来越快，也许哪一天也要建设自动化仓库呢。

A经理：是的，所以你要主动去学习，去了解自动化仓库的类别、仓用设备，尤其是智能仓库管理系统。智能仓库管理系统的应用，保证了仓库管理各个环节数据输入的速度和准确性，确保企业能及时准确地掌握真实的库存数据，合理保持和控制库存。

第一节　认识自动化智能仓储

322　自动化智能仓储技术的发展阶段

由于近年来人工成本不断上涨，加上柔性制造系统（Flexible Manufacturing System，FMS）的兴起，越来越多的工厂对自动化智能仓储感兴趣，再加上技术的进步，有些工厂已经实现自动化仓库。自动化智能仓储不仅取代了人力，消除了烦琐的人员手工录入作业，还具备迅速、正确传送物品和信息的功能。

自动化智能仓储技术的发展阶段如图14-1所示。

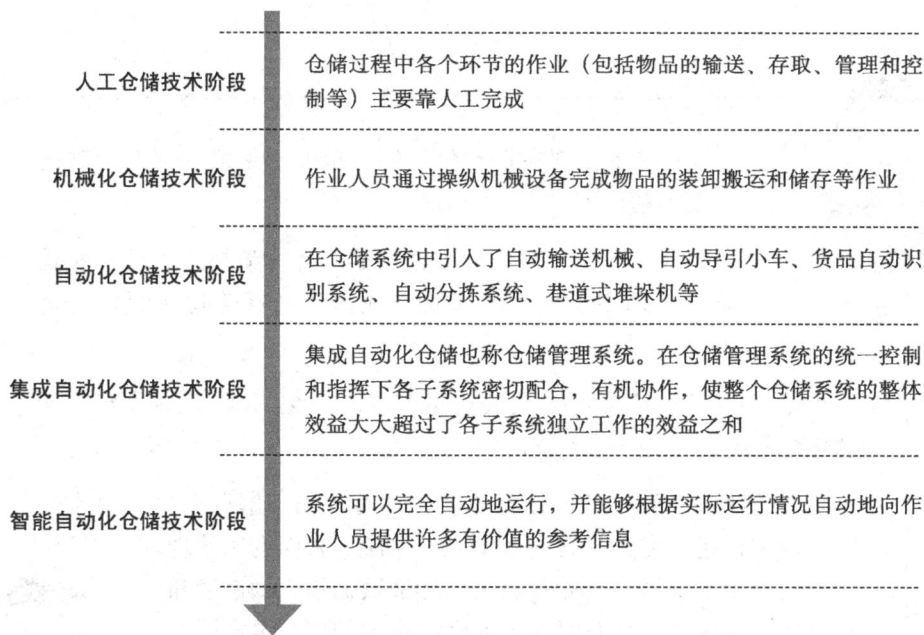

人工仓储技术阶段	仓储过程中各个环节的作业（包括物品的输送、存取、管理和控制等）主要靠人工完成
机械化仓储技术阶段	作业人员通过操纵机械设备完成物品的装卸搬运和储存等作业
自动化仓储技术阶段	在仓储系统中引入了自动输送机械、自动导引小车、货品自动识别系统、自动分拣系统、巷道式堆垛机等
集成自动化仓储技术阶段	集成自动化仓储也称仓储管理系统。在仓储管理系统的统一控制和指挥下各子系统密切配合，有机协作，使整个仓储系统的整体效益大大超过了各子系统独立工作的效益之和
智能自动化仓储技术阶段	系统可以完全自动地运行，并能够根据实际运行情况自动地向作业人员提供许多有价值的参考信息

图14-1　自动化智能仓储技术的发展阶段

323　智能仓储的优点

智能仓储的优点主要有以下六个。

（1）采用高层货架、立体存储，能有效利用空间，大大提高仓库的单位面积利用率。

（2）仓储作业全部实现机械化和自动化，货物自动存取，运行和处理速度更快。

（3）由计算机控制，便于清点和盘库，能合理有效地控制库存，减少了货物处理和信息处理过程中的差错。

（4）采用料箱或托盘储存货物，能有效减少货物的破损，更好地满足特殊仓储环境的需要。

（5）提高了作业质量，保证货物在整个仓储过程中的安全。

（6）便于实现系统的整体优化。

324　智能仓储的缺点

智能仓储的缺点主要有以下六个。

（1）仓储结构复杂，配套设备多，需要大量基建和设备投资。

（2）货架安装精度要求高，施工较困难，施工周期长。

（3）计算机系统是仓库的神经中枢，一旦出现故障，将会使整个仓库陷于瘫痪状态，收发作业将被迫中断。

（4）由于高层货架是利用标准货格进行单元储存的，所以对储存货物的种类有一定的要求。

（5）实行自动化控制和管理，技术性较强，对作业人员的素质要求较高。作业人员必须具备一定的文化水平和专业素养，且须经过专门的培训才能胜任。

（6）必须注意仓储设备的保管和保养，还要定期维护，采购备品、备件。

325　自动化立体仓库

自动化立体仓库也称立库、高层货架仓库、自动化仓库。它是一种用高层立体货架储存物品，用自动控制的巷道堆垛起重机及其他机械设备进行搬运存取作业，用计算机控制和管理的仓库。

1．自动化立体仓库的功能

（1）收货。从供应商或生产车间接收各种物料、成品或半成品，供生产或加工装配使用。

（2）存货。将卸下的货物存放到自动化系统规定的位置。

（3）取货。根据需求情况提取客户所需的货物，通常采用先进先出的方式。

（4）发货。将取出的货物按要求发往客户。

（5）信息查询。能随时查询仓库的有关信息，包括库存信息、作业信息及其他信息。

2．自动化立体仓库的构成

（1）高层货架：用于储存货物的钢结构的单元格，在单元格内存放托盘。

（2）巷道堆垛机：用于自动存取货物的设备，按结构划分可分为单立柱、双立柱和四立柱三种。

（3）输送系统：立体库的主要外围设备，负责将货物运送到堆垛机处或从堆垛机将货物移走。输送机种类多，常见的有辊筒输送机、链条输送机、升降台、提升机、皮带机、自动导引小车。

（4）自动控制系统：自动化立体仓库的计算机中心或中央控制室接收到出入库信息后，由管理人员通过计算机发出出入库指令，巷道机、自动分拣机及输送设备按指令启动，共同完成出入库作业。

326　高架叉车仓库

高架叉车仓库是由高架叉车和高层货架构成的仓库。高架叉车在向运行方向的两侧进行堆垛作业时，车体无需直角转向，而使前部的门架或货叉作直角转向及侧移。这样一来，作业通道大大减少；此外，高架叉车的起升高度比普通叉车要高，大大提高了仓库面积和空间利用率。高架叉车也称无轨堆垛机，可多巷道共用一台，适用于巷道高度较短，出入库作业频率较低的仓库。

327　托盘单元式自动仓库

托盘单元式自动仓库（见图14-2）是采用托盘集装单元方式保管物料的自动仓库，它由巷道堆垛起重机、高层货架、出入库输送机系统、自动控制系统、周边设备和仓储管理系统构成。

根据高层货架与建筑物之间的关系，托盘单元式自动仓库可分为以下两种。

1．整体式自动仓库

由货架顶部支撑着建筑屋架，在货架边侧安装墙围，货架与建筑物成为一个整体。其特点是建筑费用低、抗震，适用于15米以上的大型自动仓库。

2．分离式自动仓库

货架与建筑呈独立、分离的状态，适用于车间仓库、旧库技术改造和中小型自动仓库。

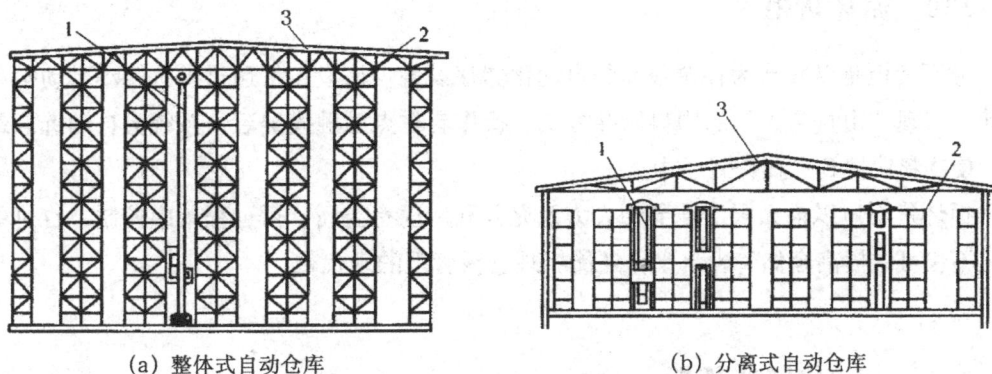

(a) 整体式自动仓库　　　　　　　　(b) 分离式自动仓库

1—堆垛机；2—货架；3—仓库建筑物结构

图14-2　托盘单元式自动仓库示意图

328　箱盒式自动仓库

箱盒式自动仓库是采用箱盒单元方式保管物料的自动仓库。箱盒单元货物的外形尺寸比托盘单元货物小，重量更轻，适用于存放小型物料和一次出入库量较少的自动仓库，多用于家电、医药、标准件等行业。

329　自动化智能货柜

1. 智能垂直提升货柜

智能垂直提升货柜以托盘为存储单元，通过载体的升降运动，将用于存放物品的托盘取出到工作台面前或送到仓库内适合的货格里。在存放物品时，通过入口处自动测高装置检测所存物品的高度，自动合理地安排储位以此有效利用储存空间。

2. 垂直提升货柜

垂直提升货柜由骨架、内部结构、外壳和电气四部分组成。骨架包括左右支撑架、顶盖、底座等组件。内部结构包括小车和托盘两部分。外壳由前板、拉伸门、后板和侧板构成。电气部分由PLC、触摸屏、变频器、测高光幕、安全光栅及辅助器件构成，用于实现设备的运行控制和安全保护。

330 循环货柜

循环货柜是以料斗为存储单元的自动化储存设备，该设备可通过电机转动带动链条循环转动，实现"由货到人"的物料储存方式。操作者在点触触摸屏后，系统会自动选取最优路径，使物料快捷到达操作者手中。

循环货柜可以最大限度地节约人力及充分利用现有空间，可远程集中控制，也可单独控制，不仅可以提高仓储管理水平，还能实现物料管理的现代化。

331 自动化联体货柜

自动化联体货柜由数组货柜组成，每组货柜以钢制托盘为存储单元，多组货柜共用一台托盘小车，托盘小车在水平方向和垂直方向移动，实现了全自动存取，有效提高了存取效率，优化了库存空间。其特点如下。

（1）只需一辆载货小车和一套控制系统对相邻的多台货柜的存储区开展作业，大幅降低了生产成本。

（2）可采用两个以上存取口，可根据客户的出入库需要分别设置。

（3）整体的承载量有所增加，积木式重型联体提升货柜的占地面积更大，比多台单机货柜摆放在一起的整体性更好。单托盘的承载量可达到 500 千克。

（4）该设备的存储量相当于同等数量的多台智能垂直提升货柜，其性价比大为提高。

（5）技术先进，可靠性高，适用于储存物品种类多、批量大的仓库。

（6）客户可随意更改重型联体货柜的高度。

第二节 智能仓储管理系统

仓储管理系统（Warehouse Management System，WMS）是一套集入库业务、出库业务、仓库调拨、库存调拨、虚仓管理、综合批次管理、物料对应、库存盘点、质检管理和即时库存管理等功能于一身的管理系统，它能有效控制并跟踪仓库的物流和成本管理的全过程。

332　RFID系统在仓储管理中的应用

RFID（Radio Frequency Identification）是射频识别系统的简称。

1．RFID的硬件构成

RFID的硬件由三部分构成，其工作原理如图14-3所示。

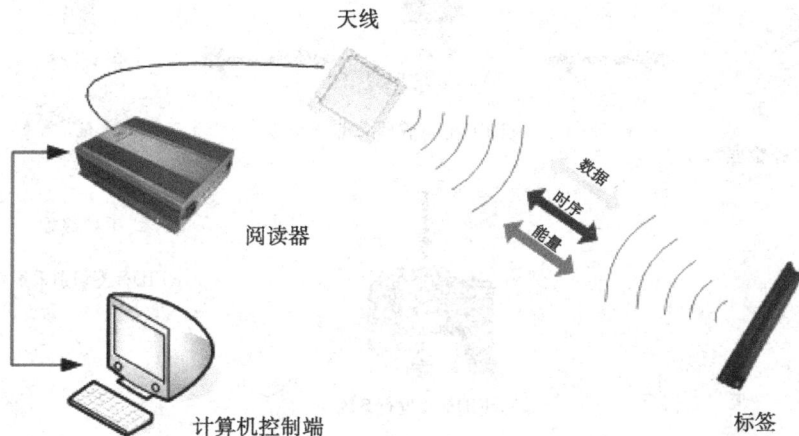

图14-3　RFID的硬件构成和工作原理

（1）标签：由耦合元件及芯片组成，每个电子标签具有唯一的电子编码，附着在物体上；当受无线电射频信号照射时，能反射携带数字编码信息的无线电射频信号，供阅读器识别处理。

（2）阅读器：发射无线电射频信号并接收电子标签反射回来的无线电射频信号，经处理后获取标签信息，有时还可以写入标签信息。

（3）天线：在阅读器和标签之间传递射频信号。

2．RFID系统应用于仓储管理的优越性

RFID系统识别距离远，且识别速度快，自身具备信息存储功能，环境适应性强，是大型企业仓储管理的首选技术之一。配合良好的仓储管理系统，RFID系统能够实现仓储的动态化管理，仓库主管可以在系统中实时查询、管理仓储信息，实现资源的合理配置。

333　RFID仓库管理系统

RFID仓库管理系统（见图14-4）由业务管理系统、RFID标签发行系统和RFID标签识别采集系统构成，这三个系统之间相互联系，共同完成仓库管理的各项工作。其中，业务管理系统是整个系统的核心，RFID标签识别采集系统是实现管理功能的基础和手段。

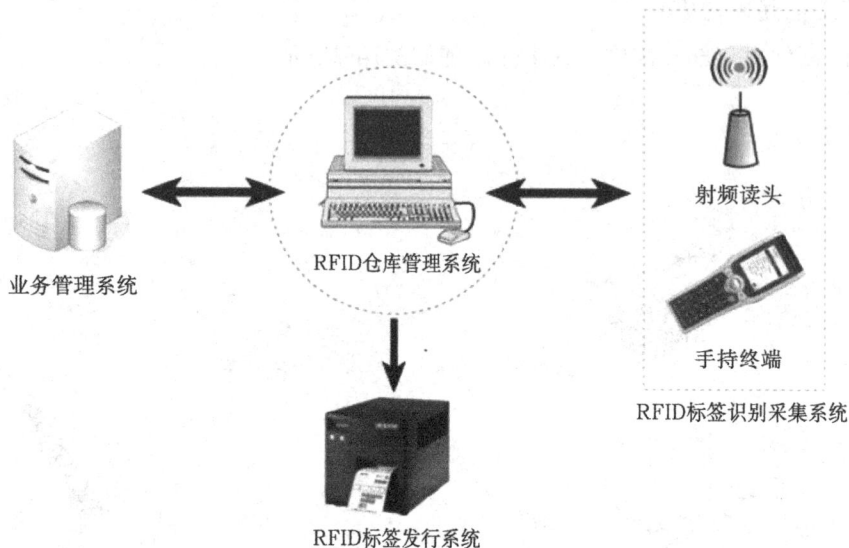

图14-4　RFID仓库管理系统结构示意图

（1）业务管理系统由中心数据服务器和管理终端构成，是整个系统的数据中心。它负责与手持终端通信，将手持终端上传的数据转换并插入到业务管理系统的数据库中，对标签管理信息、发行标签和采集的标签信息进行集中储存和处理。

（2）RFID 标签发行系统由电子标签专用打印机和标签制作管理软件构成。它负责完成库位标签、物品标签、箱标签的信息写入和标签表面信息打印工作。

电子标签专用打印机采用内嵌非接触读写器的工业级热转印打印机，它能在标签芯片写入信息的同时在标签表面打印预先设定的内容。标签制作管理软件的核心是标签制作函数动态链接库，它嵌入在后台系统内，业务管理系统提供操作打印机制作标签的开发接口函数。基于该动态链接库还有一个独立的标签制作软件，可以手工输入标签数据，便于临时制作标签。

（3）RFID 标签识别采集系统可以通过手持终端或固定位置终端采集标签信息，完成标签数据的存储，并通过 RFID 中间件与业务管理系统进行数据交换。

334　了解智能仓储管理系统

智能仓储管理系统用于控制仓储货物进出，将仓库内物品信息实现可视化及智能化管理。它由安装在货物或托盘上的电子标签、远距离射频识别系统、网络管理设备及可视化追踪系统组成。当携带电子标签的车辆、货物或托盘通过仓库设定的射频感应区域时，系统通过对电子标签的采集和自动化分析实现智能存货、取货及仓库中的快速盘点等作业。智能仓储管理系统网络拓扑图如图14-5所示。

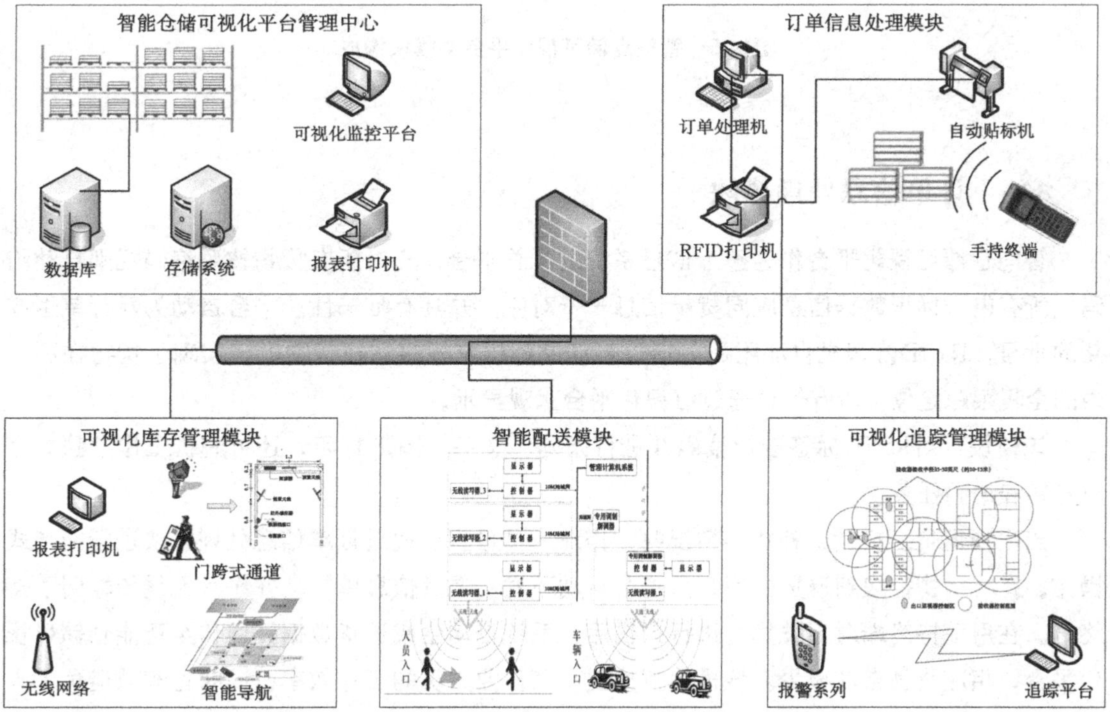

图14-5　智能仓储管理系统网络拓扑图

335　智能仓储可视化平台的模块构成

智能仓储可视化平台由订单信息处理模块、可视化库存管理模块、智能配送模块和可视化追踪管理模块四大模块构成（见图14-6），每个模块又由若干硬件和软件构成，仓库人员可以根据实际需要选择必要的组件。

订单信息处理模块	可视化库存管理模块	智能配送模块	可视化追踪管理模块
·发放标签组件 ·注销标签组件 ·自动化贴标组件 ·自动打印及验证组件 ·订单信息处理可视化组件	·出入库控制组件 ·仓库内监控处理组件 ·智能叉车管理组件 ·仓库内智能导航组件 ·库存管理可视化组件	·智能检货处理组件 ·配送追踪处理组件 ·智能配送系统组件	·人员定位智能管理组件 ·车辆追踪联动处理组件 ·追踪定位管理系统组件

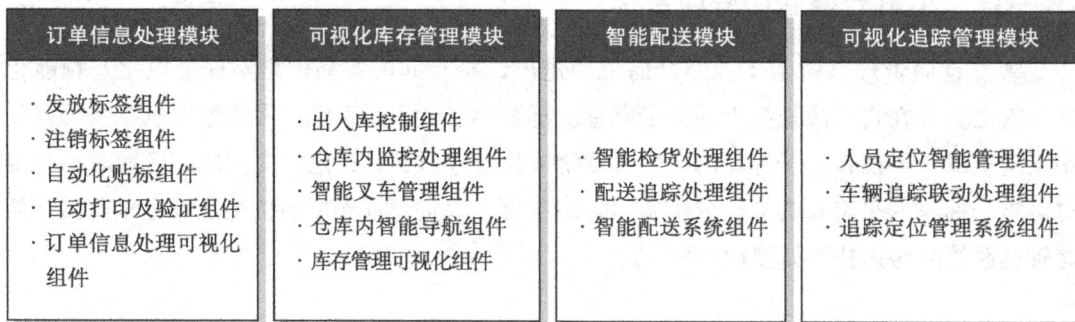

图14-6　智能仓储可视化平台的模块构成

336　订单信息处理模块

智能仓储可视化平台作为整个信息系统的汇总平台，应对所有货物按照编码规则自动附码。所有电子标识数据信息应同货单信息一一对应，并具有唯一性。平台自动为新订单生成新的批号，RFID打印机自动附码，通过自动贴标机将标签贴在货物上，实现了货物在厂区内的全程跟踪定位，所有信息通过可视化平台直观显示。

该模块可对RFID标签进行编码并进行条码、文字、图形打印，还可脱机工作，独立完成打印和编码任务。

当出现退货、换货、补货等情况时，作业人员可直接通过订单信息处理模块进行拖拽式操作。在将货物拖拽到退货框后，系统会自动下发"退货信息单"，并将其无线传输到手持终端。在用手持终端对相关货物进行扫描后，系统自动生成退货数据并回传至智能仓储可视化平台，相应货物自动减少。该模块直接提高了作业人员的工作效率，同时也有效避免了人为错误的产生。

337　可视化库存管理模块

引入可视化库存管理模块的目的是建立一条基于RFID系统的快速通道，实现库房高效管理、收发货快速自动记录，形成一套完整的基于RFID技术的可视化库存管理系统。货物在到达仓库后，门式通道实时地采集信息并通过网络将采集的数据实时上传到后台的数据库中。可视化库存管理模块的结构如图14-7所示。

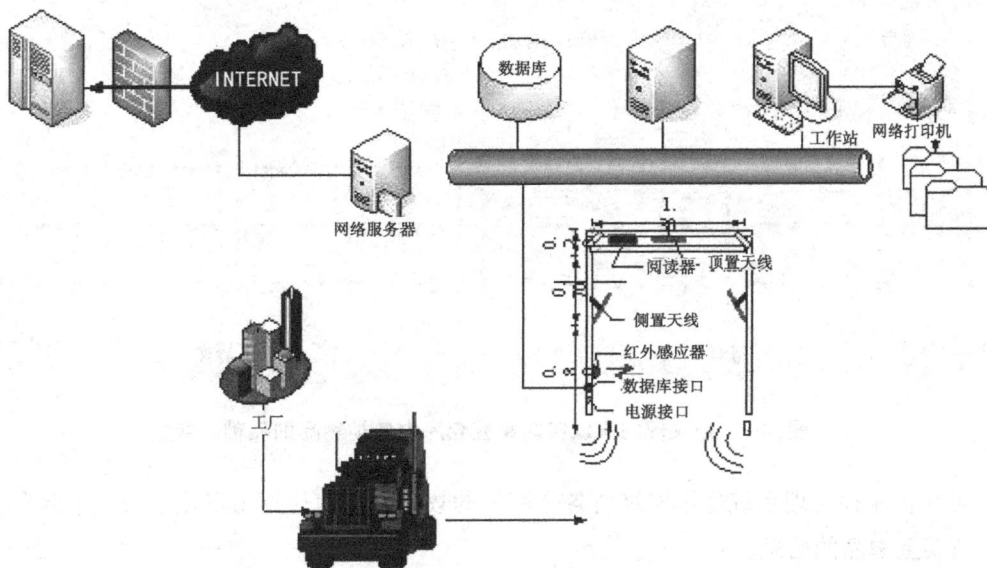

图14-7 可视化库存管理模块的结构

可视化管理模块的功能主要有以下三个。

1. 实现货物的先进先出管理

原先库存管理采用的是手工的方式，只能实现简单的管理，根本无法区分各批次的库存货物。在出货时，无法实现物品的先进先出管理，导致部分物品长期存放在仓库里，不仅影响了物品的品质，也影响了物品管理的有效性。

可视化库存管理系统利用RFID、无线局域网等技术，可以实现物品的货位管理。对于每一批入库的物品，其入库时间、存放货位等信息均由系统自动记录。当物品出库时，可在此基础上实现物品的先进先出管理。

2. 库存的实时化管理

原先的库存管理依靠的是手工报表和人工统计，导致相关部门无法及时确切地了解库存信息。可视化库存管理系统极大地改善了这一状况。管理人员和相关部门可以通过该系统实时准确地掌握库存情况。仓库库存的实时化管理为相关部门的决策提供了科学依据。同时，相关部门可以实时掌握仓库中各类物品的品种、数量的情况（见图14-8）。

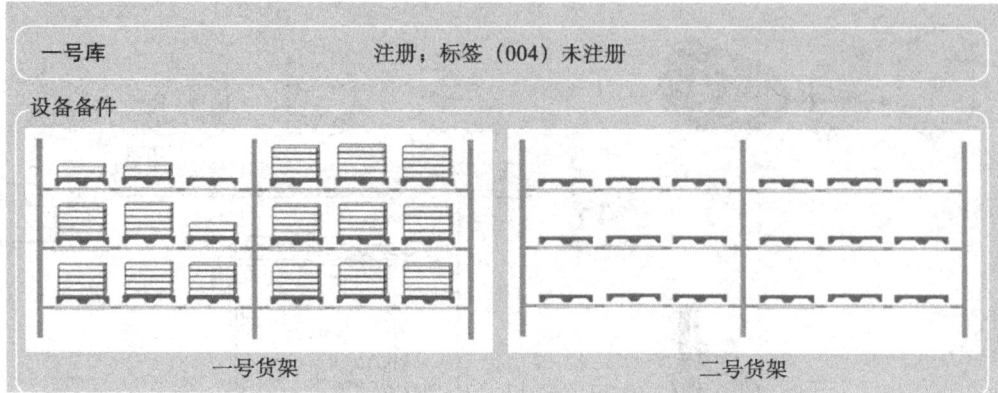

图14-8　相关部门可以实时掌握仓库中各类物品的品种、数量

可视化库存管理系统通过网络将各个库房的数据直接上传到可视化平台，平台自动显示相应货架上物品的信息。

当发生一项操作时，例如，对应货架入库，在可视化平台上可以直接看到相应物品增加。平台实时显示物品的动态信息，保证了数据的准确性。

3．优化业务流程，提高工作效率

可视化库存管理系统引入了物联网技术，在很大程度上优化了业务流程。在入库时，物品通过门式快速通道后，直接在固定的货区货位进行码放，并实时录入到系统中。在出库时，根据系统指示，遵循先进先出的原则将目标物品提出，完成出库作业。通过对电子标签的有效管理和运用，减少了物资的搬运次数和破损概率，提高了工作效率。

338　货物的入库

在货物的包装上粘贴、内置或外挂RFID标签，入库时搬运人员或叉车可以快速地通过在入库口通道处安置的RFID门式快速通道，不需要拆卸包装即可将货物相关信息自动录入仓储管理系统。

仓储管理系统将实际入库信息与预入库信息进行对比，若确认无误，则准许入库并将预入库信息转换成库存信息；若有误，则由系统输出提示信息，由作业人员予以解决。RFID门式快速通道的工作模式如图14-9所示。

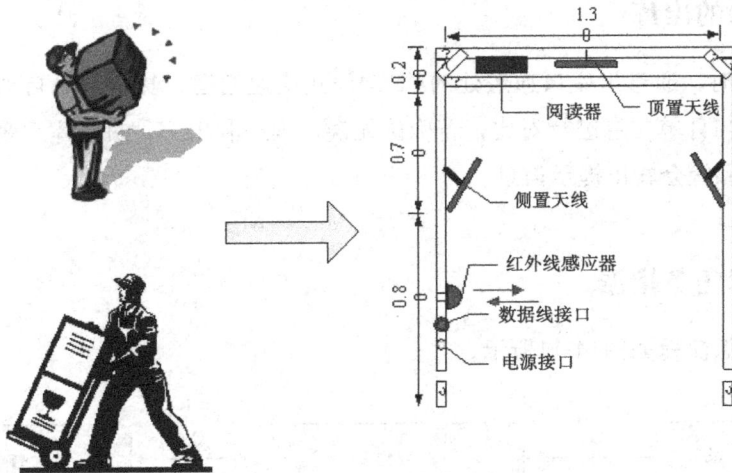

图14-9　RFID门式快速通道的工作模式

339　货物的分拣

拣货人员到达指定的货位，利用手持终端扫描货物的RFID标签，仓储管理系统确认货物是否拣选正确，若正确无误，货物的存货状态转变为待出库，系统自动将该货位数量减少。在拣选货物后，拣货人员用手持终端修改货位标签记录的数量，以便日后查询。拣货工作流程如图14-10所示。

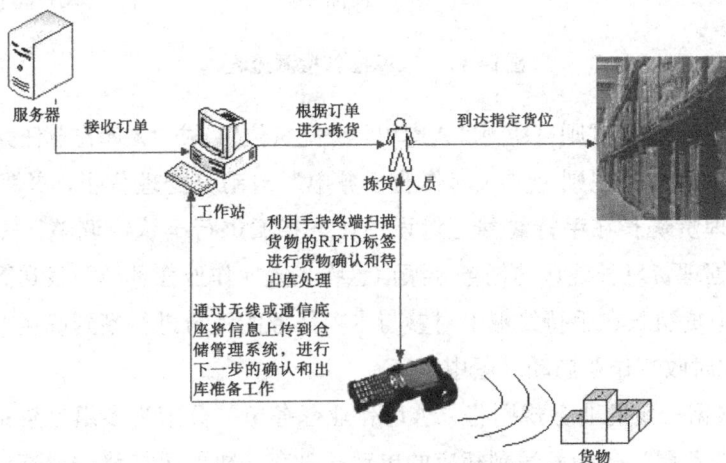

图14-10　拣货工作流程

340 货物的出库

货物在出库时，通过出库口通道处的RFID门式快速通道，货物信息自动录入仓储管理系统，系统将其与订单信息进行对比，若确认无误，则顺利出库，货物库存量相应减除；若有误，仓储管理系统会输出提示信息。

341 入库任务指派

入库任务指派流程如图14-11所示。

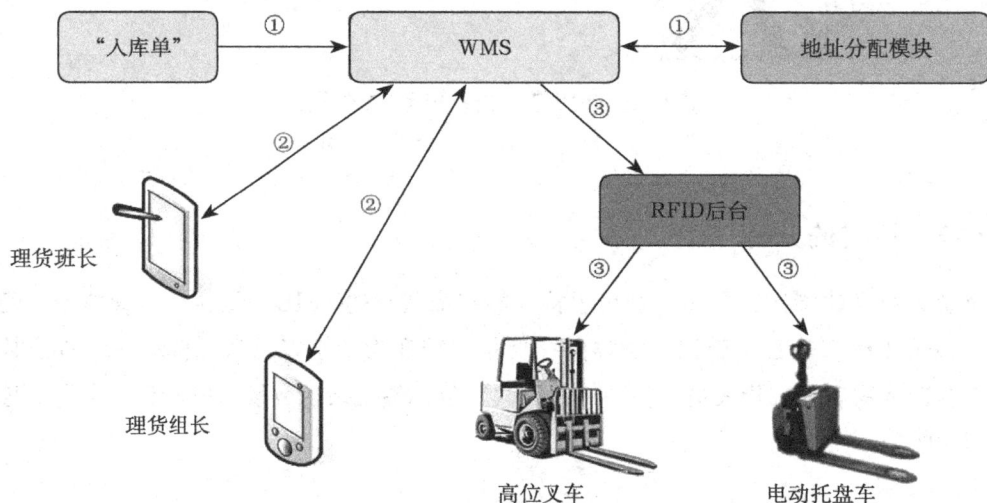

图14-11　入库任务指派流程

（1）WMS根据一定的规则自动为"入库单"分配货位，生成"入库作业任务单"（图中①）。

（2）根据一定的业务规则为"入库作业任务单"自动分配理货组，并发送到理货班长的手持终端上，理货班长在手持终端上对该项任务指派进行确认或调整，并将信息发回至WMS；WMS根据理货班长确认的任务分派信息将"入库作业任务单"发送到相应理货组长的手持终端上，理货组长在手持终端上对参与本项任务的组员进行签到确认，并将相关信息反馈给WMS，此时收货作业启动（图中②）。

（3）WMS根据一定的业务规则将"入库作业任务单"分解为多组上架指令，并按货位的分类（首层、非首层）分别发送到相应的电动托盘车司机的手持终端或高位叉车的车载终端上（图中③）。

342　入库上架

入库上架流程如图14-12所示。

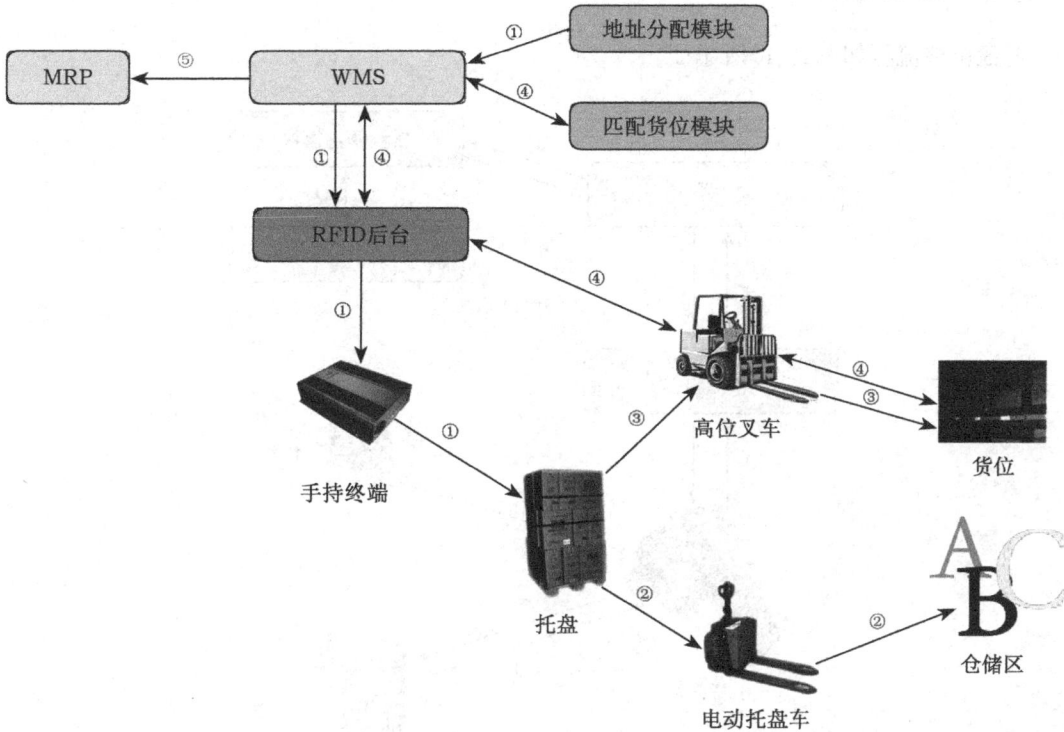

图14-12　入库上架流程

（1）WMS中的地址分配模块通过入库区手持终端将为每个托盘分配的货位信息写入托盘标签（图中①）。

（2）在司机操纵电动托盘车接近托盘时，车载或手持终端读取托盘标签信息，显示该托盘的目标货位，电动托盘车司机将托盘运至货位所在存储区（图中②）。

（3）高位叉车司机操纵叉车靠近待上架托盘，待车载终端读取托盘标签信息后，将托盘货物放置到指定的货位上，并读取货位标签信息（图中③）。

（4）WMS自动核对托盘与货位关联关系的正确性，若确认无误，则将信息反馈给WMS，视为完成上架作业；若有误，则系统发出警示声和错误状态提示，以便作业人员核对后重新上架（图中④）。

（5）在入库上架作业完成后，"入库作业任务单"和"入库单"自动完成，WMS数据自动更新,并向 MRP 系统传送入库数据(图中⑤)。

343 托盘调整

托盘调整流程如图14-13所示。

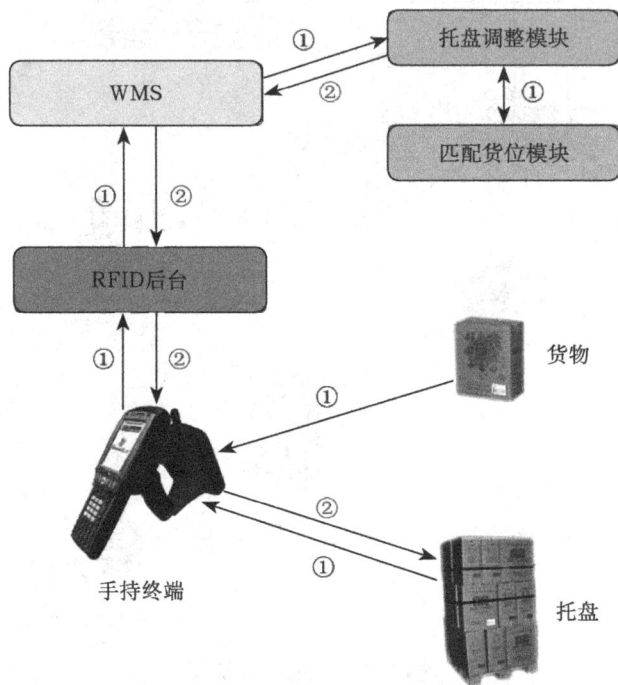

图14-13 托盘调整流程

(1)在拆盘时,作业人员用手持终端读取移出的托盘标签信息和货物的条码,并将信息反馈给 WMS,解除原有货物与托盘的关联关系(图中①)。

(2)在拼盘时,作业人员用手持终端读取移入的托盘标签信息及货物的条码,并将信息反馈给 WMS,重新建立货物与托盘的关联关系,更新 WMS 中的库存和货位信息(图中②)。

344 货位调整

货位调整流程如图14-14所示。

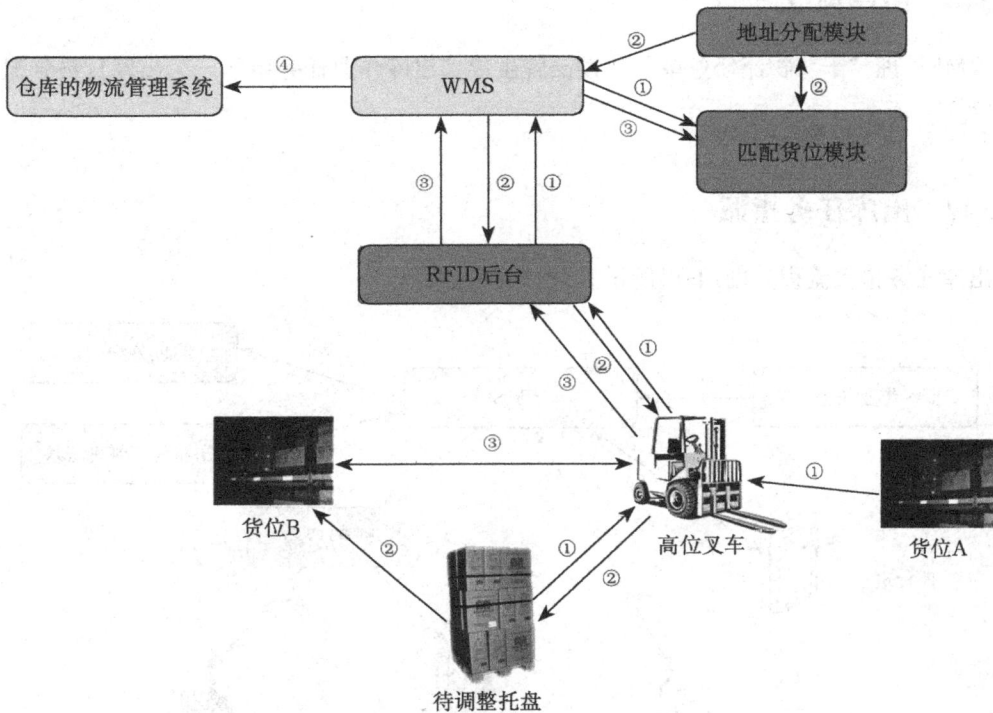

图14-14　货位调整流程

（1）作业人员用车载或手持终端分别读取移出托盘和移出货位的标签信息，解除该货位与托盘的关联关系（图中①）。

（2）高位叉车司机把移出的托盘移入新货位（图中②）。

（3）作业人员用车载或手持终端读取移入货位标签信息，重新建立移入托盘与移入货位的关联关系，并将信息反馈给 WMS。WMS 实时更新库存信息，并将更新后的库存数据发送给仓库的物流管理系统（图中③④）。

345　移库调度

仓库在物流管理系统中录入"移库申请单"信息，并将其发送给WMS。WMS对"移库申请单"进行处理，产生以承运车辆为单位的"干线物流任务单"，以此为依据申领准运证，然后以货主为单位生成"移库出库单"，并反馈给仓库的物流管理系统。

346 出库调度

WMS处理"干线物流任务单"，按品牌生成"出库作业任务单"，为出库货物分配下架的货位。

347 出库任务指派

出库任务指派流程如图14-15所示。

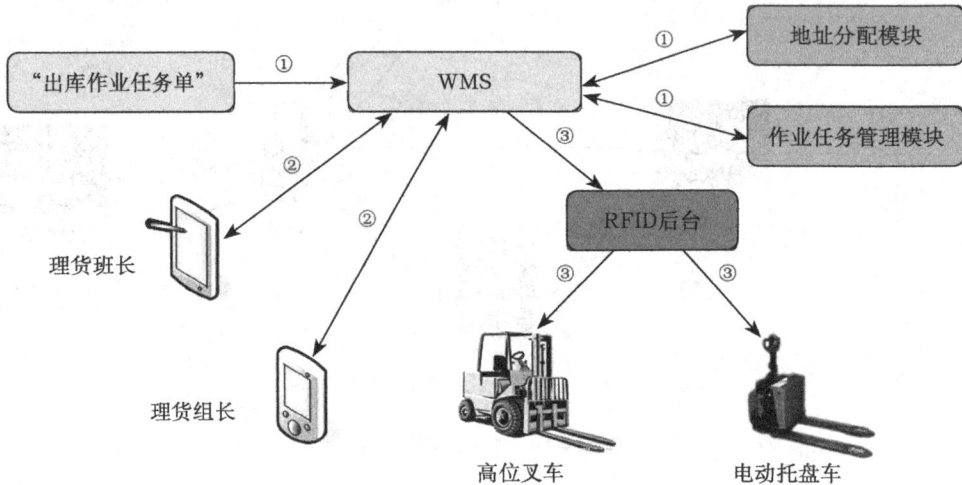

图14-15 出库任务指派流程

（1）WMS 根据一定的规则将已分配好下架货位的"出库作业任务单"自动分配给理货组、电动托盘车组和高位叉车司机，形成作业策略（图中①）。

（2）作业人员将分配方案发送到理货班长的手持终端上。理货班长在手持终端上确认或修改分配方案，并将信息发回至 WMS。WMS 将"出库作业任务单"发送到指定的理货组长的手持终端上，理货组长在手持终端上对参与本项作业任务的组员进行签到确认，将相关信息反馈给 WMS，并安排理货人员做好装车准备（图中②）。

（3）WMS 按货位的分类（首层、非首层）将"出库作业任务单"分别发送到相应的电动托盘车司机的手持终端或高位叉车的车载终端上，作业人员按指令完成出库任务（图中③）。

348 出库拣货下架

出库拣货下架流程如图14-16所示。

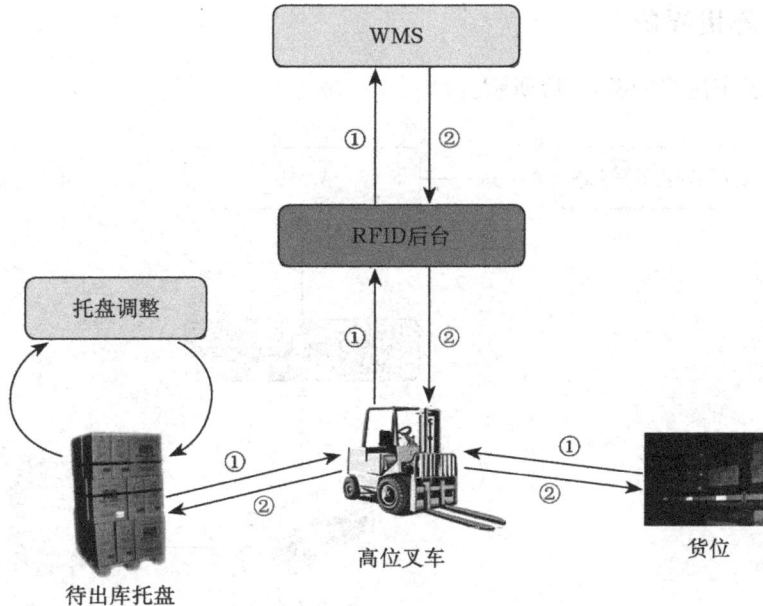

图14-16 出库拣货下架流程

（1）当货物出库时，高位叉车司机根据指令靠近指定的货位，通过用车载终端（或手持终端）读取货位标签信息和货位上的托盘标签信息，即时进行货物下架指令、货位与托盘的匹配性校验。确认无误后取下托盘，完成托盘下架操作，并将相关信息反馈给 WMS（图中①）。

（2）当出库货物数量不足装满托盘时，先按上述方法取下托盘，提取需要出库数量的货物，将其转移到另一空托盘上，并按规范进行拆盘操作，剩余货物的托盘由 WMS 安排合适的货位，存放好后要及时更新货物信息（图中②）。

349　移库出库理货

司机驾驶电动托盘车靠近已下架托盘，用手持终端读取托盘标签信息，核对并确认托盘上货物的货主、品规、数量等信息是否无误，若无误，则按照 WMS 指定的码头号码用电动托盘车将托盘运送至指定码头前的出库暂存区，等待装车。

作业人员复核在出库暂存区的货物，用手持终端采集每个托盘上的货物的条码，在 WMS 上获取该货物所有托盘上所有货物的数据，并将其与"出库作业任务单"进行核对。若核对无误，则完成移库出库作业；若有误，WMS 将即时发出警报。

350　移库出库装车

移库出库装车流程如图14-17所示。

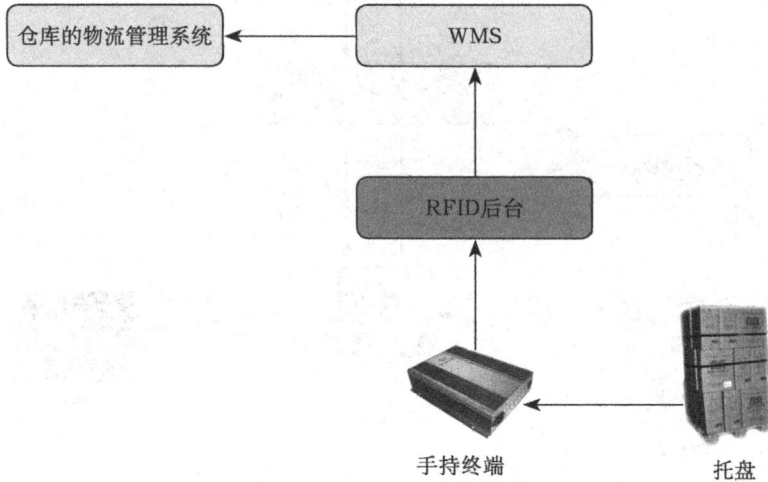

图14-17　移库出库装车流程

（1）在装车时，启动码头门入口处的手持终端，开始装车作业。作业人员用手动托盘车将整托盘货物拉入车厢。在托盘经过码头门时，安装在入口处的手持终端读取正在移动的托盘上的标签信息，由WMS对该托盘的装车码头号、托盘编号、托盘上货物的品规、数量等信息进行校验。若确认无误，则完成移库出库装车作业；若有误，WMS将即时发出警报，由作业人员重新校核调整。同时，作业人员也要实时统计移库货物信息，并将移库货物信息回传至WMS进行移库确认。

（2）在货物装车作业完成后，WMS自动更新库存信息，并将相关信息发送给仓库的物流管理系统。

351　分拣出库交接

分拣出库交接流程如图14-18所示。

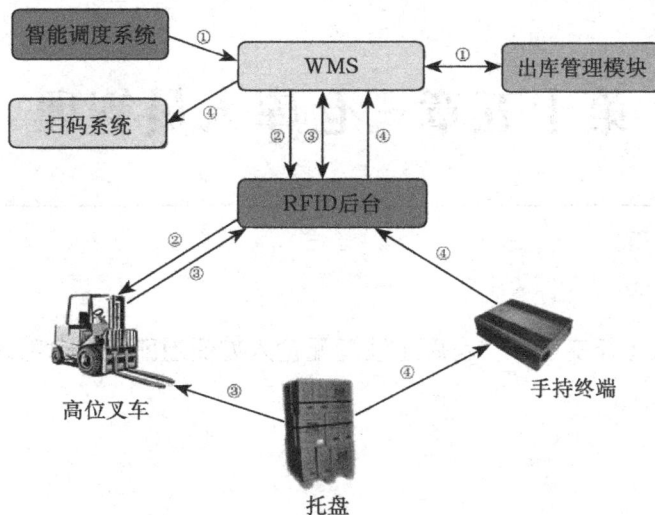

图14-18　分拣出库交接流程

（1）智能调度系统把客户订单信息（包括品规、数量、线路、顺序等）导入 WMS，生成"分拣出库作业任务单"。（图中①）

（2）WMS 从分拣系统中导入分拣进程状态，按循环补货的策略和出库货位分配策略，将"分拣出库作业任务单"拆分生成"出库作业任务单"，并向各作业人员下达拣货下架指令（图中②）。

（3）在托盘下架后，作业人员操纵高位叉车靠近目标托盘，用手持终端读取托盘上的标签信息（如货主、品规、数量、出库类型等），校验分拣出库指令与托盘。校验无误后，根据指令将整托盘上的货物按规定的通道运送至分拣区指定位置（图中③）。

（4）托盘上的货物在经过规定的通道时，安装在仓库入口处的手持终端自动读取托盘上的标签中的货物信息，通过解析得到对应的货物条码信息，将货物条码信息回传至 WMS，由 WMS 及时反馈给扫码系统，完成分拣前的"第三扫"，同时将数据回传至 WMS，在 WMS 中进行分拣出库完成的操作，进入分拣配货流程（图中④）。

352　货物盘点

盘点前，调度人员首先要确定盘点策略，生成盘点指令。在实盘时，盘点人员用手持终端读取货位标签信息，将其回传至WMS，从WMS获取该货位的货物信息，这些信息将显示在手持终端上。盘点人员根据这些信息核对现场实物，并将核对结果记录在手持终端上，回传至WMS。在盘点作业完成后，由WMS生成"盘点表"和"盈亏表"。

第十五章　仓库人员管理

导读 ＞＞＞

　　人员是执行工作的主体，仓库主管应配合人力资源部做好仓管人员的招聘、培训与考核等工作。

　　　　Q先生：作为仓库主管，我该怎样有效地管理仓管人员呢？

　　　　A经理：你首先要明确仓库的组织结构，然后控制人员配备和招聘环节，如及时提出招聘申请等。

　　　　Q先生：我刚刚上任，没有对员工进行培训与考核的经验，我不知道该如何开展这方面的工作。您能给我一些好的建议吗？

　　　　A经理：员工的培训和考核工作由人力资源部负责，你需要配合人力资源部做好相关工作，例如，协助人力资源部制定培训和考核方案。你要注意的是，新员工和在职员工的培训内容是不一样的。

第一节　仓管人员的配置与聘用

353　仓管人员的配置要求

仓管人员的配置要求如图15-1所示。

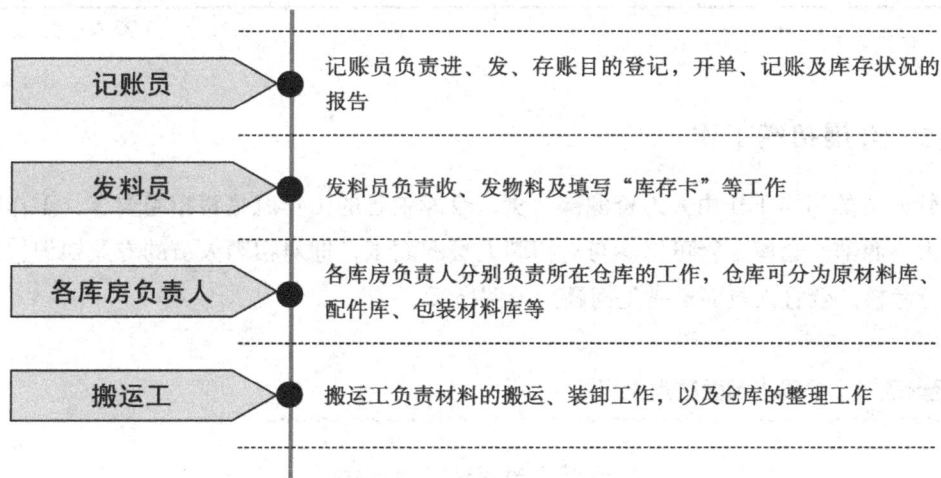

| 记账员 | 记账员负责进、发、存账目的登记，开单、记账及库存状况的报告 |

图15-1　仓管人员的配置要求

354　提出人员招聘申请

仓库主管根据仓管人员的任用要求，结合仓库的实际情况确定需要聘用的人员，由人力资源部负责具体的招聘工作。

在提出招聘申请时，仓库主管要确定招聘职位、人数、具体要求等。"仓管人员需求申请表"的样式如表15-1所示。

表15-1 仓管人员需求申请表

编号：_____   申请部门：_____   填表日期：____年__月__日

需求岗位		人员数量	
工作内容			
基本要求			
特别说明			

制表人：_____   审核人：_____

355 开展招聘工作

仓管人员的招聘工作由人力资源部负责。仓库主管的工作就是将招聘要求、工作内容等告知人力资源部。仓库主管可以参与对招聘人员的面试，即对招聘人员的专业知识、综合素质等进行考核。仓管人员面试常见问题如下例所示。

【经典范本】仓管人员面试常见问题

仓管人员面试常见问题

1. 请做一下自我介绍。

2. 你认为仓库管理的重点工作有哪些？

3. 仓管人员日常的工作职责有哪些？

4. 仓库一般有哪些仓位？它们是按什么原则来分配的？

5. 如何理解ABC分类法？应如何在仓库中运用该方法？

6. 仓库管理员应该具备哪些技能？

7. 若你是仓库主管，将如何开展工作？

8. 仓库通常有两条物流线——物流与信息流，请问在运作过程中哪个优先？为什么？

9. 如何有效地控制物料收发准确率？

10. 如何做到仓库账物相符？

11. 仓库的5S推行与监督该如何去做？

12. 如何考核仓管人员的工作业绩?

13. 若你是仓库主管, 你会运用哪些方法激励下属?

14. 你刚升职为仓库主管, 很多下属提出离职, 你将如何应对?

15. 如果你新到一家企业, 仓库物料种类繁多而库位凌乱, 你将如何处理?

16. 仓库管理最容易出现的弊端有哪些?

17. 如何提高库存周转率和物料最大价值的利用率?

18. 你觉得你能通过面试吗? 若不能, 你如何看待此次面试?

第二节　仓管人员的培训与考核

356　了解仓管人员的培训方式

对于所有的仓管人员, 包括新员工和在职员工, 仓库主管应定期或不定期协同人力资源部对他们进行培训。

1. 现场实践教育培训

仓库主管可以到各类仓库现场, 对各种具体操作进行现场指导, 也就是亲自示范操作, 让员工跟着操作, 这样可以及时对员工操作的不规范之处进行纠正和指导。

2. 课堂式培训

仓库主管可以集中组织仓管人员在某个具体的时间开展培训, 也就是在会议室里利用计算机对培训的内容进行展示并详细讲解。

357　制订培训计划

仓库主管要为仓管人员制订适合的培训计划, 这样才能顺利地开展培训工作。培训计划的内容如下。

(1) 培训目标。

(2) 培训对象。

(3) 培训形式。

(4) 课程设置与安排。

（5）培训内容。

（6）培训要求。

（7）考核事项。

（8）其他事项。可将未尽事宜放在最后，如实操培训。

制订出来的培训计划要有可操作性，尤其是时间和课程的安排要合理。下面是仓管人员培训计划案例，供大家参考。

【实用案例】

仓管人员培训计划

一、培训目标

通过专业知识学习和实操演练，使仓管人员掌握基本的仓库作业方法。

二、培训对象

仓库内所有仓管人员。

三、培训方式

以集中授课为主，辅以案例讨论、实际操作等。

四、培训内容和培训目标

培训内容和培训目标

培训内容	培训目标
仓库基本制度	了解仓库的基本规章制度，熟知各项具体的管理规定，掌握仓库的具体作业流程
物料编号方法	掌握各种物料的分类编号方法，能使用计算机实施编号自动化
物品入库作业	了解各种采购物料，生产的半成品、成品等的入库作业要领，掌握物品验收的方法
物品储存保管	了解不同物品的保管要领，掌握仓库温、湿度调控、金属材料及制品保养、物品霉变的防治等方法
物品搬运	学会使用搬运作业指导书，了解各种包装储运图示标志，掌握不同物品的搬运要领
物品出库	掌握物料的发放要领，熟悉成品发货的操作流程
物品盘点	掌握初盘、复盘、抽盘的作业方法

（续表）

培训内容	培训目标
物品账卡	掌握物品出入库的登账技巧，并录入计算机管理
安全知识	掌握仓库的防火、防盗的安全操作要领

五、培训安排

培训安排表

项次	培训时间	培训项目	培训天数	培训员	备注

358　新员工的培训工作

新员工培训的具体内容如下。

（1）企业各项规章制度。

（2）仓库各项规章制度和工作流程。

（3）尝试完成仓库各项简单工作，如物料收发、物料编号。

359　在职员工的培训工作

在职员工培训的具体内容如下。

（1）物料的出入库作业流程。

（2）物料编号的方法。

（3）物品的盘点要点。

（4）各类物品的保管方法。

（5）成品出库的作业要领。

（6）仓库的安全卫生工作，包括整理、整顿、清扫等。

360 对受训人员进行考核

在培训结束后，仓库主管要做好相关记录，并对受训人员进行必要的考核，以检查培训效果。"培训考核表如表"的样式15-2所示。

表15-2 培训考核表

姓名			职务		
考核项目	考核内容	考核得分		考核评价	备注
考核总得分					
意见					

361 确定绩效考核目标

仓库主管应为仓管人员制定明确的绩效考核目标，具体内容如表15-3所示。

表15-3 仓管人员的绩效考核目标

人员	绩效考核目标
各库房负责人	(1) 是否按规定流程收发作业。 (2) 盘点的准确率。 (3) 各种物料、物品的标示与存放是否规范。 (4) 库存的准确率
记账员	(1) 记账的准确率。 (2) 记账的及时性
发料员	(1) 发料的准确性。 (2) 发料的及时性
搬运工	(1) 材料的搬运、装卸是否安全、及时、有效。 (2) 仓库的整理工作

362 制定绩效考核办法

绩效考核是仓库主管发现并改善仓库管理问题的重要手段之一。仓库主管应配合人力资源部制定并认真执行绩效考核办法。

在实施绩效考核时，仓库主管应注意以下两个事项。

（1）加强员工的绩效意识，将绩效考核结果与员工工资挂钩，鼓励员工提升个人绩效。

（2）对于绩效数据，仓库主管应认真审核，避免出现虚假数据，确保绩效考核结果的准确性。

363 绩效面谈

在绩效考核工作结束后，仓库主管须与被考核员工就绩效考核结果进行绩效面谈，其目的是使人力资源部主管和仓库主管就员工绩效考核结果达成共识，肯定员工的工作业绩并指出其工作中的不足。"绩效面谈记录表"的样式如表15-4所示。

表15-4 绩效面谈记录表

部门：＿＿＿＿＿＿ 面谈人员：＿＿＿＿＿＿ 面谈时间：＿＿＿年＿＿月＿＿日＿＿时至＿＿时

1.对员工在本考核期内所完成的工作的全面回顾及客观评价（含工作内容、进展与成效、不足与改进意见、工作成果评价、未完成的工作内容及原因分析等）
2.员工在下一个考核期的工作目标、工作计划/工作安排、工作内容或上级期望（本部分可由员工先自行考虑，面谈中再由双方进行修改、确认）
3.为更好地完成本职工作、实现团队目标，员工在下一阶段需要改进的工作内容，直接主管的期望、建议、措施等

（续表）

4．员工对部门（企业）工作的意见/建议、不满/抱怨、工作/生活/学习中的烦恼和困难、希望得到的帮助/支持/指导
5．面谈提纲未涉及的其他面谈内容

员工签字：＿＿＿＿＿　　　　　仓库主管签字：＿＿＿＿＿　　　　　人力资源部主管签字：＿＿＿＿＿

364　制订绩效改进计划

在绩效面谈结束后，仓库主管应协助员工制订绩效改进计划，以便员工能够有计划地改进绩效，提升工作业绩。

365　绩效考核结果的应用

1．用于员工招聘

通过分析员工的绩效考核结果，仓库主管和人力资源部主管对企业各个岗位的优秀人才所应具备的优秀品质与绩效特征会有更深入的了解，这能为员工招聘工作提供有益的参考。

2．用于人员岗位调配和职位调整

企业根据绩效考核结果对相关人员进行岗位调配，这对企业实现人事相宜、事人相称目标起着重要作用。通过开展绩效考核，企业可以了解员工的各种工作信息，如劳动态度、岗位适合度、工作成果、知识和技能的运用程度等。

有了这些信息，企业更能准确地做出人事决策，有效地做好员工的晋级、降职等人力资源管理工作。

3．用于确定员工培训需求

企业根据绩效考核结果可以找出员工实际工作与绩效之间的差距，并分析产生差距的原因，如知识欠缺、能力不足及工作态度方面需要转变。这样企业可以有针对性地为员工制订绩效改进计划。